그들이 나라를 바꿨다
- 영국 복음신앙인과 선한 사회, 1530~1945 -
The Protestants and a Good Society in Britain

그들이 나라를 바꿨다

- 영국 복음신앙인과 선한 사회, 1530~1945 -
The Protestants and a Good Society in Britain

김헌숙 지음

가치같이책

일러두기
1. 본문에 나오는 단행본 제목은 이중 꺽쇠 괄호(《》), 보고서와 잡지, 그림 제목은 꺽쇠 괄호(〈〉)를 사용하였다.
2. 본문에 나오는 왕의 생몰 표기는 '출생 연도, 즉위 연도~사망 연도'로 표기하였다.

서문 (2014년, 2024년)

이 책은 우리 사회와 교회를 위해 쓴 영국 사람들의 이야기이다. 아마도 상식이나 상상 이상으로, 과거의 영국이 현재와 미래의 한국에 도움이 될 것이라 여긴다. 그 이유는 두 나라가 아주 다르기 때문이라는 데 있다. 알다시피, 영국은 최초의 산업 국가요 첫 번째 '세계의 공장'이었다. 산업화의 폐해와 자본주의의 모순 또한 처음으로 직면했다. 더욱이 그때 유럽에는 체제 혁명의 기운이 흘러넘치고 있었다. 본보기도 참고서도 없었던 영국은 충분히 잘못될 수 있었고 곁길로 빠질 수 있었다. 그러나 그들은 사회적 갈등과 대립의 비용을 우리에 비할 수 없이 적게 치렀다.

산업화가 단독으로 출발하지 않았던 것이 결정적이다. 인류사를 갈랐던 그 경제 혁명의 시동이 걸리기 전에 마음 혁명, 정신 혁명이 먼저 발동되었기 때문이다. 마음 혁명을 통과하며 '정의와 공명' 집을 끼운 사람이 많았기에, 영국 자본주의는 욕심을 부리며 제멋대로 치치달을 처지가 못 되었다. 이는 20세기 후반의 역사책은 관심을 두지 않거나 잘 보지 못하는 부분이다. 대신, 발견한다면 발설하지 않을 수 없는 역사의 광맥이다.

서유럽의 고만고만한 나라였던 영국이 유별난 기색을 띠게 된 때는 1730년대부터였다. 마음을 갈아엎고 참회와 새 삶을 일으키는 영향력이 나타났던 것이다. '대부흥' The Great Revival이라 명명된 그 갱신 운동은 이후 두 세대 동안 새로운 국민성의 씨를 뿌리고 또 자라게 했다. 이어진 세 세대 동안에는 갱신의 사회적 열매가 풍성했다. 비록 그 다음 두 세대는 그 영향력이 영국에서 떠나는 채비를 하는 시간이었다 하더라도, 이미 국민정신은 밝아졌고 도덕성은 우월했다. 자본과 돈을 제어하는 내공이 붙었고, 정의와 공평이 흐르는 '선한 사회' Good Society 건설이라는 방향은 확고했다. 깊고 넓은 자유와 평등을 성취하는 것이 개화요 문명사회 Civilized Society라는 자각에 이르렀고 이 가치관이 국민성을 충족시켰다. 19세기의 전면적 사회 개혁과 시민 사회의 만개, 20세기의 노동당과 복지국가. 이 모두는 멈추어지지 않았던 그 선진화 작업의 증거요 귀결이었다.

그렇게 대부흥 이후 200년 사이에 영국은 세계의 정점에 머물렀고 그 끝에서 쇠락하기 시작했다. 그럼에도 선진국과 문명사회의 표상으로서의 지위가 달리 손상되지 않았고 지금도 그 국격과 국민성의 수준을 능가하는 나라를 손꼽기가 쉽지 않다. 초대교회와 종교개혁 당대 이외에 그만한 대각성을 힘입은 곳으로는 미국이 더 있을 뿐이다.

산업화가 정치 발전을 돋운 사례들은 있으나, 물적 도약과 강도 높은 사회적, 도덕적 개혁이 동반된 면에서 영국은 희귀한 케이스다. 그래서 의회 민주주의의 모델이며 산업혁명의 진원지로서의 국가적 재능 못지않게, 선한 사회로의 모험을 지속하게 한 마음 혁명이 돋보인다. 거듭 말해서, 자본의 굴기崛起와 국민성의 개조가 어깨동무했다는 사실이야말로 영국사의 알맹이다. 사회가 개조되지 않을 수 없었다.

이 책의 관심은 그 영국 사람들의 사회 개혁에 있다. 어디서 비롯됐는지, 무엇을 얼마만큼 이루었는지, 그래서 어떻게 되었는지 세트로 보고 싶은 것이다. 추적하다 보면 자연스럽게도 '크리스천'씨氏들을 만나게 되고 그들의 행적을 따라가게 된다. 국민 다수가 기독교인이었을 뿐 아니라 개혁의 행렬에도 그들이 압도적이었기 때문이다. 적어도 19세기까지는 등록 신자가 아니어도 자신이 하나님과 무관하다고 생각한 영국인은 소수였다. 마치 조선에서 온 백성이 유교 습속을 좇았던 것과 같다. 성리학 이념과 조선 역사를 분리하기 어려운 것처럼, 과거 영국인의 신념을 이해할수록 영국 역사의 정수에 더욱 근접하게 되는 것이다. 결국 초점은, **영국인의 신념 형성과 신념의 사회화 과정, 혹은 영국 신앙인의 사회적 액션의 퍼레이드**로 모아진다.

그렇다면 이 나라의 신념 체계가 세워지는 기원부터 보아야 할 것이다. I부 '새 기초'는 영국이 유럽의 보편 종교에서 이탈해 개신교 국가로 전환하는 과정, 즉 근대 국가로 리모델링하는 변천을 보여준다. 천 년의 흐름을 바꾸는 대변동의 때였음을 상기하면, 새 진로를 잡기 위해 자기들끼리 지지고 볶고 피 튀겼던 1530~1690년의 시간도 길기만 한 것은 아니었다. 그 험난한 여정 끝에 독자적인 신념의 토대를 굳혔다. 개신교 국교 성공회, 법의 지배, 의회 중심 정치. 이 종합 세트를 누구도 다시 흩뜨리지 못하도록 봉인했다. 그것이 1688년 명예혁명의 의미였다. 국가 정체성의 하드웨어가 비로소 구축됐다.

II부 '부흥'에서는 명예혁명에 이어진 짙은 어두움의 국면과, 부흥의 빛이 어둠을 삼키기 시작하는 대반전이 이어진다. 사실, 명예혁명은 그간 서로 엉겨붙었던 군주와 의회, 국교도와 비국교도를 떼어놓고 제자리를 딱 정해주었기 때문에 쟁취할 것도 싸울 대상도 없는 상태, 긴장의 와해를 가져왔다. 좀 더 자유를 얻었으니 더 이상 불만을 품어서는 안 될 것 같았고, 이 타협과 무의식은 더 높은 추구와 갈망을 무력화시켰다. 아직 풍습과 제도는 미개했고 백성의 지성과 행실은 저급했으나, 신대륙을 연결하는 무역 확대로 돈맛을 다시는 사람은 많아졌다. 청교도의 빛조차 사라져갔던 1720년대까지 영국은 영적, 도덕적 수렁에서 허우적댔다.

대부흥을 상징하는 '웨슬리 형제와 휫필드'를 잘 모르거나 그들의 업적을 저평가하는 사람들이 여기저기 있다. 그렇거나 말거나, 지난 400년 세상에서 그렇게 많은 사람을 심오하고도 선량한 변화로 인도한 사람은 영국의 그들과 미국 쪽의 조너선 에드워즈와 몇 사람 있었을 뿐이라고 주장하기는 해야겠다. 변화의 인자는 사회 곳곳을 들쑤시며 야만과 병폐를 제거했고 나눔과 배려를 국민 생활 깊숙이 밀어넣었다. 결국 선한 사회가 국민적 열망이 되게 했으니, 드디어 국민의 마음을 한 방향으로 모아 국가 통합을 이루게 했으니, 성정性情의 변화를 추동한 그들의 헌신의 가치는 측정 불가능이다. Ⅲ부에서는 대부흥에서 발진한 개혁의 광폭 행로를 풀쩍풀쩍 넘는다.

Ⅳ부는 개량의 시대에 파고드는 세속화 현상과 개혁의 클라이맥스를 같이 따라간다. 개혁의 질주는 장성한 노동당과 복지국가가 손을 맞잡는 데서 멈추었는데 거기에는 이미 현대 대중 사회 또한 당도해 있었다. 대중은 지식인들이 단장해 놓은 이념과 신지식에 편승할 준비를 마친 상태였다. 부흥 신앙의 후예들이 서민 정당과 포괄적 복지제도를 잉태하고 낳았으나 신앙의 트랙을 내려선 현대인들이 이를 안아들었다. 국민정신은 '신앙에서 신념으로' 변질되었다.

필자의 학위 논문 주제는 빅토리안 시민의 연대 활동에 관한 것이었다. 처음에는, 이 사람들은 어떻게 이렇게 괜찮은 사회를 만들었나? 기독인은 사회를 위해 뭘 했을까? 그게 궁금해서 살금살금 들어간 문이었다. 그런데 알고 보니, 시민 활동은 근현대 영국 사회의 변화를 속깊이 또 넓게 볼 수 있는 아주 좋은 전망대의 입구였다. 그 굽이굽이 경로를 보여준다고 나름 선별한 것이 I~IV부의 글이다.

그뿐 아니었다. 영국의 그 지난 일들이 필자의 오래 묵은 질문과 숙제의 짐을 가볍게 했다. 내가 어디에 있는가라는 질문이, 그리고 <u>스스로의 힘으로</u> 그 답을 찾고 그 인식을 표현할 수 있기를 바란 마음이 그 전망대에서 편안케 되었다. 그러므로 V부 '첨부'는 필자가 과거 영국을 들락거리는 큰 이유가 결국 한국 사회와 그 안에 있는 나 자신, 그 모두를 제대로 판독하는 눈을 얻기 위함임을 숨기지 못한다. 영국 교육에 대해 10여년 전에 썼던 필자의 《영국 학교 시민 교육》이 오히려 이 책의 속편에 해당하겠다.

일찌감치 감을 잡았다 하더라도 요즘처럼 책상에서 지식을 맘껏 고를 수 있는 여건이 아니었더라면, 이 책은 더 많은 시간을 들여야 했거나 구멍이 더 숭숭했을 것이다. 다만 큰 흐름을 좇는 것이 관건이니, 사전도 틀리곤 하는 세세한 지식은 유유히 지나는 편이 낫다.

어떤 피아니스트가 자신은 베토벤을 깊이 이해하게 되었으나 이해한 만큼 아직 표현할 수 없다고 했다. 필자로서는 아직 영국 사회사에 대해 모르는 것이 훨씬 많지만 아는 것을 다 쓸 수도 없었다. 개신교 문화권이 다 그러하듯, 영국 사람들이 얼마나 지독하게 가치 지향적이었는지를 물력이 지배하는 우리 사회에 전달할 능력이 안 된다. 그럼에도 역사 공부로 가치의 힘을 확인하였으니 이 모두가 은총이다.

2014년 12월

2024년 이 개정본에는 초판의 마지막 V부인 "첨부: 한국, 교회, 교육"은 포함시키지 않았다. 영국에 초점을 맞추었고, 초판에 실었던 참고문헌과 색인도 생략했다. 이해를 돕기 위해 역사 노트, 키워드, 이미지를 첨가했다. 그림과 디자인을 도와준 하늬에게 고마움을 전한다. 무엇보다, 한때 찬연한 빛이 임했던 영국의 그 사람들 사이로 필자가 초대된 것에 깊이 감사드린다.

2024년 12월
김헌숙

이 책은 아래에 보이는 큰 맥락을 따라간다.

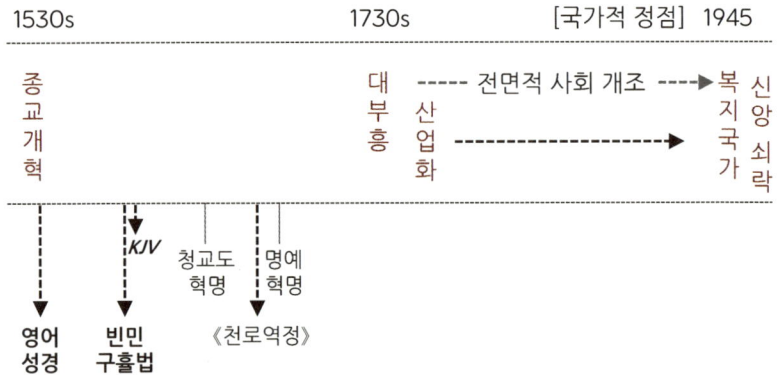

KJV   King James Version   킹제임스 흠정 성경
The Pilgrim's Progress   《천로역정》

차례

서문 • 5
역사 노트 • 16 • 86 • 140

I. 새 기초

01. 의회 폭파 음모 • 19
02. 헨리8세와 국교회 • 23
03. 헨리8세 아이들의 널뛰기 • 29
04. 중간 말뚝, 엘리자베스 성공회 • 34
05. 분리, 떨어져 나감 • 44
06. 역사의 반복 • 51
07. 내전, 왕 VS 의회 • 56
08. 청교도혁명의 유산, 그리고 여운 • 61
09. 공화정과 올리버 크롬웰 • 65
10. 앵글리칸 완제품 • 70
11. 국가 정체성의 소프트웨어 • 79

II. 부흥

12. 소용돌이 • 89
13. 대부흥 전야의 어두움 • 97
14. 요단강 가까이 • 104
15. 마음과 정신 혁명, 대부흥 The Great Revival • 110
16. 복음주의, 개인주의, 공동체주의 • 119
17. 자본주의 로드맵 • 126
18. 자본주의 해독제, 나눔 습관 • 133

III. 개혁

19. 악의 축, 노예제 • 143
20. 개혁의 전문성, 노예제 폐지운동 • 150
21. 지도층 복음주의, 클래팜 섹터 • 155
22. 바다에 뜬 등대, 노동계급의 빛 같은 • 165
23. 부잣집 마님이 감옥 개혁가로, 엘리자베스 프라이 • 172
24. 사회보장제도의 모판, 오래된 빈민 구제 문화 • 206
25. 나눔과 도움, Paternalism, Voluntarism • 217
26. 협회 문화, 개신교 문화, 선한 사회 • 223
27. 서로 돕고 배우는 노동자들 • 235
28. 품격 있는 노동자들 • 248
29. '두 국민' 숙제 풀기 • 256

IV. 쇠락

30. 신념의 약진 • 269
31. 교묘한 세속화 • 280
32. 시대정신의 교체 • 291
33. 노동당의 등장 • 302
34. 노동당의 바탕 • 307
35. 문명의 매듭, 복지국가로 가는 길 • 320
36. 결론, 땅의 복지 • 326
37. 요즘 이야기, 참담한 리버풀 사건 • 334

Keywords • 340

역 사 노 트

잉글랜드, 튜더·스튜어트 왕가

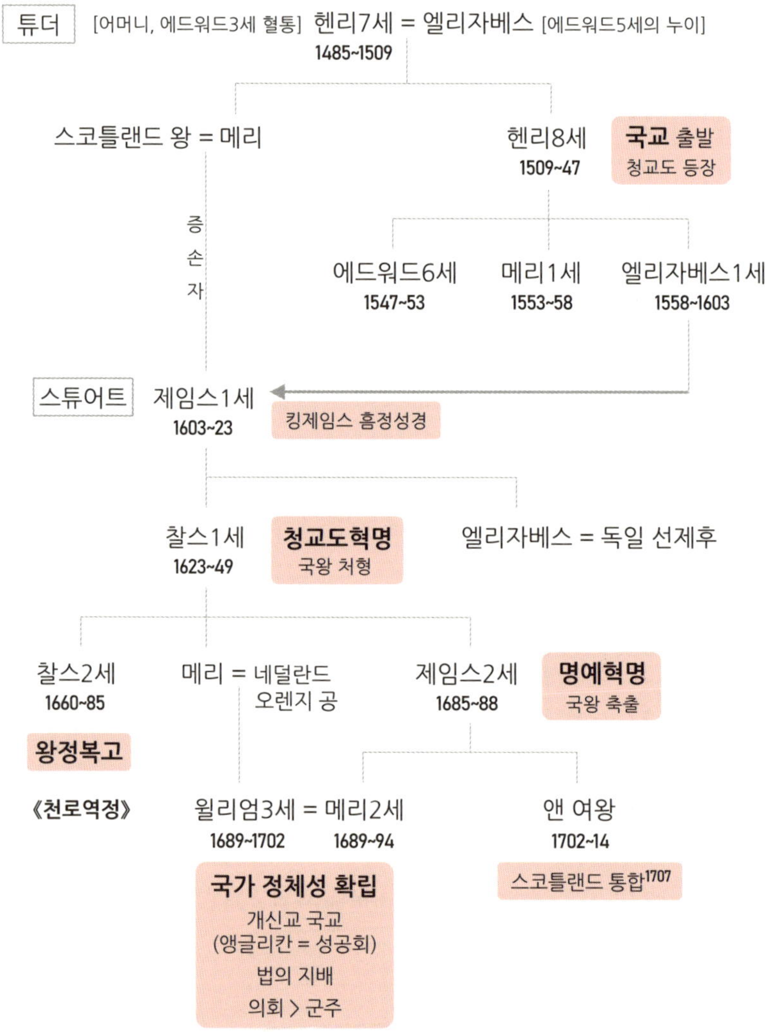

튜더 [어머니, 에드워드3세 혈통] 헨리7세 = 엘리자베스 [에드워드5세의 누이]
1485~1509

스코틀랜드 왕 = 메리   헨리8세 **국교 출발**
1509~47   청교도 등장

증손자

에드워드6세   메리1세   엘리자베스1세
1547~53   1553~58   1558~1603

스튜어트 제임스1세
1603~23   킹제임스 흠정성경

찰스1세 **청교도혁명**   엘리자베스 = 독일 선제후
1623~49   국왕 처형

찰스2세   메리 = 네덜란드 오렌지 공   제임스2세 **명예혁명**
1660~85   1685~88   국왕 축출

왕정복고
《천로역정》

윌리엄3세 = 메리2세   앤 여왕
1689~1702   1689~94   1702~14

국가 정체성 확립
개신교 국교
(앵글리칸 = 성공회)
법의 지배
의회 > 군주

스코틀랜드 통합 1707

I
새
기초

01
의회 폭파 음모

　영국민의 국왕 인기투표에서 늘 앞서는 엘리자베스1세는 1603년에 사망했다. 시간이 다 된 것을 알았을 때, 44년간 통치한 이 70세 싱글 여왕은 예전에 스코틀랜드 왕에게 시집간 고모의 증손자를 왕위 계승자로 지목했다. 사실은 그 가능성 밖에 없었던 터라 유언은 여왕의 마지막 나랏일이었다.

　여왕의 부친은 헨리8세였고, 고모는 헨리의 누나로서 혼인은 두 번 했다. 첫 남편인 스코틀랜드 왕이 사망한 후 그쪽 대귀족과 재혼했다. 유럽에서는 흔한 일이었다. 게다가 고모와 스코틀랜드 왕 사이의 진손녀, 그리고 고모와 대귀속 사이의 외손자, 이 손자손녀가 서로 결혼했는데 이 또한 드문 일은 아니었다. 그리고 이 혼인에서 난 아들이 바로 엘리자베스 여왕이 후계자로 삼은 제임스였다. 어릴 적에 스코틀랜드 왕위를 물려받은 그는 여왕과 피가 조금 통하는 바람에 잉글랜드 왕관도 접수하게 되었다. 엘리자베스는 튜더 가문

1485~1603의 마지막 군주였고, 제임스는 스튜어트 왕가1603~1714의 시작이었다. 37세의 나이에 런던에서 제임스1세1566, 1603~25로 등극한 그는 '킹제임스 흠정성경'으로 이름이 길이 남았다.

　제임스가 잉글랜드와 스코틀랜드 모두의 군주가 되었음에도 두 지역은 그대로 독립 국가로 지냈다. 군주를 꿔 주기도 하는 것이, 연방제도 아닌 것이 섬나라의 특이한 형편이었다. 제임스의 증손인 앤 여왕 때, 1707년에 잉글랜드가 스코틀랜드를 통합했는데, 두 나라가 100여년 동안 한 왕조 아래 지낸 연유인지 큰 분란 없이 합쳐졌다. 그렇지만 국방과 외교 외에는 각각의 법과 제도와 전통을 꽤나 인정해주다 보니, 합병 후 300년이 지난 지금도 스코틀랜드 사람들은 주권국가로 분립하고픈 미련을 떨치지 못하는 것 같다.

　어쨌거나 지금 왕세손 윌리엄의 아들에게까지 혈통이 닿아 있는 제임스1세는 런던 생활 3년 차에 날아갈 뻔했다. 5명의 열렬 가톨릭 교도가 의회가 열리는 웨스트민스터 궁을 폭파하려 했기 때문이다. 명색으로는 개신교 국교도인 국왕 부자父子 그리고 청교도 의원들이 사라지면 구교도들이 권좌를 되찾고 모든 것을 원래대로 돌려놓을 수 있으리라는 희망어린 거사였다. 그들은 여러 달 전부터 궁 담벼락에 있는 집을 임차해서는 땅굴을 파 궁의 지하 저장실에 진입했다. 화약을 쟁여놓고 개회날을 기다렸다.

　그러나 날아간 것은 그들의 계획이었다. 새로 끌어들인 멤버 중 하나가 의원인 자기 처남에게 11월5일 의회에는 가지말라는 익명의 편지를 보내는 통에 허사가 되고 말았다. 나중에 보니 수상한 편지를 받은 의원은 한 사람 뿐이 아니었고, 고위 관리는 이미 상황을 파악하고 있었다고 한다. 4일을 넘긴 한밤중에 가이 폭스가 화약 곁 현장에서 잡힌 데에는 그런 배경이 있었다.

명문가 출신의 가이 폭스는 처참한 고문을 받고 연루자들의 이름을 댔다. 음모를 인정하는 문서에 오락가락 겨우 서명한 가이 폭스는 정작 리더가 아니었고 화약의 쓰임새조차 잘 몰랐음에도 본디오 빌라도처럼 불멸의 오명이 되었다.

화약음모사건Gunpowder Plot 혹은 가이폭스데이Guy Fawkes' Day라고도 불리는 11월5일은 오늘날 주민이 가장 많이 모이는 전국적 기념일이다. 반역에 대한 심판을 재연하듯, 가이 폭스 형상에 불을 붙이는 것으로 시작한다. 그러고는 쫀쫀한 영국의 지방 당국이 이런 때도 있나싶게 마구 터뜨린다. 여느 축제  와 달리 먹고 노는 것은 없고 어둑할 때 시민 광장이나 공원을 꽉 채우고는, 아이를 목말 태우거나 손을 잡고서, 줄줄이 솟구쳐 퍼지고 쏟아지는 불꽃을 올려다보고 서 있다. 그 광경이 국민적 일체감을 되새기는 의례인 양, 찬란한 불꽃조차 잠잠히 사람들 사이로 내려서는 듯하다. 그러고도 늦은 밤까지 큰 아이들은 동네 공터에서 펑펑 장난하는데 이날은 봐주는 분위기다.

화약음모사건은 권력과 역모의 문제이기 이전에 국가 종교와 국가 진로에 관한 문제였다. 유럽 문명이 근원적으로 바뀌는 대격변의 시기에, 영국으로서는 새로운 국가 정체성을 수립해가는 조심스럽고도 중차대한 시기에 발생한 사건이었다. 여느 나라들처럼 영국도 자기의 길을 찾아가는 과정에서 험한 고통과 연단을 거쳤다. 이 나라가 새로운 길로 이끌림 받던 종교개혁기, 헨리8세 때로 거슬러 가보자.

02
헨리8세와 국교회

잘 알려진 대로, 영국의 종교개혁은 왕실 문제에 얽힌 정략으로 시작된 것이었으니 매력적이지 않아 보인다. 헨리8세^{1491, 1509~47}는 8이 붙었지만 실은 튜더 왕가의 2대째 군주였다. 그가 19살에 왕관을 썼을 때 이 신생 왕조는 겨우 20여년을 넘긴 상태였다. 왕국을 반석에 올리려면 헨리는 서자가 아닌 적법한 아들을 보아야만 했다. 이것이 조강지처를 버리고 젊은 앤과 정식 결혼하려는 이유였고, 잘 되지 않자 맘대로 해버린 것이 영국식 종교개혁으로 흘러갔다.

헨리의 첫 왕비는 스페인 공주 캐서린으로, 원래는 형수였다. 헨리의 형은 병 때문에 캐서린과의 결혼 생활을 제대로 하지 못하고 사망했는데, 정치적 계산에 따라 헨리와 캐서린은 혼인되어졌다. 더욱이 캐서린은 헨리가 25살 때 낳은 딸 메리 이외의 아기는 이래저래 다 잃었다. 나이를 먹어가던 헨리는 왕비와 이혼하고 왕비의 상궁인

I 새기초 23

앤 불린을 정비로 만들려고 했다. 하지만 일이 순탄치 않고 앤은 졸라대자, 이혼 허가를 받으러 로마까지 왔다 갔다 한 신하의 목을 베며 화풀이 하더니 결국 교황청의 장막을 찢고 나와버렸다. 독립 선언!

42살에 앤으로부터 딸 엘리자베스를 얻고 난 1년 뒤 1534년에 '국왕최고법' 수장령, 首長令을 선포하였으니, 영국의 길을 새로 정한 것이었다. 이제 영국 교회는 로마교황청과 상관없다, 이제부터 영국 교회의 머리는 교황이 아니라 국왕이다, 대충 이런 것이 수장령의 뜻이었다. 군주만이 왕국의 진정한, 유일한 지배자임을 천명한 것이며

이제 잉글랜드는 로마교황청과 끝났다. (원조 브렉시트!)
왕국의 군주인 나 헨리8세가
잉글랜드 교회의 머리임을 선포하노라.
수도원 문 닫고 땅 다 팔아치워-

영국식 국교의 시발을 알리는 것이었다.

약 150년 전에는 롤라드파가 "영국 교회는 계모인 거대한 로마 교회에 예속되어 있다"고 비판했었다. 종교개혁의 선구자인 위클리프 1330~84 를 따랐던 롤라드파의 신앙은 16세기 개신교와 쏙 닮았었다. 그런데 이제 헨리8세가 이 잔존한 롤라드파와 함께 로마 교회의 굴레를 벗는 데 앞장서게 되었다. 물론 헨리는 개신교도를 탄압하며 끝까지 가톨릭 신자로 살았으니, 롤라드파와 헨리8세가 로마 교회를 대적한 내용은 서로 전혀 다른 것이었다. 그러니까 영국 교회의 통솔권자가 교황에서 국왕으로 바뀌었을 뿐 그 외는 로마가톨릭 스타일 그대로인 것이 영국, 사실 잉글랜드, 종교개혁의 초기 모습이었다.

당시 왕국이 로마교황청에 등을 돌리는 것은 오늘날 EU 회원국이 EU를 탈퇴하는 것에 비할 만하다. 그 일이 벌어진 데에는, 서유럽을 지배하던 교황의 위세는 꺾인 반면, 유럽 왕국들은 청년기로 접어든 듯 자립심이 강해지는 상황이 있었다. 나라마다 국왕과 교황이라는 두 개의 태양이 떠 있었는데, 이제 군주들은 자기 왕국의 온전한 지배자가 되려 했다. 종교개혁으로 중세적 권위 체계가 허물어지고 여러 왕국이 근대 국가로 리모델링하는 작업이 가속되었다.

종교개혁의 파장은 여러 겹이었다. 대략 서기 500년부터 기독교로 통일되는 과정을 거쳤던 서유럽이 구교와 신교 양측으로 쩍쩍 갈라졌다. 로마 교황이 문어발처럼 왕국들에 뻗어놓은 영향력의 끈들이 하나씩 끊겼고, 교황이 대주교를 임명하지 못하거나 할 필요가 없는 나라들이 생겨났다. 그러면서도 한 왕국 안에서 종교는 하나여야 했다. 군주와 권력자의 취향에 따라 나라마다 종파가 정해졌다. 군주가 선택한 신앙 스타일이 곧 왕국의 신앙이라는 관념이 지배했던, 그래서 국교라는 것이 있던 시대였다.

그래서 동시에, 국교를 따르지 않는 사람들에겐 큰 박해의 시대였다. 구교 신자이건 개신교인이건 자기 신앙을 지키기 위해 죽음을 마다하지 않는 순교자들의 피와 재가 유럽 곳곳에 뿌려졌다. 루터가 95개 항목의 토론 논제를 써 붙인 1517년부터 1660년경까지, 서유럽은 왕국끼리, 또 같은 백성끼리 종교 문제로 얽히고설켜 피범벅 싸움에 아무나 죽이는 마녀사냥까지 난리였다. 천지개벽을 하는 진통이 이만저만이 아니어서 20세기의 이념 갈등, 국제전, 내전보다 덜하지 않았다. 그 와중에서 군주들은 구교와 신교 중 하나를 택해 국교로 삼고 통치 질서를 잡아가려 했다. 잉글랜드는 유별나게도 신·구교를 섞은 어중간한 국교를 버무려 내었는데, 그것이 바로 '앵글리칸' 또는 '성공회'라고 하는 잉글랜드 국교였다.

초기 국교는 문패만 교황에서 왕으로 바꾸었을 뿐이었기에 집안 살림은 그대로 가톨릭식이었다. 수장령을 공표하기 전 5년 동안 의회가 이 문패 변경을 위한 절차와 법을 만들며 왕의 시중을 들었다. 교황의 그림자를 걷어내고 나서 헨리는 소위 말하는 절대 왕권을 갖게 되었다. 교황을 대신해서 왕의 머리에 왕관을 얹어 주던 캔터베리 대주교도 교황이 아닌 왕이 지명했다. 교회는 이제 왕의 신하였고 의회는 이 관계의 정당성과 질서를 만들어 주었다. 독일 쪽에서 판을 흔들어 놓았기에 수월했기도 하다. 루터 발 대지진의 덕을 톡톡히 본 쪽은 바다 건너 헨리8세였다고 할까.

교회법까지 주무르게 된 왕은 수도원을 닫아버리고 강탈한 재산을 팔아 챙겼다. 그 돈으로 대학이 더 세워지기는 했다. 헨리의 측근으로서, 개신교인을 이단으로 처단할 정도로 확신에 찼던 고매한 대법관 토머스 모어와 수십 명의 가톨릭교도들이 순복하지 않아 대역죄로 참변을 당했으나 큰 변란과 대량 학살로 이어지지는 않았다. 왕의 강제와 협박이 먹혔고 더러는 지지 표명을 한 데다, 오래 전부터 존재 의의를 상실한 수도원 해산은 무덤덤하게 받아들여졌다. 수도사들에게 생계비가 지급되었을 뿐 아니라, 교황과 왕 사이가 틀어진 것이 어디 처음이냐면서 두고 보자는 사람도 있었다. 그러나 이 시대는 달랐다. 진정한 개혁의 바람이 불어오고 있었기 때문이다.

일찍이 자기 말 성경의 중요성을 알았던 위클리프는 말년에 영어 성경 번역 작업을 주도하기까지 했다. 사후에 그의 모든 글은 금서가 되었고, 시간을 훌쩍 넘겨 윌리엄 틴데일이 이를 소명으로 받았다. 1520년대 초 루터가 라틴어 성경을 독일어로 번역하던 바로 그 시기에 틴데일은 영어 번역에 착수했다. 번역 작업을 할 때 보호막이 있었던 루터에 비해 틴데일은 헨리8세 당국의 탄압을 피해 대륙에서 떠돌았다. 가진 것이 발각되기만 해도 화형당했음에도 그가 번역한 성경은 계속 영국으로 밀반입되었다. 잉글랜드가 웨일스를 병합한 1536년은 칼뱅의 《기독교 강요》 초판이 나온 해였고, 틴데일이 네덜란드 땅에서 가톨릭 당국에 체포되어 순교한 해이기도 하다. 그 무렵에 틴데일의 신약 성경은 5만 부나 인쇄되었고, 이 성경이 돌아다니는 것을 막기가 어렵게 되었다.

틴데일을 거들며 일한 적이 있는 커버데일에게 영어 성경을 편집하도록 하자는 상소가 있었다. 아들을 본 지 얼마 안 된 헨리는 이를 받아들였고, 그 결과인 '대성경' The Great Bible, 1539을 공식 성경으로 승인하는 서명도 했다. 개신교도들은 착각할 뻔했지만, 왕은 그대로였다. 변함없이 라틴어 미사를 드렸고, 교황 우위를 제외한 가톨릭의 핵심 교리를 담은 '6개 조령'을 엄수하라고 명했다. 6개조 중 하나라도 부인하는 것이 발각되면 반역죄로 화형에 처해졌다. 헨리 왕은 그렇게 개신교도를 실망시키고 생을 마쳤지만, 자기 말 성경의 공공인은 개혁 중의 개혁이었다. 소수만 읽을 수 있었던 라틴어 성경이 영어로 번역되어 읽히면서 계시의 환한 빛이 왕국을 비추기 시작했다. 그 영어 성경을 읽은 첫 세대에서 청교도가 나타났다. 작품에서 성경적 내용과 암시가 다분히 발견되는 셰익스피어는 그 두 번째 세대의 사람이었다.

03
헨리8세 아이들의 널뛰기

앤 불린이 엘리자베스를 낳은 뒤로 유산을 거듭하자 헨리는 신에게 버림받은 건가 고민하면서도 앤의 비서에게 눈을 돌렸다. 간통 등의 죄목으로 참수를 기다릴 때 앤은 "왕은 언제나 나를 후대했다. 시녀를 왕비로 만들더니 이제는 순교자로 세운다"고 말했다. 누명을 쓰고 억울하게 죽는다는 뜻이었다. 앤을 제거하고 재빨리 재혼한 세 번째 왕비에게서 헨리는 마침내 적법한 왕자 에드워드를 얻었으나, 해산한 왕비가 열흘 남짓 만에 숨져 모두를 안타깝게 했다.

9살에 왕관을 받은 에드워드6세1537, 1547~53는 부왕과는 달리 최초의 개신교 군주로 인정된다. 사이가 좋았던 4살 터울 이복 누나 엘리자베스와 함께 개신교 영향을 받고 자란 데다 어린 나이에도 소신이 있었던 모양이다. 섭정을 한 외숙 서머셋 공은 개신교 신자였고 칼뱅과 편지를 주고 받으며 개혁의 속도를 내고자 했다. 헨리의 6개조는 폐지하는 대신, 개신교 신조와 구교 교리를 섞어 만든 공동기도서와 영어 예배를 국교의 기준으로 삼았다. 이는 한층 진전된 것임에도 가톨릭과 개신교 신자 모두의 양심을 불편하게 했고, 새 것을 거부하는 무리는 민란을 일으키기도 했다.

하지만 칼뱅이나 츠빙글리에게 배운 유럽의 탁월한 인사들이 가톨릭 당국의 박해를 피해 영국 땅으로 망명해 오면서 잉글랜드 국교회의 뱃머리는 칼뱅주의 쪽으로 더 가까이 나아갔다. 존 녹스가 대륙으로 피신하기 전 잉글랜드에서 몇 년간 머문 것도 이때였다. 궁정 목사였던 녹스는 주요 도시를 방문해 개혁 신앙을 전파함으로써 싹트고 있던 청교도 신앙에 흠뻑 물을 주었다. 1552년에 개신교식으로 크게 바뀐 개정판 공동기도서가 나오게 된 데는 녹스의 공헌이 컸다. 그래서 이듬해 6월에, 16살이 된 에드워드가 병사하기 한 달 전에 공포된 '42개조' 교리는 국교회가 칼뱅주의 항구에 정박하려는 뜻을 알리는

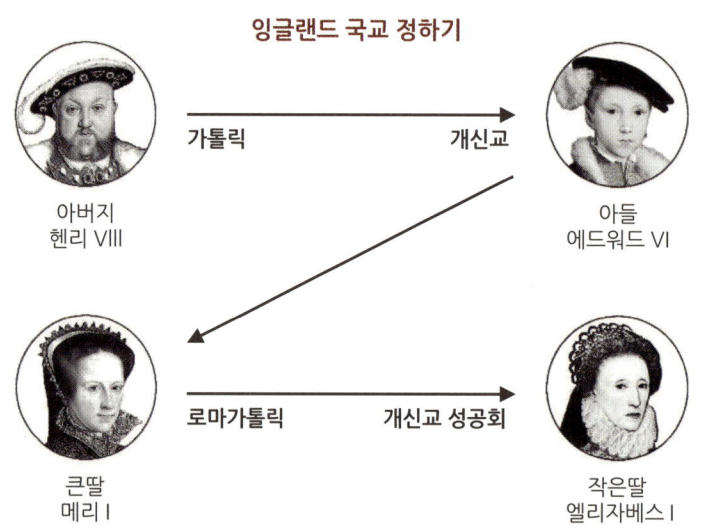

잉글랜드 국교 정하기

아버지 헨리 VIII — 가톨릭 → 개신교 — 아들 에드워드 VI

큰딸 메리 I — 로마가톨릭 → 개신교 성공회 — 작은딸 엘리자베스 I

뱃고동 소리와 같았다.

　에드워드가 약골임을 잘 알고 있었던 부왕 헨리가 에드워드, 메리, 엘리자베스 순으로 왕위 계승을 언질해둔 덕분에, 37살의 메리는 이내 합법적 계승자로 추대되었다. 그러나 이 맏딸은 아버지를 부인하듯 국교 시스템을 지웠고 이로써 왕국은 다시 한번 뒤집어졌다. 고통 중에도 가톨릭 신앙이 굳건했던 캐서린의 딸답게 메리1세**1516, 1553~58**는 잉글랜드를 로마가톨릭으로 귀환시키는 소임이 자기에게 주어졌다고 믿었다. 내리려던 닻은 황급히 거두어졌고, 다시금 개신교 신자는 이단이 되어 목숨을 내놓거나 첨벙첨벙 뛰어내려 망명길을 헤쳐가야 했다. 마지막 순간에 신앙고백을 철회하는 처절한 양심들도 있었고, 수백 명이 화형대에 섰다. 그래서 메리는 박해의 여왕, '피의 메리'로 불렸다. 군주가 바뀌면 박해 대상이 싹 바뀌곤 하는 때였지만 메리의 경우가 길이 회자된 것은 정도가 심했던 탓도 있고, 개신교국가가 된 자기 나라의 후손들이 그렇게 한 결과이기도 하다.
　메리 여왕은 폐비의 딸로서 굴곡진 삶을 살면서도 군주로 옹립될 만큼 자질을 갖추었으나 실패했다. 그녀가 신망을 얻지 못한 큰 이유는 나라 사정은 아랑곳하지 않고 구교의 리더 격인 스페인에 지나치게 친화적이었기 때문이다. 11살 연하의 사촌 펠리페2세와 굳이 결혼하여 그를 공동 통치자로 삼았다. 남미 대륙을 지배하며 유럽 최강으로 떠오른 스페인에 나라가 예속되는 게 아닐까 하고 백성들은 아찔해 했다. 결혼한 지 5개월, 즉위한 지 1년4개월 만에, 로마와 재결합한다고 선포했으니 더했다. 가출했다가 돌아온 아이 다독이듯 교황의 사절은 잉글랜드를 용서해 준다고 하여 국교 따위는 없던 일이 되었다.

거기다 스페인 왕위와 네덜란드 지역까지 같이 물려받은 펠리페 2세는 구교의 수호자로 자처하며 개신교도를 쓸어버리고자 했다. 정치 권력 외에도 식민지에서 갈취해 오는 어마어마한 보물과 가톨릭 측의 쇄신 운동에 힘입어 펠리페는 종교광으로 평가받을 만큼 거침없었다. 따라서 펠리페와 메리는 공통점이 많았지만, 정략 결혼과 애정의 상관관계는 짐작할 만하다. 외골수 여왕은 만삭에 이르는 상상 임신을 했는데, 그녀의 임신 증상 기록을 읽어 본 지금의 의사들은 뇌에 병이 있었을 것이며 그 때문에 얼마 지나지 않아, 등극 후 5년여 만에, 사망한 것으로 추정한다.

아무리 개신교 탄압을 정당화해도 메리 시대가 어찌 아버지 헨리 때와 같겠으며, 막 떠오른 계시의 빛을 어떻게 도로 가라앉히겠는가. 성경을 읽는 사람이 늘고 있는 마당에 박해는 옛 로마 황제들이 했던 것처럼 오히려 개혁 신앙의 전파를 도왔다. 나라를 위하여 기도하며 죽어가는 순교자가 많을수록 이를 목격하는 사람 또한 많았고, 수난자들이 많을수록 이야깃거리는 불어나고 퍼졌다. 대륙으로 피한 800여 명은 백성의 지도급 인사들로서 개신교의 본류를 접하고 더욱 단련되어 돌아올 것이었다.

메리의 의도와는 달리 수도원 땅을 사들인 사람들이 도로 내놓지 않으려 해서 구교 회복은 여의치 않았고, 백성들 사이에 반(反)로마 감정이 뭉게뭉게 피어올랐다. 좀 희한하게도 이 원조 '철의 여인' 메리는 민주주의 관념을 불러들이기까지 했다. 어쩔 수 없이 대륙으로 건너간 존 녹스는, 종교가 그토록 중요한 그 시대에, 군주 한사람이 국교를 좌우하는 이 문제를 깊이 생각했다. 결론은, 왕권의 특수성을 인정하고 존중하되 신앙을 위협하는 군주나 지배자에게는 무력을 써서라도 저항할 수 있다는 것이었다. 그것은 믿음이 있는 관원과 귀족의 권리이며 의무라고 했다. 백성 개개인의 정치적 권리 같은 개념은 없던 때였으니, 지도층이 그러한 일을 할 수 있다고 여긴 것이다.

신하가 폭군을 제거하는 사례는 동서고금에 있지만, 신앙을 훼방하는 군주에게 항거하는 것을 신하의 권리와 의무라고 규정하는 것은 차원이 다른 얘기다. 이 혁명적 아이디어는 신앙의 자유를 확보하는 데 전투적 자세를 가진 유럽 프로테스탄트 신자들에게서 공통적으로 발견되는 것이다. 이 생각은, 백성이 주권자라는 데까지 갈 수 있는, 가고야 말 사상의 뿌리였고, 100여년 후 존 로크의 민주 정치 이론 가운데 자리잡아 서구 사회의 정치적 가이드라인 역할을 할 것이었다. 이론 만이 아니라 실제로, 로크의 이론 이전에, 영국을 세상의 등대 나라가 되도록 준비시키는 정치적 신념이 발아하기 시작했다. 앞으로 우리는 그 광경을 멀찍이서 보게 될 것이다.

04
중간 말뚝, 엘리자베스 성공회

　어떤 역사가는 엘리자베스1세1533,1558~1603가 자기 때에 풀어야 할 잡동사니 문제를 덮어놨다가 다음으로 넘겼다고 한다. 폭은 넓으나 여기저기 덧댄 보자기 같은 국교 성공회, 그 양끝 한쪽씩을 붙들고 꾹 참고 있는 청교도와 가톨릭교도, 그렇게 버티다가 결국 청교도혁명이라는 내전을 치르고 말았다는 뜻도 있다.

　하지만, 아버지 가톨릭 → 아들 개신교 → 맏딸 로마가톨릭으로 이어진 25년간의 국교회의 울렁이는 편력을 잘 안다면, 중간 지점에 털썩 앉아 이쪽도 저쪽도 불쑥 튀어나오지 못하도록 양손으로 누르고 싶었을 만도 하다. 아니면 둘을 섞든지. 엘리자베스 여왕은 거기까지 했다. 그리고 뒤에 명예혁명으로, 그 섞음 스타일은 영국의 정체성으로 재차 공인되고 확정되었다.

　타고난 영특함과 최상의 교육, 거기다 모친이 참수된 남다른 환경에 살얼음판을 걷는 삶의 곡절이 합해진 결과일까. 엘리자베스**베스**는 군주 실습이라도 한 듯, 사람들의 머리 꼭대기에 앉은 듯, 상황을 파악하고 다루는 능력이 탁월했던 것 같다. 이모 뻘 이복 언니인 메리 여왕 때에는, 개신교도의 역모에 관여했다는 죄목으로, 베스는 엄마 앤이 마지막 시간을 보냈던 런던탑에 갇혀 죽음 가까이까지 갔다.

운명을 걸고 메리에게 충성 맹세를 하는 편지를 쓸 때는 누군가가 덧붙이지 못하도록 마지막 종이의 여백을 사선으로 채웠다. 열 살쯤 많은 앤 불린에게서 전형적인 계모의 핍박을 받았던 메리 여왕은 베스가 개신교 쪽인 줄 알았음에도 결정적인 물증이 없어서 어쩌지 못했다. 메리는 영어 예배로

통일한 에드워드 때에 라틴어 미사를 고수했지만, 영어 예배를 탄압한 메리 시대에 베스는 살아남기 위해 미사에 참석하는 쇼를 했다.

왕위에 오른 다음 30년 동안에도 베스는 그 계승권을 인정하지 않는 역모자들에게 시달렸다. 에드워드 시대에 잠시 통치권을 빼앗겼을 뿐인 가톨릭 지도자들은 그것을 되찾는 것이 당연해 보였고 대륙의 지지자들과 내통했다. 한때 공동 통치권자였던 펠리페2세는 다시

잉글랜드를 스페인에 엮으려는 모든 시도가 실패하자 무적함대를 준비시켰다. 그러잖아도 영국은 스페인의 해상 무역에 끼어들어 해적질에 맞장을 뜨며 원거리 무역에서 몫을 불리고 있었다. 1570년대에 스페인, 발트해, 북유럽 레반트 중동 팔레스타인 근처로 왕래하는 무역상사들이 설립되었고, 러시아 교역을 독점하던 머스코비상사는 1588년경이면 매년 100척의 상선을 운항시킬 정도였다. 거기에다 개신교 국가로 독립하려는 네덜란드 쪽을 여왕이 슬금슬금 돕고 있어서 스페인은 짜증이 부풀어 터졌다. 네덜란드는 손을 좀 봐주고 잉글랜드는 정식으로 족쳐서 수하에 둘 셈으로 아르마다에게 작전을 명했다.

프랑스 북서쪽, 노르만의 윌리엄이 쳐들어와 잉글랜드 왕관을 차지한 1066년 이후 최대의, 말 그대로 국운이 걸린 전쟁이었다. 그 정복왕 윌리엄의 먼 후손인 여왕은 출정식에 나섰다. 근접 경호를 물리치며 말을 탄 채 가까이 오자 병사들은 한쪽 무릎을 꿇었다. 그리고 여왕은 대략 다음과 같은 길이 회자되는 연설을 했다.

"친애하는 백성들이여, 우리의 안전을 염려하는 사람들은 군사 준비를 할 때 반역의 도모가 있을지 모르니 경계하라고 합니다. 그러나 분명히 말하건대, 짐은 충성스럽고 친애하는 백성을 의심하고 싶지는 않습니다. 폭군들은 두려워할 것입니다, 짐은 언제나, 하나님 아래서, 백성의 충성심과 호의가 있어 내가 이토록 힘있고 안전하다고 여겨왔으니 말입니다.

그래서 지금 내가 여러분에게 온 것은 군사 훈련을 위해서가 아니라, 전쟁터 한복판에서, 살든지 죽든지 여러분 모두와 함께 하기 위함입니다. 나의 하나님을 위하여, 나의 왕국을 위하여, 그리고 나의 백성을 위하여 나의 영예와 피와 재까지도 내려놓고자 다짐합니다. 나는 여자의 몸이나 왕의 장부를 지닌 잉글랜드 국왕입니다. I have the body of a woman, but have the heart and stomach of a king, and a king of England, too.

파르마 **네덜란드 지역을 담당한 스페인 총독** 나 스페인, 아니 유럽의 어떤 군주가 감히 나의 왕국을 침입하는 것에 대해 나는 치욕을 느끼기보다 오히려 경멸해 마지 않습니다. 나도 무기를 들 것입니다. 내가 친히 여러분의 장군과 재판관이 될 것이며, 싸운 공로에 따라 여러분 한사람 한사람에게 보상할 것입니다. 나는 여러분이 이미 담대하여 상급과 면류관을 받을 자격을 갖추었다는 것을 알고 있습니다. 군주의 권위로써 천명하건대, 여러분에게 상급과 면류관이 합당하게 주어질 것입니다.

… 잠시 동안 사령관이 짐을 대신할 것입니다. 지금까지 어떤 군주도 이 사령관보다 더 당당하고 탁월한 신하를 거느리지 못했습니다. 여러분이 사령관에게 복종하고 진지에서 단합하고 전장에서 용감하게 싸워서 나의 하나님, 나의 왕국, 나의 백성의 대적에게 곧 승리할 것임을 믿어 의심치 않습니다."

I 새 기초

영국은 정규 군대가 없는 약체 왕국이었지만 부왕 헨리가 공들였던 함선 건조 기술이 있었고, 피할 수 없는 전쟁에 철저히 대비했다. 확고한 개신교도이며 당대 최고의 항해 전문가로서 출중한 경험과 도전 의지를 갖춘 프랜시스 드레이크도 있었다. 결정적 공격을 성공시킨 그는 "때 맞춰 신
의 바람(폭풍)이 불어와서 승리가 완결되었다고 했다.

스페인 군사들은 북쪽으로 퇴각해 스코틀랜드 위 바다를 돌고 아일랜드를 거쳐 겨우 얼마 본국으로 돌아갔다. 드레이크는 그때부터 넬슨에게 바통을 넘겨주기까지 200여년 동안 국보급 영웅으로 환대 받았다. 여왕은 신분이 미천했던 이 인재를 발탁하고 부제독으로 삼으며 끝까지 밀어줬다. 결과적으로, 영국을 가톨릭 국가로 되돌리려 했던 펠리페2세와 교황의 합작 전쟁은 이미 개신교 항로를 가고 있던 잉글랜드호號를 나포해 오기는커녕 연료를 더 보급해준 판이 되었다. 게다가 최강 함대를 패퇴시켜봤다는 것, 그게 어딘가. 스페인은 중천의 해가 서쪽으로 한발짝 기울기 시작, 영국은 동틀 녘, 그쯤 되었다.

등극 전까지 엘리자베스는 정체불명으로 보였다. 하지만 온건한 개신교도 윌리엄 세실을 국정 동반자로 삼으면서 곧 개신교 우호 본색을 드러냈다. 세실은 청렴하고, 화합을 이끌고, 높은 학식과 교양을 갖춘 데다, 마키아벨리스트의 감각과 능력으로 백성과 군주를 위하는 완벽한 정치 파트너였다. 그 덕분에 베스는 자기 뜻을 더 잘 실현시킬 수 있었고 또 여왕 덕분에 세실은 능력을 다 발휘해서 당대 유럽에서 가장 효율적이고 품격 있는 정부를 창출했다. 세실이 얼마나 주도면밀하게 무적함대와의 결전을 대비했는지 펠리페2세는 잘 몰랐을 거다. 여왕보다 13살 많은 이 충신은 그녀를 여동생처럼 기다려주고 어르고 하면서 아량과 능력으로 보위했다. 장기간 2인자로 있으면서도 권력 놀음을 하지 않고 본분에 충실했던 것은 그가 여왕보다는 자신에게 소임을 맡긴 그 분을 섬겼기 때문이겠다. 40년간 그를 의지했던 여왕은 노년에 그의 임종 병상을 찾아가 미음을 떠먹였다.

엘리자베스는 등극 후 1년만에 세실의 협상 수완에 힘입어 온건한 국교를 수립했다. 그동안 국교회의 행로가 갈 지之자로 너무 고단했기에 안정과 정돈이 필요했다. 그래서 국교는 프로테스탄트, 즉 개신교로 하되 부분적으로 가톨릭 전통을 포함했다. 그것이 잉글랜드식 개신교, 즉 앵글리칸, 곧 성공회였다. 부왕 헨리의 반反교황주의에 동생 에드워드의 42개조를 결합하였다가 다시 39개조로 다듬었다. 국왕이 교회의 통치자임을 재확인했고, 로마가톨릭과 칼뱅주의 각각의 열성 신자 이외는 모두 무난하게 받아들일 수 있도록 교리를 손질했다. 39개조에 동의하고 성공회 예배에 참석하면 된다는 것이었다.

그러니까 국교 성공회는 이신칭의(율법 준수와 선행으로서가 아니라 예수를 믿음
으로 구원받는다)를 비롯한 개신교 교리를 골자로 삼으면서 구교 의식을
섞었으니 유럽에서 거의 유일한 복합형 국교였다. 39개조에는 개혁
교회와는 현저히 다른 항목, 즉 예배 기도문이 정해져 있음, 성찬 받
을 때 무릎을 꿇어야 함, 외경을 성경에 포함함, 그리고 성직 임명
제 같은 것이 들어 있었다. 혼돈기에 국민 통합과 통치의 효율성을
제고할 목적이었으나 개신교와 구교 신자를 다 붙들어 들여 한 지붕
두 가족 같기도 했고 또 양쪽 모두로부터 불만을 살 여지가 다분했
다. 한참 지지고 볶게 생겼다!

공식적으로 개신교 국가가 되고 한 세대가 지나는 중에도, 구교 신
자들은 끈질기게 엘리자베스 정부를 전복할 기회를 노렸다. 글 모르
는 백성들 역시 콧잔등으로 개신교의 기운을 느끼면서도 구교 관습
에 붙들린 어정쩡한 신자들이었다. 개신교의 진지한 설교와 성경 공
부는 처음에는 지식층에게나 환영받았던 것이다.

청교도, 즉 '퓨리턴'은 1560년경부터 두루 쓰인 일종의 별명인데,
칼뱅주의적 이상을 품고서 초대 교회와 같이 단순하고 순수하게 성
경적 삶을 살고자 하는 개신교도를 이르는 말이었다. 그래서 비성경
적인 것과 신앙을 방해하는 것에 대한 저항 의식이, 문자 그대로 프
로테스탄트 기질이 강했다. 그들은 가톨릭의 잔재를 다 떨치지 못한
국교에 비판적이었다. 성경과 무관한 의례를 폐기 처분하기 원했고,
설교 중심의 단순한 예배와 민주적 교회 운영을 원했다. 그들은 제

네바에 체류한 잉글랜드 망명객들이 처음으로 구절을 매겨 번역 편찬한 성경을 보급하며 성경 공부와 읽기에 매진했다.

적극적이고 자발적인 청교도의 설교와 전도 덕택에 시간이 갈수록 개신교도가 늘어났다. 특히 이전에 개신교도가 당한 핍박과 틴데일을 비롯한 수많은 순교자들의 죽음에 대한 증언과 목격담을 생생하게 기록한 존 폭스의 《순교자 열전》1563은 개신교 신앙을 확산시키는 데 지대한 역할을 했다. 이미 스코틀랜드는 망명에서 돌아온 존 녹스와 계승자들의 노력으로 제네바 장로교를 본받아 개혁 교회를 출범시킨 상태였다. 의회와 재계에서 숫자가 늘고 있던 청교도들은 국교회가 개혁 신앙에 더 가까워지기를 고대했다. 하지만 여왕은 그 어놓은 테두리를 조금도 벗어나려 하지 않았다. 엘리자베스와 세실은 그 긴 재위 기간에1558~1603 성공회를 수정할 의사가 없었다.

유럽 전체가 요동치던 때였다. 베스 통치 기간 내내 프랑스에서는 종교적 충돌과 살상이 끊이지 않았고 종교 전쟁 1562~89, 위그노 (개신교 신자) 대학살 1572 개신교인인 국왕이 가톨릭으로 개종하고서야 한숨을 돌렸다. 통일 국가가 아닌 독일 지역은 신교 측과 구교 측이 나뉘어져 분쟁의 연속이었다. 그러다가 국제전으로 확대되는 바람에 독일 종교전쟁 1618~48 장기간 전쟁터가 되었고, 황폐해진 영토와 인구 감소로 인해 근대 국가로의 발전이 지체되는 결과를 맞았다. 잉글랜드는 엘리자베스 여왕 덕분인지 탓인지 이때에 종교적 내홍을 겪지 않고 뒤에 청교도 혁명으로1642~49 화끈하게 결전을 치렀다.

종교개혁이 시작된 이후 ,1517~1660년 사이 유럽은 종교 분쟁으로 난리였다.

천 년 역사의 물줄기가 바뀌고 있었다.

한 나라 백성이 서로 다른 종교를 가진다는 것을 받아들일 수 없었다.

국교는 하나여야 했기에, 종교에 죽고 종교에 살았다.

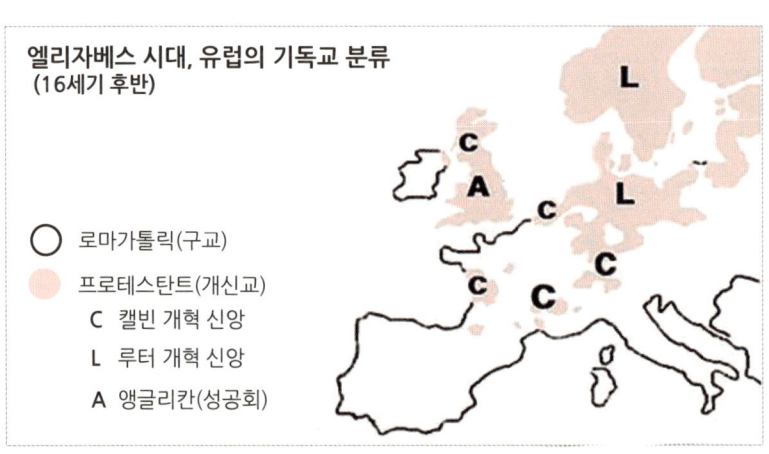

엘리자베스 시대, 유럽의 기독교 분류
(16세기 후반)

○ 로마가톨릭(구교)
● 프로테스탄트(개신교)
　C 캘빈 개혁 신앙
　L 루터 개혁 신앙
　A 앵글리칸(성공회)

엘리자베스 여왕은 39개조를 따르지 않는 사람들을 핍박하고 성직자를 가두거나 쫓아내면서 아슬아슬한 타협과 균형을 40년간 유지했다. 그래도 말기에 청교도 규제법을 둘 만큼 청교도는 위협적인 힘이 되고 있었고, 열성 가톨릭 신자들 역시 스페인의 지원 사격이 실패한 이후에도 국교회와 왕실에 대한 불만을 곱씹고 있었다. 동시대를 산 셰익스피어가 수면 아래 떠도는 불만, 회의, 긴장의 기운을 놓쳤을 리 있었겠나. 수많은 비평가를 줄세웠던 햄릿의 우왕좌왕.

> 잉글랜드 국교는 성공회로 go go!
> 심장은 개신교, 매너는 가톨릭.
> 잉글랜드는 타협과 실용 선호해.
> Anglican. 괜찮잖아!

> 성공회로 정한다고?
> 넌 청교도... 난 가톨릭.
> 겉과 속이 다른 거 우린 못 참아,
> 어쩜 좋아...

엘리자베스 I

> To be or not to be...

05
분리, 떨어져 나감

　　제임스1세는 엘리자베스 바로 다음이라는 그 자체만으로도 불리했다. 이방인 같았던 그는 물론 여왕에 비견할 바는 아니지만 나중에 신하에게 참수되는 아들 처지가 되지 않을 만큼 눈치는 있었다. 30대 중반까지 스코틀랜드에서 살았던 제임스에게 문제는 잉글랜드 정치의 핵심을 이해하지 못한 것이었다. 의회를 자주 열어서 의원들과 충분히 논의하며 자기 뜻을 관철시키곤 한 여왕과 금방 대비되었다. 다만, 의회와의 소통 방법이나 필요성을 잘 몰랐던 제임스가 그 시대 유럽에서는 지극히 정상적인 군주였긴 하다.

　　초기에 윌리엄 세실의 아들에게서 보좌를 받을 동안은 괜찮았으나, 이후로 의회는 최대한 적게 열었고 그나마 의원들과 다투었다. 왕의 지원 부대나 마찬가지였던 유럽의 최고 회의체들과는 달리 잉글랜드 의회는 따져보려 했고 협상하려 했던 까닭이다. 제임스의 정부는 유럽과는 견줄 만했으나 전대보다 부패하고 비효율적이고 문란

하기까지 했다. 제임스는 은밀한 동성애로 왕실의 권위를 손상시켰다.

제임스가 런던에 입성하자 청교도들은 '천 명의 청원서'를 내밀었다. 자기들이 늘 원하던 바를 작성한 것인데, 새 왕에게 알릴 필요가 있었고 또 실현하고 싶었다. 청교도는 왕의 지배보다 하나님의 통치를 우선했기에 세속 군주가 교회를 지배하는 현상을 바로잡으려 했다. 공노회나 당국이 성직자를 지명하고 예배 의식을 정해주는 방식을 거부했다. 대신 회중이 자유롭게 목회자를 뽑고 민주적으로 교회를 운영하는 신앙의 자유와 교회의 독립을 원했다.

제임스의 답은 "주교(제)가 없이는 왕도 없다"였다. 정치와 종교가 한묶음이요 군주가 교회의 통솔자인 상황에서, 청교도의 주장은 국교와 군주의 권위를 부인하는 태도로 보였던 것이다. 칼뱅주의로 기운 고향 스코틀랜드 교회와 달리 군주가 교회를 다스리는 잉글랜드 국교 제도가 제임스에게는 달콤하지 않았을까. 국교회 개혁의 희망은 떠내려갔다. 그럼에도 1603년의 청교도 청원서는 왕의 이름을 후세에 남기는 데 기여했다. 청원서 중 유일하게 받아들여진 성경 개역 건의는 1611년에 '킹제임스 흠정성경'이라는 열매를 낳았다.

가톨릭 신자들은 그들대로 제임스 왕을 기다렸을 것 같다. 제임스의 모후는 구교 신자였는데 엘리자베스 제거 음모에 관여한 죄로 잉글랜드에서 참수되었기 때문이다. 그러나 구교 신자들 역시 제임스가 앵글리칸 스타일에 이의가 없음을 알아챘다. 2년 만에 열렬 신자들은 왕과 의회를 제거하는 쪽이 낫겠다는 결론을 내리고서 왕국의 최고위층이 한자리에 모이는 의회를 폭파시킬 준비를 했다. 하지만 그들의 실패는 왕과 성공회 국교의 기만 살려주었고 영국에서 가톨락이 권좌에 돌아올 일은 없으리라고 마침표를 찍어주는 듯했다. 국교로 개종하지 않은 구교 신자는 엄청 박대받았다.

제임스1세는 청교도도 박해했다. 그러니까 청교도는 크게 두 부류가 있었다. 국교 찬성파와 반대파였다. 물론 공통 부분이 컸다. 성경의 가르침에 따라 단순한 형식으로 예배하고 자율적으로 교회 공동체를 꾸리기를 갈망한 점에서, 또 비성경적인 관습과 교의가 뒤섞인 국교 성공회를 개혁하기를 바란 점에서 같았다. 따라서 계급적인 성직자 조직을 비판한 점에서도 같았다. 다만 한쪽은 국왕이 교회를 통솔하는 국교 질서를 인정했다면, 다른 쪽은 교회가 세속 권력의 간섭

17세기 잉글랜드 기독교인 분포

국교도(개신교)	비국교도(개신교)	비국교도
성공회 (앵글리칸) 개신교 신조 + 구교 전통 일부 고교회파 : 구교 의례, 조직 선호 저교회파 : 개혁(청교도) 성향	청교도 계통 회중(독립)교회 침례교회 장로교회 퀘이커교우회 … [감리교회, 18세기]	로마 가톨릭

과 지배를 받지 않고 독립적, 자치적이어야 한다는 뜻이 분명해서 국교 제도를 못마땅해 했다.

1570년대부터 나타난 장로교회, 회중교회, 독립교회에다 1610년대에 침례교회가 새로 더해져 청교도 교파들이 도드라지기 시작했다. 초기에는 한 교파 안에도 국교 지지자와 반대자가 섞여 있었다. 그중에서 장로교회, 회중교회, 독립교회에는 국교를 용인하는 청교도가 제법 있는 데 비해, 침례교 신자는 국교 거부 색채가 뚜렷했다. 퀘이커는 1650년대에 늦게 나타난 청교도적 갈래로서 극단적인 분리주의였다. 세속 권위는 말할 것도 없고 교회 자체에도 인위적인 것이 많이 섞여있으니 교회 형식도 옆으로 제쳐놓아야 한다고 퀘이커는 주장했다. 그외도 소소한 개신교 교파는 다양했다.

앞서 보았듯이 유럽 대륙은 여전히 혼돈 속이었다. 프랑스에서 개신교도 박해는 계속됐고, 독일 지역에서 신·구교 대립은 끊이지 않아 조금 있으면 30년전쟁 1618~48이라는 유럽 국제전으로 번지게 된다. 그래도 달라진 것은 핍박받거나 국교회에 낙망한 사람들이 갈 곳이 새로 생겼다는 점이었다. 박해자도, 훼방꾼도, 국교회도 없는 곳, 신세계가 있었다. 중남미는 스페인과 포르투갈이 벌써 갈라먹었으니 북미 신대륙에 기회가 있었다.

식민지 쟁탈전에 끼어들기 시작한 엘리자베스 시대, 1585년경에 처음으로 지금의 버지니아 쪽으로 영국인들을 보낸 적이 있었다. 그들은 무덤피는 일 외에는 뭘 한 형편이 아니었으나, 1607년에 런던의

I 새 기초 47

버지니아회사는 그 근처에 직원들을 파견하기 시작해서 제임스타운이라는 최초의 식민지 정착촌을 건설했다. 1609년에는 네덜란드 파견단에 낀 영국인 허드슨이 닿은 곳이 뉴욕 인근이었고 뒤에 허드슨 강으로 불렸다. 제임스타운을 아우르는 넓은 지역에 엘리자베스 처녀 왕을 뜻하는 버지니아라는 이름을 붙인 사람은 탐험가 존 스미스 선장이었다. 포카혼타스 원주민 부족장의 딸, 영국인과 결혼 덕분에 목숨을 건지기도 했던 그는 제임스타운의 실질적 리더였다. 이 스미스 선장이 이미 (뉴)플리머스라고 이름까지 지어놓은 북부 지역도 메이플라워호號가 당도하기 전에 무역회사가 먼저 발을 디뎠다.

1607~24년 사이에 북미 해안으로 이주한 영국계 사람은 1만4천 명 정도 되었다. 비록 그들 중 10퍼센트도 안 되는 사람만이 1624년에도 생존하고 있었지만 말이다. 그 이주자들과 많은 사망자 가운데는 메이플라워 퓨리턴도 있었다. 메이플라워호가 우리나라의 완도 쯤의 위치에 해당하는 영국 플리머스에서 북아메리카를 목적지로 삼고 출항한 때는 1620년 가을이었다.

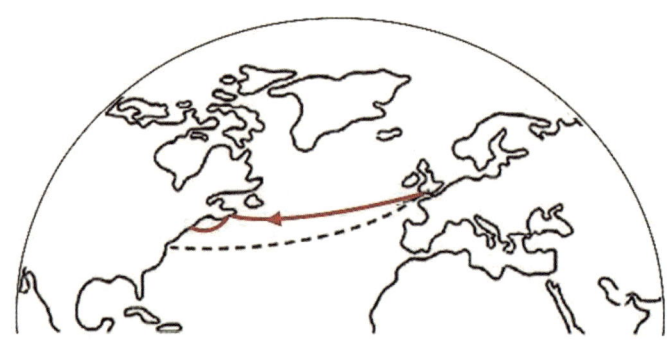

48 그들이 나라를 바꿨다

원하는 대로 예배하고 살 수 있는 자유를 갈망하는 이 101명의 필그림단을 모집하고 이끈 사람은 회중교회 신자인 30살의 윌리엄 브래드퍼드였다. 그는 10대에 열렬한 국교 이탈자가 되어 20살이 되기 전에 신앙의 자유를 찾아 네덜란드로 옮겼으나 가족의 미래를 생각하며 돌파구를 찾았다. 합법적인 토지 권리증을 얻고서 일단 출발할 때는 왕실 칙허가 있는 안전지대 버지니아 정착촌에 합류할 계획이었다. 그러나 이번에 불어온 거센 바람은 추운 북쪽 매사추세츠 가까이로 퓨리턴 이주민들을 Pilgrim Fathers 데리고 갔다. 그렇게 해서 역시 장삿배인 메이플라워는 모든 것을 걸고 순전히 신앙의 자유를 찾아 나선 민간인들을 실어나르는, 계획에 없던 일 한번 하고는 역사의 과분한 대접을 받았다.

중요한 것은 '메이플라워협약'1620 이었다. 이주자들이 케이프코드

연안에 내려서기 전에 무슨 일이 발생할지 모르는 앞날을 내다보며 공동체의 질서와 존속을 위해 만든 문건이었다. 프로테스탄트 교회의 신앙 서약을 모델로 한 그 협약문은 먼저 자신들이 하나님 앞에서 뜻을 모았음과 국왕의 신민으로 영국 사람임을 명시하였다. 그리고 길지 않은 문구에도 민간 정치 체제, 보편타당한 법률, 법의 지배와 같은 정의와 평등의 개념을 포함했다. 남성 41명이 서명한 그 규약은 문자로만 머물지 않고 실제로 플리머스 식민지 정부 운영에 활용되었다.

    메이플라워협약에 앞서 제임스타운이 1619년에 최초로 민주적 의회를 구성했음에도 메이플라워호의 청교도들과 그들이 건설한 플리머스 식민지가 미국의 원조로 여겨지는 이유는 이후 역사가 말해준다.

06
역사의 반복

 10대 중반에 사망한 형을 대신해 왕이 된 헨리8세와 비슷하게, 찰스1세 1600, 1625~49도 12살 어느날 갑자기 왕세자가 됐다. 부왕 제임스는 런던 궁정에 온 지 9년 만에 꽤 장성한 장남을 천연두로 잃었다. 차남 찰스는 25살에 즉위했으니 후계자로서 준비 기간은 모자라지 않았다.
 내성적이고 깔끔한 성격에 신앙심이 돈독한 찰스는 궁정 분위기를 일신하여 개성을 나타냈다. 그가 요새 살았더라면 모범적인 가장이 되었을 것이라고들 한다. 그러나 그의 외곬 성격은 국왕으로서는, 특히 잉글랜드 정치판에서는, 큰 장애였다. 찰스는 왕의 통치권은 신으로부터 받아서 아주 특별하다는 부왕의 신념을 초지일관 붙들었다. 제임스는 그 신념을 적당히 포장하는 생존 본능이 있었지만 이 아들은 고지식했다. 왕권 절대주의 기세가 탱탱해지고 있는 대륙의 군주들과 어깨를 나란히 하려고만 했지 영국이 그 나라들과 한

I 새 기초

참 다르다는 사실과 그 무게를 이해하지 못했다.

영국은 의회 발전이 어느 나라보다 앞섰다. 헨리8세가 국교 제도를 만들고 왕권을 강화시킨 데에는 교황과 외세를 배격하려는 지도층, 즉 의회의 협조 덕이 컸다. 영리한 엘리자베스 여왕은 의회와 조율하고 의회의 동의를 얻어서 국정을 운영하는 유익을 진작 체득했던 것 같다. 국왕 지지파와 반대파는 언제나 있기 마련이었는데, 의회를 인정해주고 책임을 나눠줌으로써 오히려 왕권이 탄탄해졌다. 여왕 독단으로 법을 만들려 하지 않았고 또 할 수 없게끔 의회 제도가 발전하고 있었다. 스코틀랜드에서 온 제임스에게는 이 의회 시스템이 외계적이었을 것이다. 그나마 무사히 넘어간 것은 제임스가 결정적인 사달을 만들지 않아서였고 반대파 의원들도 딱히 할 바를 몰랐기도 했다. 22년간 의회를 몇 번 열지 않은 제임스 밑에서 자란 찰스가 의회 정치에 대한 감각을 발달시키기는 어려웠다.

찰스는 치세한 모양새가 400년 전의 존 왕을 연상시킨다. 존 왕은 제대로 하는 거 없으면서 지는 전쟁만 벌이고 프랑스에 있는 조상의 땅 노르망디도 거의 잃어버렸다. 교황과 불화한 데다 교회에 무거운 세금을 매겼고, 중세에 항명하는 인사를 절차 없이 잡아 가두었다. 왕의 암살을 꾀하는 귀족도 있었다. 존 왕은 대귀족이 왕실의 동업자인 사실을 잊은 듯했다. 선조 윌리엄은 노르망디에서 잉글랜드로 쳐들어 올 때 변방 족장들을 규합해 참전시켰다. 윌리엄이 승전하자 그들은 새 왕조의 창업 이사로서 잉글랜드 땅 여기저기를 찜 해서 왕자처럼 살았다. 군림하는 자유인으로서, 영지 백성에게서 세금을 받고 사는 그들에게 세금을 내라고 했으니 돈 문제만은 아니었다.

마침내 교회 지도자들의 동조 아래 귀족 그룹이 작성한 문서를 왕에게 제시했고, 반란의 기미를 눈치챈 왕은 서명했다. 군주라고 제멋대로 다 할 수 있는 게 아닌 줄 알라며, 자기들 자유민이 원래 가진 특혜 리스트를 보여주면서 이거 이거는 손대지 말라며 왕을 타박하고 왕국 운영의 몇 가지 사항을 훈수한 것이 바로 그 유명한 1215년의 대헌장 '마그나카르타' Magna Carta, The Great Charter였다. 이사들이 마뜩잖은 대주주를 한대 쥐어박은 품새였다 하더라도, 국왕을 견제하는 회의체가 나타날 수 있는 싹수였다. 역설적이게도, 귀족의 특권

Magna Carta

왕은 평의회와 논의하지 않고 무단으로 세금을 걷을 수 없다.

자유민그때는 귀족을 정당한 절차 없이 재판하거나 체포, 감금할 수 없다.

⋮

I 새 기초   53

을 명시한 그 헌장은 뒤에 권력자들의 횡포에 대한 자유 시민의 저항의 근거와 상징으로 활용되었고 영국과 미국의 국법의 주춧돌로 작용했다.

마그나카르타? 권리청원?
나 찰스1세는 절대 군주다!

그 대헌장 사건을 찰스1세가 재생시켰다. 찰스는 처음부터 의회와 논의 없이 프랑스, 스페인과 전쟁을 벌이고 세금을 올리는 이런저런 일을 마음대로 했다. 금고 바닥이 보이던 1628년에 마지못해 의회에 손을 내밀었으나 의원들은 도리어 마그나카르타를 보완해서 만든 '권리청원'을 내놓았다. 멋모르는 찰스에게 군주가 넘지말아야 할 선이 있다는 사실을 가르쳐 줘야 했다. 백성의 땀 흘린 돈이 군주의 쌈짓돈인 줄 아느냐, 재정 문제는 먼저 의회와 상의해라, 아무나 함부로 잡아들이거나 가두지 말고 법에 정한 대로 해라, 백성의 자유권을 침범하지 마라 등등 찰스가 잘못한 것을 알려주었다. 그런 다음, 오래되어 당연한 영국민의 자유와 권리를 나열했다.

예전 '귀족의 자유'가 '백성의 자유'로 넓혀졌으니 세상이 엄청스레 변했는데, 찰스는 옛일의 교훈도, 닥친 판국도 읽지 못했다. 군주도 정해진 절차를 밟고 법의 한도 내에서 권리를 행사해야 한다는, 잉글랜드 사람에게는 친숙한 관념이 찰스에게는 황당무계했다. 절대 군주의 신념에 불타는 그는, 신 이외에는 어느 누구도, 그 무엇도 군주를 제재할 수 없다고 믿었다. 지도적 의원들을 투옥시킨 다음 11년 동안은 의회가 뭐 필요하냐면서 전제 군주로 유감 없이 살았다.

더 근원적인 문제가 있었다. 스페인과 프랑스에 줄을 대려던 부왕 제임스가 바라던 대로, 찰스는 즉위 직후 루이13세의 동생인 가톨릭 신자를 왕비로 맞았다. 국왕 부부는 잘 지냈고 가족애가 돈독한 왕실을 꾸렸다. 그 중심에 왕비가 있었는데, 그녀는 빈축을 사면서도 라틴어 미사를 했고 자녀들을 구교 신자로 키웠다. 이후의 역사를 보건대, 찰스와 두 아들에게 끼친 왕비의 영향은 상당했던 것 같다. 찰스가 대주교 로드를 임명할 때도 왕비는 지지하지 않았을까.

로드는 청교도를 이단자로 취급하면서 국교회의 권위를 높이고자 했고 찰스는 왕권을 강화하려 했으니 서로 뜻이 잘 맞았다. 성직 계급제와 질서, 예배 형식을 중시한 로드는 중간 말뚝 성공회를 로마 가톨릭 쪽으로 더 밀고 갔다. 성공회에 섞여 있는 개신교적 예배와 의례를 점차 폐지하며 청교도의 설교를 통제하고 배척했다. 성찬대의 위치와 양식을 미사 스타일로 바꾼 것, 그리고 성직자가 주재하는 성사를 구원의 필수 요소라고 하면서 성직자의 권위를 드높인 것은 청교도에겐 악몽이었다. 신체를 절단하거나 처형하면서 청교도를 박해했다. 우려에 찬 눈길이 많아졌고 부글부글 끓는 소리도 났다. 경건을 추구하며 가난한 사람들을 보호한 로드의 인품과 덕성은 별개였다. 신앙을 훼방하는 통치자에게는 무력을 써서라도 저항해야 한다고 감히 설교하는 청교도 목사가 하나 둘 생겨났다. 모험과 자유의 땅, 북미 행 이주자와 선박을 찾는 사람도 부쩍 늘기 시작했다.

07
내전, 왕 VS 의회

　서유럽의 마지막 종교 전쟁, 세계 최초의 시민 혁명이라는 별명이 붙은 청교도혁명은 영국사 연구의 큰 주제였다. 20세기 후반에 마르크스주의 사학자들은 이 내란의 정치적, 경제적, 사회적 원인을 분석하느라 분주했다. 한참 그랬는데 종교가 핵심 문제였다는 논조가 낭랑하게 들려왔다. 당연한 얘기다. 종교에 죽고 종교에 사는 시대, 청교도혁명은 그 끝물이었다고 할 수 있다.

　엘리자베스 재위기에 의회에 진출한 부유한 식자층 청교도는 찰스1세가 등극한 1620년대에는 하원의 다수를 이루고 있었다. 그들 중 상당수는 가톨릭을 슬그머니 불러들이는 듯한 대주교의 종교 정책과 국왕의 변덕과 전횡에 비판적이었다. 하지만 그렇다고, 국왕과 한판 붙는다든지 대륙에서처럼 종교 전쟁을 일으킨다든지, 그런 일을 상상하는 의원은 없었다. 또 국왕 반대파가 똘똘 뭉쳐 있는 상황도 아니었다. 문제는 국왕과 의회 양측 모두가 불통 11년이 지나도록 각각 한결같이 변하지 않은 것이었다.

내전의 도화선은 역시 종교 문제였다. 좌우를 분별하지 못하는 찰스가 유아 때 떠나온 고향 스코틀랜드의 개혁 교회에게 성공회 스타일로 예배하라고 지시했을 때 스코틀랜드 전체가 들끓으면서 사건이 되기 시작했다. 여느 전제 군주처럼 전쟁 벌이는 것을 어려워하지 않았던 찰스는 군대부터 소집했다. 본격적인 진압에 나서야 할 때 자금이 달리자 큰맘 먹고 의회를 소집했다. 하지만 11년 만인 1640년 4월에 대면했을 때 양측은 서로 다른 카드를 내밀었다. 왕은 국교 통일, 남북 문제부터 해결하자 했고, 의회는 이번에도 깐깐하게 국정 불만 부분, 잉글랜드 내부 문제부터 다루자고 했다. 분통 터진 왕은

잉글랜드를 가톨릭 쪽으로 데려가야겠어. 의회가 뭔데. 군주의 말을 들어야지!

대헌장을 모르는군. 왜 마음대로 하지? 의회에는 청교도가 많아요! 이건 아니지. 못 참겠다!

I 새 기초 57

금방 의회를 해산했다가 도리가 없어 11월에 다시 불렀다. 여전히 협상불가였다.

이 갈등의 와중에 오랜 식민지 아일랜드에서는 구교 신자들이 개신교도 3천 명 이상을 학살했다. 게다가 찰스가 구교 측과 손잡는다는 둥, 의회를 해하려 한다는 둥 소문이 나돌았다. 그 한편으로 국왕 반대파 의원들은 국왕의 실정과 자질 부족과 관련해 뭔가 대책이 필요하다며 심사숙고 하고 있었다.

바싹 마른 긴장감에 불똥이 튄 것은 1642년 연초에 찰스가 5명의 하원 지도자를 체포하라고 했을 때였다. 그들은 체포대가 당도하기 전에 피신했지만, 의사당 안에서 회기 중인 의원을 체포하라는 국왕의 변함없는 막무가내 행태는 의원들을 크게 자극했다. 왕은 력력행사 외에는 길이 없어 보였고 의회도 도리가 없었다. 실제 내전은 양측이 병력을 준비하면서도 여러 달을 서로 미적거린 후에 촉발되었다.

찰스의 국교 정책에 대한 불만이 질펀하게 깔려있지 않았더라면 나라를 편가르는 전쟁으로 번졌을지……. 엘리자베스 시대에 옥스브리지의 학생 수가 빠르게 증가했는데 그 졸업생들이 런던과 지방의 유력자로 자리잡았다. 제임스 때에도 실력과 재력을 갖춘 청교도는 더 많아졌고, 그들 가운데서 찰스를 견제하는 지도자들이 나왔다. 이런 차제에 로드 측이 가톨릭 쪽으로 국교의 방향타를 틀고 스코틀랜드에까지 국교를 강요하자 청교도들은 정신을 바싹 차렸다.

찰스와 로드가 정책을 고수했다면, 내전으로 치닫지 않았더라도, 1605년에 의회 폭파를 계획했던 가톨릭 골수분자처럼 청교도 지도자들이 집단적 조직이나 행동을 꾀했을 것 같다. 기름을 퍼올리고 도화선을 깔고 불을 먼저 댕겨주기까지 한 편은 찰스였다.

1642에 발발한 내전은 찰스가 군주의 품위가 어떤 것인지 보여주며 처형된 1649년 1월말에 일단락 지어졌다. 6년간의 기나긴 전란이 어찌 험악하지 않았겠나. 상당수 국민은 어쩔 수 없이 왕당파나 의회파 어느 한편에 서야 했고 가족 사이도 갈라졌다. 고액 세금에다 뒤죽박죽된 경제에 죽을 지경이었다.

내전은 2차전을 치렀다. 처음에는 당연히 왕당파가 우세하였으나, 다크 호스 올리버 크롬웰과 신식 군대가 전세를 뒤집으며 의회군의 승리로 끝날 듯했다. 스코틀랜드 군사는 1차전에서는 의회파와 협력했다가, 잡혔던 찰스가 탈출하여 재차 군사를 일으킨 2차전에서는 찰스에게 휘둘렸다. 그래도 결국 왕은 포로가 되고 말았다.

승리한 의회군은 찰스의 처우를 놓고 분파가 나뉘었다. 국교를 장로교식으로 하자는 장로파는 왕을 달래서 웬만하면 복귀시키자는 쪽이었고, 신앙의 자유를 강조하는 회중파, 독립파와 크롬웰은, 왕은 도저히 변할 수 없다고 보았다. 소수 독립파와 군부가 장로파를 제치고 국왕의 재판 절차를 밟았다. 48세의 찰스는 전쟁을 일으킨 죄를 비롯한 장문의 죄목을 전혀 인정하지 않았고 존엄한 모습으로 죽음으로써 자신이 옳음을 입증하고자 했다. 최악에 속하는 이 군주는 백성이 보는 앞에서 참수되는 순간에 이미 바닥에 떨어진 백성의 존경심과 동정심을 낚아채 올렸다. 온 천지가 왕권 나라이며 왕은 신의 대리자라고 하는 때에 왕의 목을 베었으니 많은 백성이 울렁증에 시달리고도 남았겠다. 찰스를 성인과 순교자의 반열에 올리자는 변론이 나돌았고 두렵기도 했다. 군주제를 폐하기에는 너무 일렀다. 왕은 부활할 것이었다.

그러나 이 내전은 분명 혁명이었다. 왕권이 강고하던 그 시대에 법적 절차를 밟아, 즉 법의 잣대로 군주를 처단한, 당시로서는 기이한 사건이었다. 독일 땅에서 벌어진 30년전쟁에 뛰어들어 영국에 간섭할 여력이 없었던 유럽의 군주들은 기가 막혔을 것 같다.

08
청교도혁명의 유산, 그리고 여운

　내전은 지역, 신분, 정치, 경제적 이해관계 등이 복잡하게 얽혀 있었다. 다각도의 분석과 연구가 시도될 만하다. 하지만 의회가 저항한 핵심이 종교, 즉 신앙 문제였다는 것은 '웨스트민스터 신앙고백서'가 잘 말해준다.

　1643년 내전 초기의 불리한 상황에서 의회는 성직 임명제부터 폐지하고자 했다. 또 스코틀랜드의 원조를 끌어내기 위해 협상하면서 국교를 장로교 비슷하게 변화시킨다는 엄숙동맹에 조인했다. 곧 종교회의를 소집했다. 웨스트민스터 대성당에서 약 5년간 특정한 날 이외에 거의 매일 열린 이 회의는 의회가 뽑은 목회자 121명, 평신도 30명, 그리고 스코틀랜드 장로교인 8명이 합석하여 새로운 국교의 신조를 다듬었다. 바야흐로 영국섬 전체가 내적인 통일을 향해 나아가는 듯했다. 개혁주의 신조와 강령이 집약된 '웨스트민스터 신앙 고백'은 스코틀랜드 교회가 1647년에 먼저 채택했고 이듬해 6월에 잉글랜드 의회가 최종 승인했다. 소요리문답과 대요리문답도 의회에 제출된 상태였다. 뒤에 1660년에 군주제와 성공회 국교가 원상 복귀했을 때, 개혁주의 신앙고백서는 잉글랜드와 웨일스에서 공식적인 지위를 상실했으나 장차 세계적으로 장로교와 개혁주의 교회의 신앙 표준 문서가 될 청교도혁명의 유산이었다.

웨스트민스터 신앙고백서 작성

내전 동안 청교도 그늘 아래 반짝 나타났다가 사라지면서도 영국 저항 정신의 전통을 만드는 데 족적을 남긴 분파도 있었다. 의회 편을 든 수평파와 디거파가 대표적이다. 17세기 중엽에 대의제 민주주의와 경제적 평등을 주장하고 실천하려 했으니 시대 초월이었다. 내전 때에 런던 부근에서 시작된 수평파 Levellers 운동은 점차 일반 병사들의 호응을 얻었다. '수평'은 말 그대로 '고르게 한다'는 뜻이었다.

수평파는 신분을 물려받은 사람들이 아닌 국민이 선출한 사람들이 주권을 행사해야 한다고 했다. 법 앞에서 완전한 평등, 의회의 정기적 개최와 대의 기능 활성화, 지방 분권, 신앙의 자유, 단체 활동의 자유, 성인 남자의 선거권, 교회의 인습 고치기, 평등을 위한 경제 개혁안에 이르기까지 정교한 주장을 제시했다. 200년, 300년 후에나 실현될, 당시로는 뜬구름 잡는 얘기였다. 내전 중에 그들은 새로운 나라를 건설하기 위한 '인민협정'을 의회군 지도자들에게 제의했으나 묵살되었고 국왕 처형 후 수개월 내에 진압되고 말았다.

'땅 파는 사람들, 경작자들'을 의미하는 디거파 Diggers는 한술 더 떠서 아예 땅을 똑같이 나누자고 했다. 수평파가 스러질 무렵에 생겨난 이 작은 빈민 집단은 권력과 부가 죄의 온상이라고 하면서 이것이 없는 유토피아와 무정부주의를 꿈꾸었다. 실제로 자유주의적 평등 공동체 생활을 하며 땅을 일구기도 했다. 2년도 안 돼 쫓겨나 흩어졌음에도 지도자 윈스턴리는 무소유 평등 사회의 청사진을 담은 《출발하려는 자유의 법》이라는 책자를 펴내는 등 디거파의 사상을 전파했다. 그의 책은 올리버 크롬웰에게 헌정되었다고 하는데 어떻게 되었는지 궁금하다.

수평파와 디거파는 개혁주의 신앙의 앞문으로 들어와서 찬찬히 둘러보고는 옆문으로 나갔다는 인상을 준다. 자유, 평등, 이성의 힘을 강조하는 것이 뒤에 나타날 계몽주의자들 같아서 무척 조숙한 편이었다. 그들의 주장에서 개혁 신앙의 골자를 발견하기는 어려우나 그 모두가 성경 정신과 무관하다고 하기도 어렵다. 멀리뛰기 선수처럼 성경의 발판을 탁 밟고는 나름으로 힘껏 뛰었다고 할까. 성경 아닌 어디에서 그처럼 확고하게 불평등과 불공정을 지적할 수 있는 근거를, 정의롭고 공평한 사회를 창출하고자 하는 정신적 근거를 찾을 수 있겠나.

아담이 밭 갈고 이브가 길쌈할 때 귀족과 평민이 있었나!
난 존 볼, 롤라드파 신부. 농민반란[1381]을 도왔지.

중세 말기의 롤라드파가 박해에도 살아남았다가 개혁 신앙과 만나 영국 프로테스탄티즘을 북돋운 것처럼, 불평등에 대한 수평파와 디거파의 저항 정신은 지하수처럼 흐르다가 100년을 훌쩍 지나 토머스 페인과 같은 사람들을 통해 지상으로 분출되기 시작했다. 다만 정의와 자유를 갈구하는 이 항거의 물줄기가 신앙을 무너뜨리지 않고 오히려 신앙의 수로를 지나게 된 것은 확실히 대부흥과 존 웨슬리 덕분이었다. 웨슬리 사후 100년 지나서 조직이 발아한 노동당은 그 수로 끄트머리에 쌓인 점토였고, 그 차진 흙이 물줄기에 실려 마침내 도달한 저수지가 바로 복지국가였다. 20세기의 포괄적 복지 제도는 영국인들이 정의와 공평의 선한 사회를 이루기 위해 끝없이 전진해온 여정의 결정판으로써, 수평파 등장 후 300년이 걸렸다. 아니 어쩌면 세월이 너무 오래 걸렸는지도 모르겠다. 위클리프의 말년, 1381년 농민반란의 와중에서 이런 말이 들렸었다. "아담이 밭 갈고 이브가 길쌈할 때 귀족과 평민이 있었나"라는.

09
공화정과 올리버 크롬웰

누가 왕을 처형하는 데까지 갈 줄 알았겠나. 그 다음은 어떻게 해야 하나……. 폭군들을 경험하고는 절레절레 고개를 흔들면서 공화정 체제로 나아간 기원전의 로마처럼 군주제에 진절머리가 났을까, 올리버 크롬웰과 측근은 1649년 5월에 영국 역사에서 처음이자 마지막으로 군주가 없는 공화국을 수립했다. 기독교 왕국이라면 세습 군주보다는 하나님의 통치를 받는 쪽이어야 한다는 생각이 확고했다. 그러나 공화제 동조자는 소수였고, 그 시대 사람들에게는 하늘 아래 군주제 말고는 있을 수도 이해할 수도 없었을 것이다.

참수된 찰스1세의 장남, 찰스2세[1630, 1660~85]가 속히 왕권을 회복해야 한다고 믿는 사람들은 이 아들 찰스를 도왔던 스코틀랜드 백성 뿐만이 아니었다. 내전 2차전에서 패배한 왕당파는 가톨릭 아일랜드를 디딤돌 삼아 재기를 도모했다. 하지만 크롬웰이 먼저 움직였다.

크롬웰 군대는 10년 전쯤에 개신교도 3천 명을 학살한 아일랜드를 무자비하게 짓밟았다. 옛날 윌리엄 정복왕이 요크 지방의 반란 1069을 진압했던 방식대로, 크롬웰 측은 아일랜드 사람 2천 명을 학살하며 한 지역을 멸절시켜 본때를 보여 주고 반항의 씨를 말리고자 했다. 12세기 이래로 거듭 잉글랜드에게 당한 아일랜드는 그렇게 주저앉았다. 그 여세로 크롬웰 군은 아들 찰스와 스코틀랜드 군도 격파했다. 내전 3차전 종료였다. 그러나 이때 외가인 프랑스로 탈출하여 목숨을 부지한 아들 찰스가 왕관을 되찾고 모든 원수를 갚기 위해서는 10년을 기다리지 않아도 되었다.

시대가 바뀌면 과거 인물에 대한 평가도 변한다. 그래도 관점이 다른 연구가 쌓이다 보면 좀 더 전체적인 그림을 보게 된다. 올리버 크롬웰 1599~1658도 그러하다. 그는 원래 지방의 인텔리 지주로 살았다. 소위, 시대와 신의 부름을 받고 내전에 나섰다가 전술과 통솔에서 군 지도자로서의 탁월한 능력이 드러났다. 내전과 소요 사태, 정치적 혼란을 정리하고 영국섬과 아일랜드를 통치하는 호국경으로 취임한 때가 54살이던 1653년 연말이었다. 아버지 찰스와 거의 동년배인 크롬웰은 호국경으로 만 5년을 채우지 못하고 질병으로 사망했다.

크롬웰은 왕으로 추대받았을 때 진심으로 거절했으며, 변덕과 술수가 만만찮았던 찰스1세와 달리 일관성이 있었다. 반면에 말이 안 통한다고 의회를 해산한 것은 찰스를 연상시킨다. 찰스가 왕권 강화에 주력한 것이나 크롬웰이 청교도적 이상을 추구한 것이 강도 면에서는 서로 비슷했다. 크롬웰은 개신교라면 무슨 교파든지 신앙의 자유를 주었고 무엇보다 국민 전체의 신앙 수준을 쑥 끌어올리려 했던 것 같다. 성경을 가지고 있거나 글자를 깨친 사람, 신앙 교육을 제대로 받은 사람이 많지 않은 상태에서 그의 기대치가 너무 높지 않았나 싶다. 가톨릭의 잔재를 떼어내고 지우며 청교도적 신앙과 생활 양식을 요구했을 때 일반 백성은 옥죄는 느낌을 받았다. 풍미하던 연극과 오락까지 금지시켰으니.

그럼에도 크롬웰의 유능함과 헌신의 진정성은 공히 인정하고 있다. 내전 후에 나라를 신속히 안정시키고 단기간에 국정과 외교에서 세운 공적이 상당해서 비판적 학자들도 그가 나라를 이롭게 했다고 평가한다. 행정과 법률 분야에서 혁신을 주도하고 교육의 기회를 확대했으며, 유대인과 범죄자 처우에 관용과 공정을 실천했다.

이처럼 개혁적이었던 크롬웰도 공화주의의 진전이 더디다고 비판하는 의원들을 도외시했다. 크롬웰은 공화정의 실험보다는 호국경 중심 체제로 안정을 유지하는 것이 과도기에 알맞은 방법이라 여겼다. 자신에게 시간이 많이 주어지지 않았다는 사실을 어찌 알았겠나.

　5년 동안 크롬웰과 정부는 안팎으로 치열했다. 경제 전쟁도 불사했다. 우선 진작부터 이름만 남은 항해법을 1651년에 손질했다. 지금도 그러는지 모르겠다. 아프리카 나라 중에는 식민지에서 독립했음에도 외국에 가려면 영국 비행기를 타고 영국 공항에 먼저 가야만 목적지로 가는 비행기를 갈아탈 수 있었다. 항해법은 영국인과 영국 식민지 사람들이 무역을 할 때 반드시 영국 본토를 경유하도록 하고 또 자국 선박을 주로 이용하도록 하는 보호무역법 종류였다.
　목적은 당시 지구 바다를 가장 폭넓게 휘젓고 다니며 해상 무역에서 질주하던 '바다의 마부' 네덜란드를 따라잡기 위한 것이었다. 30년전쟁이 끝난 1648년에 독립 국가로 인정받아 신바람난 네덜란드에 태클을 건 것이 1차 영란전쟁[1652~54]이었다. 하멜이 탄 네덜란드

17세기 해상 무역 강자
네덜란드 무역로

선단이 일본 나가사키로 가다가 폭풍에 쓸려 제주도에 닿은 것이 그 즈음 1653년이었다. 1차전에서 엎치락 뒤치락 하다가 영국이 이기기는 했다. 그후로도 1674년까지 네덜란드와 피장파장인 전쟁을 두 차례 더 치르면서 무역 경쟁의 혈투를 벌였다. 엘리자베스 때에는 스페인의 강펀치를 피하고 호국경 때에는 네덜란드에 박치기를 해대며 영국은 그렇게 응전과 도전으로 국력을 단련시켜 갔다.

크롬웰 사후에 왕권을 되찾은 아들 찰스는 그를 부관참시하여 치세 20여년 내내 효수했다고 한다. 교황의 권위를 비판한 혁명적 선각자 위클리프가 성경을 번역했다는 죄목으로 뒤늦게 무덤이 파헤쳐졌으나 화형으로 끝난 것과는 달리, 기막힌 세월을 보낸 찰스2세는 크롬웰을 영구히 매달아 놓고 싶었던 모양이다.

하긴 후대 역사는 찰스 부자父子보다 크롬웰에게 각별한 관심을 표했다. 유럽 대륙이 왕권 최강 시대의 한복판을 지나고 있을 때 청교도혁명이 영국 전제 정치의 발목을 확실하게 비틀어 놓음으로써 의회 민주주의가 본격적인 여정을 시작할 수 있었다. 그래서 영국이 대륙과 차별되는, 선진적인 진로를 가게 되었기 때문이다. 청교도혁명은 군주에서 의회로, 소수 특권층에서 전체 국민에게로 주권이 옮겨가는 대장정에 영국이 어떤 나라보다 일찍 나선 것을 보여준 사건이니 세계사적 의미가 크다.

10
앵글리칸 완제품

　우연스럽게도, 크롬웰의 호국경 시대 1653~58년은 메리 여왕 치세의 1553~58년과 맞아떨어지는 100년 간격이다. 영국의 긴 종교개혁의 과정에서 보면, 두 시기는 각각 강성 구교와 강성 개신교를 상징하는 정반대이면서도 공통점 또한 있다. 메리는 교황 체제의 로마가톨릭으로 되돌아가려 했고 크롬웰 그룹은 개혁 신앙의 깃발을 꽂으려 했던 큰 차이가 있으나, 국교 제도를 무시한 점에서는 같았다. 영국의 국교는 그 두 번의 부인의 과정을 겪은 다음에 굳건해졌다. 1660년에 아들 찰스의 귀환과 함께 성공회 국교는 재가동되었다. 왕정복고다.
　프랑스에서는 전제 군주의 정상급인 외사촌 루이14세가 거의 절대적인 권세를 부리고 있을 때, 찰스2세는 내전이라는 성인식을 치른 의회와 동행하느라 스트레스를 받았다. 크롬웰 사후 1년반 동안 오리무중 헤매다가 달리 뾰족수가 있을 리 없어 불러온 찰스였다.

이제 의회는 군주를 밀어주는 왕당파가 중심이 되었다 하더라도, 외교와 국방 이외의 내치에서 찰스는 자주 견제를 받았다. 10대부터 산전수전 다 겪어 능구렁이가 된 왕이라도 '군주를 경계하라'라는 각성제를 곧잘 복용하는 의원들은 힘겨운 신하들이었다. 크롬웰 시대는 없던 일 같이 되었고 상·하원 간의 분란으로 의회가 큰 힘을 쓰지 못했음에도 혁명 이전의 왕권은 영구히 멀어져 갔다.

국왕으로서 성공회 개신교도 행세를 했지만 찰스2세는 부모가 그랬듯 속마음은 가톨릭 신자였다. 그는 임종 직전까지 이 사실을 숨겼지만, 처음에 신·구교 신자 모두에게 신앙의 자유를 주는 관용 정책을 들먹인 바 있었다. 구교 회복을 꾀하는 책략이라는 의심을 받았고, 당연히 그의 의도대로 되지 않았다.

찰스 II

부친(찰스I)은 억울하게 당하셨다. 원통하다.
어떻게든 가톨릭을 회복시켜야 하는데...
동생 제임스야, 네가 성공해주기 바란다.

의회는 왕정복고 직후 5년 어간에 엘리자베스 국교 관련법을 가다듬어 다시 성공회를 국교로 못박았다. 국가의 기준과 이념을 명명백백하게 하여 질서와 기강을 잡으려 한 것이다. 청교도 공화정이라는 또 다른 극단을 경험하고 난 영국인은 엘리자베스의 혼합형 성공회를 상책으로 여긴 모양이다. 청교도혁명 때 폐지한 성직 임명제와 성공회의 예배 의식과 절차를 복구해서 준수하도록 명했다. 일정 문

I 새 기초   71

구와 기도문을 반복하는 예배는 다분히 미사 같았고 사제 복장이 재등장했다. 세례와 장례 의식에 영적인 효능을 부여했고, 세례 때 십자가 긋기와 성찬 때 무릎 꿇기 같은 앵글리칸 스타일이 재생되었다.

생존해 있던 청교도혁명의 최고 지도자들은 처형되었다. 혁명의 대의를 이어받되 비교적 온건한 청교도들은 국교 제도를 수용하려 했다. 그러나 성공회 지도자들과 의견이 맞지 않자, 교회와 대학에서 봉직하던 성직자 수백 명이 거리끼는 성공회에 봉사할 생각이 없다며 스스로 물러났다. 그들에게는 웨스트민스터 신앙고백이 기준이었다. 국교 방침에 불응한 성직자도 2천 명 가량 축출당했다. 쫓겨났지만 분리주의자가 되고 싶지 않은 성직자들은 자진해서 교구 교회의 일원으로 예배하고 또 회중에게 그렇게 하도록 지도했다. 그럼에도 그 일을 계기로 '비非국교' Nonconformity의 실체가 분명해졌다. 청교도 혁명 기간에 등장한 '비국교도'라는 말이 공식 용어가 된 것이다. 사회의 관행을 따르지 않거나 거부하는 사람을 뜻하는 '불일치자, 불복종자, 이탈자, 반대자' dissenters, non-conformists가 곧 '국교 거부자, 비국교도'를 칭하는 말이 되었다. 아웃사이더인 셈이다.

이제 국교가 확고해진 만큼 비국교도를 불순분자로 차별하고 핍박하는 것이 정당해졌다. 국교 교회들은 '교회' church라 하고 비국교 교회들은 '예배실' chapel이라 부르며 구분했다. 특히 로마가톨릭교는 미운 털이 단단히 박힌 비국교였고, 침례교, 회중교, 독립교, 장로교,

퀘이커 등 개신교 교파 역시 비국교로 내쳐졌다. 이 모두가 자유롭게 예배하는 신앙의 자유를 뺏겼고, 퀘이커가 가장 심하게 박해받았다. 비국교 스타일로 예배하고 설교하는 사람은 체포되었다. 이때에 12년간 옥살이하며 《천로역정》을 구상한 침례교 청교도 존 버니언도 그중 한사람이었다. 청교도 존 밀턴은 왕정복고와 성공회를 다시 애굽으로 돌아간 것에 비유하며 끔찍해 했다.

역사책들에 공통적으로 쓰인 대로, 왕정복고기의 찰스2세와 그 동생 제임스2세는 전제 군주의 깃발을 꺼내들지는 않았지만 절대 군주권을 회복하고 구교 왕국으로 되돌리고자 하는 꿈을 같이 품었다. 이 형제는 깊이 존경한 부왕이 억울하게 죽임당했다고 믿었기에 부친의 뜻을 받들고자 했다. 형 찰스는 비밀리에, 동생 제임스는 드러내 놓고 가톨릭 신자로 개종했다. 마치 공주 엘리자베스가 변장용으로 미사에 참석했듯, 찰스는 성공회를 따라주는 척했으며 제임스의 두 딸 메리와 앤이 개신교 교육을 받아도 놔두었다. 하지만 찰스가 왕비의 소생을 기대할 수 없게 되자 왕위를 동생에게 물려주기로 작정했고 이는 곧 폭발성 있는 문제가 되었다. 가톨릭 신자라는 사람이 왕이 될 판이었다. 무대를 떠난 줄 알았던 로마가톨릭이 복귀하려는 것인가.

찰스가 사망하기 몇 년 전부터 제임스의 왕위 계승 문제를 두고 의회는 옥신각신하며 양쪽으로 나뉘었다. 찬동하는 쪽과 결사 반대하는 쪽이 서로를 향해 '토리'와 '휘그'라는 욕을 갖다 붙였다. 당시 토리는 찬성파, 휘그는 반대파를 칭하는 별명으로 쓰였고, 각기 지방 사투리로 뜻은 둘 다 '도둑×' 비슷했다.

이 왕이 문제네.
그래도 우리가 있잖아.
의회가 견제하면 돼.
또 피 흘리지 말자. 놔두자.
이 휘그들아 -

제임스 II

가톨릭으로 돌이키려 해.
절대 안돼.
개신교가 국교잖아.
또 피흘리자고?
이 토리들아 -

    루이14세가 로마가톨릭을 프랑스 국교로 재천명한 1685년에 사촌인 영국의 제임스는 왕당파의 지지 속에 제임스2세^{1633, 1685~88, 1701}로 왕관을 썼다. 그러나 2년 후 제임스가 가톨릭교도를 구제할 목적으로 비국교도에 대한 제재를 풀어주고 의회를 자기 입맛에 맞게 손보려 하자, 의회는 달리 생각하기 시작했다. 이 왕은 애써 닦은 길을 다시 파헤치려는 사람 같았다. 가톨릭교도인 새 왕비가 낳은, 세자가 될 아들에게 가톨릭 유아 세례를 받게 했을 때 의회 지도자들은 결단을 내렸다. 또 내전을 치를 수는 없다. 네덜란드로 시집간 제임스의 큰딸 메리와 사위 윌리엄 공에게 엄호할 테니 자기 나라로 쳐들어오라고 정식으로 초청했다!

    프로테스탄트 지킴이인 윌리엄 공은 모친이 제임스의 누이였다. 그러니 아내 메리와는 사촌지간이었고 자신도 잉글랜드 왕위 계승 서열이 높아서 적법성이 있었다. 메리와 윌리엄 부부는 거사에 착수하기 전에 의회와 권력을 나누는 사안에 대해 조율을 마쳤다. 망설이다가 응한 메리로서는 아버지 제임스가 탈출한 것이 참 다행이었겠다. 조부가 단죄받았던 지난 내전에 대해 잘 알고 있음에도, 아니 그랬기 때문에, 부왕 제임스를 퇴위시키는 데 동의했을 것이다.

공동 통치자
윌리엄 III   메리 II

메리는 윌리엄과 공동 통치자로 추대됐으나 실제로는 남편의 보조역을 자처했다. 5년 남짓 군주로 있다가 자식 없이 32살의 나이로 사망한 메리2세1662, 1689~94는 인품과 처신에서 백성의 존경을 받았다. 반면에 참수된 자기 아버지의 코스를 마냥 밟을 양이었던 제임스2세는 재위 4년을 못 채우고 망명객이 되었다. 왕관을 되찾은 자기 형과는 달리, 제임스는 희망이 멀어지는 것을 보면서 프랑스 땅에서 10여 년을 더 살았다.

1688년에 발생한 국왕 교체 사건은 '명예혁명'으로 불린다. 결과적으로 평화롭게 끝났으며 영국의 정체성을 영구히 봉인하게 되었으므로 자긍심에 차서 그렇게 불렀고 아직도 뽐내고 있다. 더 뒤에 다른 나라들이 장기간에 걸쳐 피가 낭자한 제2, 제3의 난리를 겪은 사실을 보건대, 제2의 내전을 피한 영국이 유별나기는 하다. 지도층의 다

I 새 기초   75

수가 국가의 근간에 대해 공감한 바가 확고했던 것이 가장 중요한 이유가 아닐까. 이제 국가의 기본 이념을 거스른다면 왕이라도 가만 두지 않음을 실증해 보였으니, 누구든지 성공회 국교와 '권리장전'The Bill of Rights 을 건드리면 언약궤를 만진 자의 운명이 될 것 같았다.

— 영국의 권리장전, 1689 : 신민의 권리와 자유의 법, 왕위 계승의 법 —
"… 상원과 하원이 웨스트민스터에서… 윌리엄과 메리의 이름으로…

'권리장전'은 이렇게 시작하고 나서, 이전 찰스1세의 사형 판결문

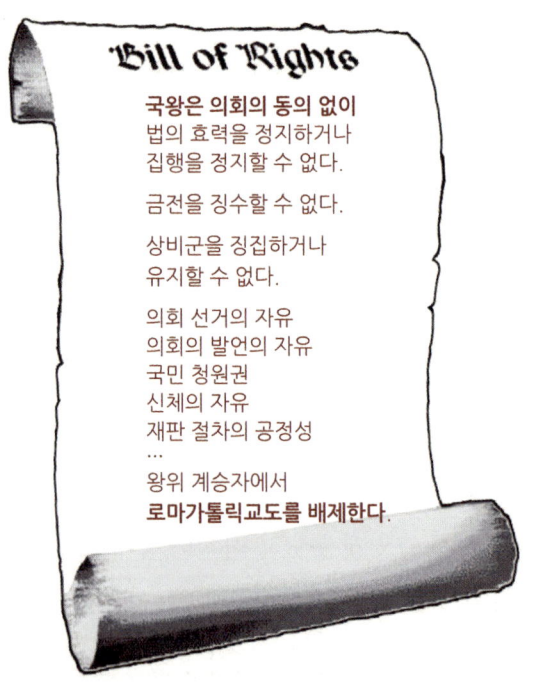

과 비슷하게, '의회의 동의 없이', '법을 어기고', '불법적으로' 등의 문구를 반복하면서 제임스2세의 죄목을 길게 나열했다. 국왕을 축출한 이유를 명시해서 의회의 행동에 정당성과 합법성을 부여하는 것이었다. "전능하신 하나님께서 윌리엄 공을 이 왕국을 구할 영광스러운 도구로써"라고 하면서도, 신민의 자유와 의회의 권한을 적시했다.

결론은, 국정 운영에서 최고의 권위는 국왕이 아닌 법에 있다는 '법의 지배' 정신을 마침내 군주와 의회가 온전히 받아들이게 된 것이었다. 드디어 나라의 기준이 정해졌다. 국왕도 이 기준을 어길 수 없으며, 국왕과 의회가 법에 따라 공동 통치하되 의회가 더 큰 권한을 갖는다는 입헌 군주제와 의회 민주주의의 결합체가 북극성 같이 영국 하늘에 박혔다. 계율과 법의 절대성을 믿고 순종하는 시절이기에 순탄하게 되었기도 하다.

오늘날 우리가 알고 있는 민주주의의 기본 요강이 들어 있는 권리장전은 잉글랜드는 프로테스탄트 국가이며 가톨릭교도는 왕위 계승자가 될 수 없다고 확실하게 선을 그었다. 다만 종교 정책은 약간 부드럽게 다듬었다. 소위 관용령이다. 국왕에 충성 서약을 하고 삼위일체를 인정하면, 비국교도도 원하는 방식으로 예배할 수 있고 자체 목회자를 둘 수 있다고 했다. 다만 국교회 주교에게 집회 허락을 받고 등록해야 하는 제한이 있었는데, 이마저도 가톨릭교도와 유니테리언에게는 천만의 말씀이었다. 이들은 이단 같은 존재였다.

개신교 비국교도는 자신의 신앙을 드러내고 자유롭게 예배할 수는 있게 되었으나 공직 진출과 고등교육 쪽 통로는 여전히 차단되었다. 교파가 달라도 괜찮고 더 이상 박해는 않겠다만 시민의 권리는 똑같이 줄 수 없다는 뜻이었다. 국교도는 정실 아들이고 비국교도는 서자 격이어서, 서자가 대학에 가거나 의원이나 관원이 되는 것은 언감생심이었다. 온 국민의 종교가 하나로 통일되지 않고 쪼개지는 것을 어쩔 수 없이 받아들인 한편으로, 지도층은 성공회가 약해지지 않도록 비국교도의 주류 진입을 차단했던 것이다. 간혹 비국교도 구제안이 시행되어 의원이 되는 경우가 없지는 않았으나, 가톨릭 신자는 더욱 차별받았다. 구교 신자에 대한 족쇄가 하나씩 풀리기 시작한 것은 1829년이 되어서였다. 그렇게 오래되었음에도, 종교가 대수가 아닌 현재도, 영국 사회는 토니 블레어가 총리 적에 그 부인이 가톨릭 신자인 것, 또 그 자신이 퇴임 후에 가톨릭으로 개종한 것에 대해 아무 소리 않고 넘어가지 않았다. 최고 지도자에 대한 권리장전의 요구가 여적 메아리친다.

왕정복고 이후 명예혁명이 마무리되기까지 의회는 국교회에서 청교도를 더 철저히 솎아내는 한편 가톨릭교에는 결별을 재확인해 줌으로써 국가의 매무새를 완결지었다. 헨리8세의 수장령이 1534년에 발표되었으니 국교 앵글리칸, 성공회는 150여년의 공정을 거친 잉글랜드식 타협의 결정체였다. 이제부터 성공회는 노터치의 영역이었다. 그리고 정돈된 국교의 후광 아래서 군주가 의회와 권력을 나눔으로써 이후로 군주제는 도전받지 않았다.

11
국가 정체성의 소프트웨어

성공회 국교, 법의 지배, 의회 민주주의는 나라의 바탕과 골격으로써 국가 정체성의 하드웨어 부분이라고 할 만하다. 정체성의 소프트웨어는 백성의 마음을 모으고 일치시키는 그 무엇이지 싶다. 하드웨어 국교 제도는 백성을 국교도와 비국교도로 나누었고, 의회 민주주의는 장성한 분량에 이르려면 세월을 요했다. 다수 국민이 공통된 속마음과 가치를 가지게 되는 것이 국가 정체성의 핵심이며 그것이 무엇인가에 따라 국격이 매겨진다. 근대 영국민의 정신과 속마음을 형성하는 데 기여한 첫 번째는 당연히 성경일 테다. 그 다음은 역시 개신교 신앙과 또 이를 표현하고 전파한 저술, 설교집, 책자들이 아닐까. 그중에 진수는 아마 존 버니언의 《천로역정》일 것이다.

존 버니언은, 의원들이 찰스1세에게 '권리청원'을 내밀던 1628년에 출생했다. 그 20년 전에는 존 밀턴[1608]이, 40년 전에는 토머스 홉스

1588가 태어났다. 존 버니언 세대인 존 로크는 1632년생, 아이작 뉴턴은 1642년생이다. 홉스가 90살을 넘겨 장수했기에, 홉스, 밀턴, 버니언, 로크, 뉴턴 모두는 청교도혁명기와 왕정복고기를 산 동시대 사람들이었다. 수십 년을 서로 같은 하늘 아래서 살았다.

굵직한 이름의 그들은 종교개혁의 대전환 이후 필요했던 새로운 진로와 시대정신을 궁리하고 빚어내고 정리하는 데 생을 쏟았다. 그리고 인간과 사회와 세상을 보는 새 창을 열어젖혔다. 그들의 명저 名著는 널리 알려져 있다.

청교도 시대의 명저

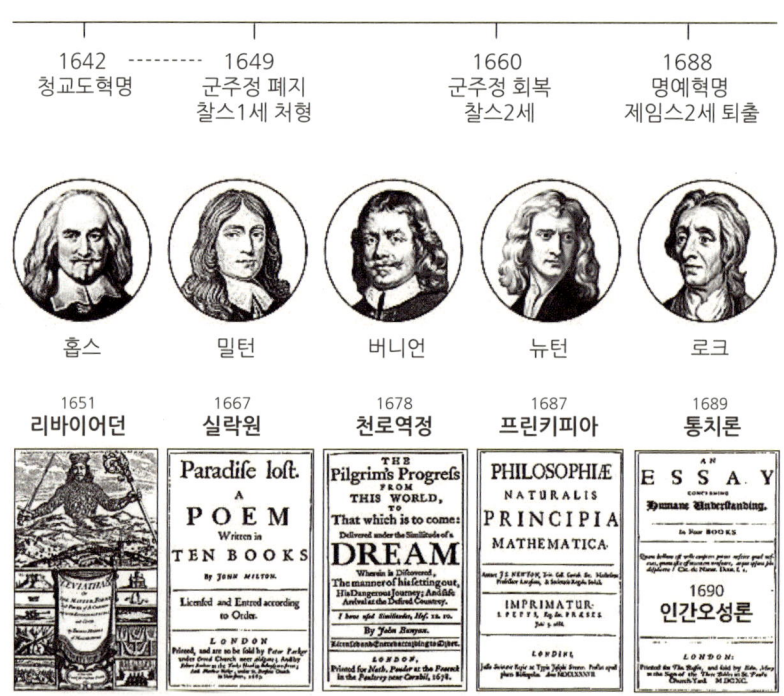

세계적 영향 면에서는 뉴턴과 로크가 두드러졌다. 뉴턴은 물리계의 광활함과 정교함을 해독해서 사람의 머릿속으로 가져다 주었다. 신학 전공자 이상으로 성경을 연구하고 따르고자 했던 뉴턴은 영감 어린 이론으로 무한한 자연과학의 세계로 가는 길을 넓혔다. 뒤에 유럽 지식인들은 머릿속으로 태양계와 우주를 굴려보면서 창조주를 이성, 국가 같은 것으로 바꿔 놓고 그랬지만.

물리계의 탐구에서 뉴턴 이전과 이후로 나뉜다면, 근대의 정치와 사회 이론에서는 로크 이전과 이후로 나뉜다고 할 수 있다. 청교도적 정서가 깊은 로크의 이론 속에서 군주와 귀족이 나라의 주권자라는 장구한 상식은 소멸되고 국민이 새로운 주권자로 등극했다. 이같은 로크의 사상에는 신앙 개혁가 존 녹스, 시대를 앞서간 수평파와 디거파의 평민들, 대학자 토머스 홉스 모두의 자취가 어른거린다. 로크는 명예혁명과 권리장전의 정신을 자신의 이론으로 정련하였고, 이것은 서구 민주주의와 시민 사회의 길잡이 역할을 했다. 그래서 그의 이론을 들추면 미국 독립혁명1776, 세계 시민 혁명의 원조 격인 프랑스혁명1789이 고구마 덩이뿌리처럼 줄줄이 엮여 나온다. 《통치론》과 《프린키피아》, 서로 다른 영역에서, 세계사적 새 시대를 안내하는 거대 이론들이 한 나라에서 같은 시기에 나타났다.

일반 사람이 뉴턴과 로크의 업적을 접하기까지는 오랜 시간이 걸린 데 비해, 버니언의 《천로역정》은 출판되자마자 모든 계층에서 인기를 끌어 베스트셀러가 되었다. 문자 해독률이 낮아 직접 읽은 서민은 많지 않았을 테지만, 만화 캐릭터 같은 등장 인물 한둘을 귓전으로 듣지 않은 사람이 많지는 않았을 게다. 누구에게는 '크리스천씨'의 영적 순례 스토리가 구원의 신세계를 생생하게 증언하는 목격자의 소리 같았을지 모르겠다. 《천로역정》을 읽으면, 칼부림 당하고 불타면서  도 믿음을 지킨 《순교자 열전》의 선조들을 좀 알 것 같기도 했겠다. 마치 제이크의 아바타가 판도라의 행성을 거닐 듯, 어떤 사람들은 은혜의 대로에 발을 디뎠다.

《천로역정》은 중세인의 이상형을 성경적으로 바로잡았다. '한 장돌뱅이가 있었는데 수완이 좋아 돈을 많이 벌었대. 그러다가 어느 날 고향집에 가서 어머니를 편안하게 모신 뒤 모은 재물을 가난한 이웃에게 다 나눠 줬어. 그러고는 머나먼 수도원에 들어가 주님을 모시고 죽 살았대.' 실제 인물의 이야기인 대충 이런 스타일이 중세 영국 백성이 그려보던 성공 인생의 모델이었다. 옛 사람들은 재물 쌓기를 죄스럽게 여겼으나 재물이 요긴한 데는 있었다. 가난한 사람에게 자비를 베푸는 선행은 구원받기 위한 필수 요소였다. 그 중세적 이상형은 크리스천씨 안에서 온전해졌다. 구원은 노력을 통해 얻는 것이 아니었다. 재물을 흩고 자선한다고, 세상과 분리된 채 수도에 전념한다고 되는 것이 아니었다. 은혜와 믿음의 세계였다. 막강한 죄의 힘을 벗어날 길이, 심원한 자유의 길이 열렸다. 선행과 고행의 굴레가 아니라 자원하는 마음으로 신의 뜻을 따를 수 있게 되었다. 그리스도를 본받고자 하는 기껍고도 온전한 소망이 생겼다. 하나님과 친교를 누리니 인간은 매우 고귀한 존재가 되었다. 신·인 관계가 밀착된 만큼 구원받은 자의 삶의 수준은 매우 높아지게 되었다. 사람이 가치에는 차별이 없게 되었고, 삶의 모든 것이 신앙과 연결되었다. 육체적인 일, 정신적인 일, 무엇을 하든 하나님 앞에서는 모두 의미 있는 삶이요 소명이 될 수 있었다. 다양하나 동질적인 삶의 가치가 이 국민 앞에 확 펼쳐졌다!

그래서 청교도의 설교와 작품들은 영국 사람들에게 인간의 실존에 대한 정확한 이해와 구원의 총체성에 대한 감각을 불러일으켰다. 존 밀턴이 《실낙원》에서 죄의 근원을 파헤쳤다면, 존 버니언은 《천로역정》에서 인간과 세상의 깊은 죄성을 속속 그려냈다. 밀턴이 구원의 개요를 당당하게 읊었다면, 버니언은 이 땅에서 맛볼 수 있는 은혜의 비밀과 부요가 어떠한지, 그 차원이 어디까지인지 솔깃하게 들려주었다.

왕정복고기에 박해받은 침례교도 존 버니언은 자신의 영적 씨름과 누림을 완전히 녹여 쓴 우화를 통해 개혁 신앙의 골자를 사람들 가까이에 가져다 주었다. 위로와 감동만을 준 것이 아니라 인생의 가치와 푯대를 명료하게 보여 주며 붙들도록 설득했고 구원에 합당한 삶을 살도록 격려했다. 영적 순례자로 사는 것이 크리스천의 정체성이며 인생관임을 깊이 각인시켰다. 성경에 착념하는 습성을, 종교적 관행이 아니라 진리 자체를 추구하는 열망을, 시류와 세속성에 저항하는 자유 정신과 자율 의지를 퍼뜨렸다. 올리버 크롬웰이 제도를 통해 하려다 못한 것을 존 버니언은 이야기로써 성취해 냈다.

크리스천씨가 아직 많지는 않았을 것이다. 그러나 성경적 선한 삶이 참된 삶이라는 공감대가 있는 것, 공동의 선한 지향이 분명한 것, 이것이 영국의 가장 중요한 자산이었다. 서구 사회가 근현대 세계와 문명을 주도하게 된 것은 과거에 그 국민이 공통적으로 지향하는 인간과 사회에 대한 기대치가 높았고 선명했기 때문이다. 영국에서 그 기대치는 개혁 신앙에서 비롯되었다.

마치 로마제국 시대에 순교자, 신앙 변증가, 전도자들이 유럽을 위한 신앙의 발판이 되었던 것처럼, 명예혁명 때까지 여러 모양으로 헌신한 청교도 성직자와 평신도들로 말미암아 청교도 기풍과 정신은 영국의 저변에 차근히 스며들고 있었다. 비록 왕정복고에 부딪혀 사회적 지도력은 상실했으나, 중세 신앙과 습속이 빠져 나간 그 빈자리를 조금씩 채우고 있었다.

청교도들이 펼쳐보인 세상의 처음과 끝, 그리고 인간의 심연에 대한 지식과 감각은 영국적 창의력의 방대한 매장량으로 저장되었다. 온전한 구원에 대한 열망은 인간의 본성에 대한 집요한 탐색을 불러일으켰고 죄에 대한 민감성과 끊임없는 자기 검열 의식을 계발시켰다. 인간에 대한 통찰력이야말로 상상력과 창의력의 근원임을 장차 세상은 영국을 통해 보게 될 것이었다.
　그러나 국민의 정신이 숙성되고 웬만큼 속마음이 통하게 되는 데에는 비약이 없다. 부대낌의 시간을 건너뛸 수 없고 암울한 협곡을 지나는 것도 필수다. 명예혁명의 찬란한 영광은 깊은 영적 그늘을 휘감고 왔다. 명예혁명 이후 40여년 동안의 영국은 옛 이스라엘의 광야 생활을 떠올릴 만했다. 옛 것은 사라져갔으나 새 것은 아직 충분하게 채워지지 않았다.

역 사 노 트

영국, 스튜어트 · 하노버 왕가

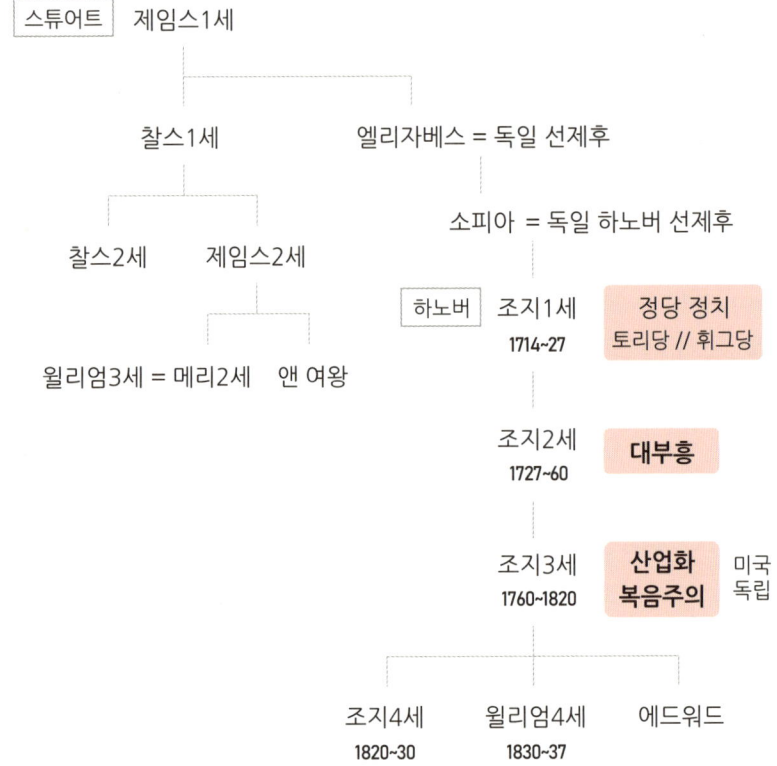

II
부흥

12
소용돌이

종교개혁의 영향이 파급됨에 따라 개신교 왕국들에서 옛 신앙 관행은 많이 사라졌다.

죽은 자를 위한 미사	세례와 성찬식 이외의 성사들
고해성사, 고행	수도원 생활
성직 특별 의식	성직자 혼인 금지
성상과 성자에게 헌금	유물 참배와 성지 순례
예배당·성상·오르간 등을 헌납	이교적 풍습
구원을 위해 교회에 유산을 헌납하기로 서약 등등	

이같은 외적인 것을 신앙의 핵심인 줄 알았던 구태는 잊혀져 갔다. 예배에서 설교가 중요해졌고 형식은 더 간소해졌다. 성직자와 평신도의 구분선이 흐려졌다. 신자는 하나님 앞에서 모두 같은 자녀라는 평등 정신이 개신교 국민들을 조금씩 물들이고 있었다. 개벽이었다.

영국에서 《천로역정》은 종교개혁으로 시작된 개벽의 시대를 한 매듭 지은 것이라고 할 수 있다. 100여년 동안 영국인이 연마한 개혁 신앙이 그 안에 다 응축된 느낌이다. 특히 청교도혁명 때부터[1642] 버니언이 사망한[1688] 50년 어간은 '위대한 비국교도와 청교도의 시대'로 알려진다. 차곡차곡 쌓인 청교도 신앙의 봇물이 그때 터졌다. 비록 그 물살은 명예혁명 후에 잦아들었지만, 청교도 정신을 대체하거나 능가할 가치가 있을까. 결국 젖과 꿀이 흐르는 땅에 가야했던 것처럼, 그 높은 수준은 영국인의 의식 속에서 지워질 수 없었다.

만약, 엘리자베스 시대의 국교 정립을 이스라엘이 출애굽하는 과정에 비유한다면, 청교도혁명기는 계명을 받는 즈음이라고 할 수 있을까. 가나안 땅을 정탐한 후 겁에 질려 가나안 직행을 포기한 시점을 왕정복고기로 본다면, 명예혁명 다음은 어쩌면 이스라엘 백성이 광야에서 헤맨 그 기간으로 상상하면 어떨지. 그렇다면 1730년대 대부흥의 시작은 요단강에 이른 것과 연결시킬 수 있을까? 이런 연상이 터무니없지 않을 만큼 영국은 매우 독특한 신앙 경력을 가진 나라였다.

영국 근대 역사를 옛 이스라엘에 대비해 볼 수 있을까?

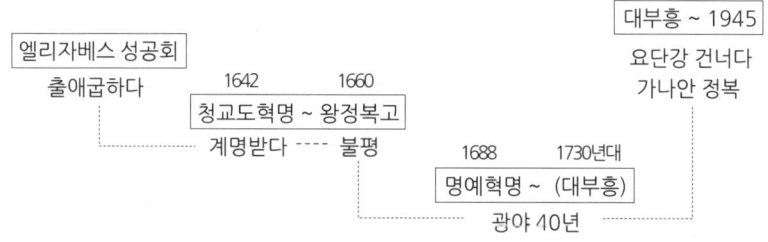

앞서 보았듯이, 왕정복고 직후에 국교회를 거부하는 비국교 집단은 강력했다. 백성의 지도자라 할 만한 많은 사람들이 성공회를 거부했다. 법적으로 청교도를 억압하고 제재해도 청교도의 영향력이 금세 수그러들지는 않았다. 대신 청교도보다 비국교도라는 말이 널리 쓰였다. 성공회 측은 교구민의 마음이 비국교 쪽으로 넘어가지 않도록 신경을 곤두세웠다. 성공회 교회라도 목회자 하기 나름이어서, 성공회 안에서도 구교 성향 교인과 개신교 성향 교인이 반반이었던 것으로 알려진다. 국교를 마음으로 존중하는 신자들이 있었는가 하면, 권리를 확보하기 위해 국교회 성사에 얼굴을 내밀고 또 자기들 예배에 참여하는 양다리 비국교 신자도 상당수 있었다.

그런 한편으로 명예혁명 다음에는 성공회가 국교라는 사실을 모두 받아들였다. 각자 국교와 비국교 중 하나를 택하고 마음을 정리했다. 국교 안에 머물면서 국교를 개혁해보려는 뜻은 접히고 잊혀졌다. 나름의 예배와 공동체를 꾸리는 자유에 만족하는 비국교 신자도 많았다. 그들은 천국 시민권을 가슴에 품고 2등 시민의 차별을 감수하며 담담하게 이탈자가 되었다.

새로운 시대는 새로운 문제를 만났다. 박해 때 비국교 교파들은 공동의 목표를 가지고 단합했었고 살아남는 것이 중요했다. 하지만 명예혁명 후 안전보장이 주어지자 도전을 맞았다. 각 교파는 조직을 정비하는 것이 시급했다. 중심부와 지부를 설비하는 작업, 목회자를 양성하며 급료를 정하는 일, 신조와 논쟁을 정리하는 일만 해도 간단치 않았다. 더구나 그동안 잠재해 있던 교파 간의 차이, 긴장, 혹은 무관심을 제어하기 어려워졌다. 지위와 재력이 있는 회중교 지도자들, 군 출신이거나 신분이 낮은 침례교 지도자들, 이같은 차이가 도드라지고 교리 논쟁도 불거지기 시작했다. 선대 청교도의 열정과 이상은 멀어져 갔다.

　더불어 세상은 또 다르게 변하고 있었다. 후발 문명권인 유럽이 중국보다, 이슬람권보다 더 부유해진 것은 확실히 요지경이었다. 그러고 보니, 서유럽에서 물류 혁명과 정신 혁명은 비슷한 시기에 촉발되었다. 콜럼버스가 지금의 쿠바 땅과 스페인을 몇 번 오가는 사이에 포르투갈 사람이 아프리카 남단을 둘러 인도에 닿았고[1499], 다시 20년이 지나지 않아 루터가 근대 정신세계의 정문을 노크했다.[1517]

　그 무렵부터 유럽 왕국들은 더 많은 보물과 물품을 차지하기 위해 식민지 강탈과 장사에 뛰어들랴, 새로운 정신세계를 더듬어 나가랴, 머리를 찧고 발이 부르텄다. 16세기에 난투극을 벌이기 시작한 것이 20세기에 세계 대전을 두 번이나 치르기까지 갔다. 그 중간에 벌써 몰락할 수도 있었는데 되레 근대 문명을 창출한 것은, 더듬다가 차츰 눈이 밝아져 사람을 존중하고 위하는 법을 깨우치게 된 덕분이었다. 앞질러 말하자면, 정신과 가치의 힘이 물질의 괴력을 버티어 낸 것이 근대 서구 문명의 핵심이며 독보성이다.

　명예혁명 무렵 영국은 루이14세 치하[1638~1715]의 프랑스에 비해 인구가 적은 농업국으로서 - 대부분 농업국이었지만 - 런던 이외에 내세울 만한 도시가 없는 처지였다. 그럼에도 그 전후로 유럽에서 기근으로 수십만, 수백만 명이 죽는 일이 간간이 있었던 데 비하면 영국은 썩 괜찮은 편이었다. 1700년경에는 굶어 죽는 사람이 거의 없을 만큼 영국은 농업 생산성 면에서 앞섰다.

일찍이 엘리자베스 치세 말년에 동인도회사를 유럽에서 맨 먼저 발족했다.[1600] 1670~80년대에 인도의 면포 캘리코를 대량으로 들여와 유럽 시장에 풀어놓으면서 동인도회사는 거대 기업이 되어갔다. 양털로 먹고 살던 이 나라에도 캘리코 붐이 일어났다. 이 열풍에 질식할 듯한 모직과 견직 업체들이 동인도회사에 시비를 걸어 논쟁이 일어났다. 오늘날의 큰 경제 이슈보다 더 뜨거웠던 이 팸플릿 논쟁으로 1720년경까지 100편 이상의 소책자가 나돌았다.

사람들은 더 이상 신앙 문제로 긴장하지 않게 되자 새로운 풍물과 부의 재원에 관심을 기울였다. 캘리코 수입금지법 같은 것이 통과될 리 만무했다. 정계 거물들이 동인도회사의 뒷문을 들락거린 탓도 있고, 가볍고 색상 좋은 옷을 걸쳐본 사람들이 단념하리라고 누군들 기대했을까. 1650년경 유럽에서 첫선을 보였던 런던의 커피 하우스는 부지기수로 늘어났고, 값비싼 설탕을 넣은 차는 상류층 사이에 일상품이 되어 하인들까지도 홀짝거릴 기회가 주어졌다. 유럽인 사이에 기호품과 면제품의 수요가 점점 늘어나 식민 지역에 대량 생산이 필요해짐에 따라 노예 매매가 대규모로 이루어졌다. 노예를 거래하고 운송하는 자체가 지금의 석유에 비길 만한 거대한 무역이 되었다.

영국은 잘나갈 분위기였다. 1670년대 중반에 네덜란드로부터 확실히 넘겨받은 뉴암스테르담을 뉴욕으로 고쳐 불렀고 북미 동부 식민지는 조금씩 확대되었다. 메리2세의 동생 앤 여왕 시절, 1704년에는 스페인 왕위계승전쟁에 참전해 영국·오스트리아 연합군이 독일 블렌하임에서 프랑스군을 대파했다. 왕실 간의 혼사가 다반사인 유럽에서 한 왕국의 왕위에 공백이 생길 때면 서로 내 차례니 나서다가 전쟁이 되곤 했는데 그 경우였다. 이 승전의 장군에게 작위가 수여되었는데, 그가 처칠 수상의 10대조祖로, 1대 말버러 공작이었다. 그 기세로 1707년에는 스코틀랜드를 합병하여 영국섬은 한 나라가 됐다. 섬 안팎으로 왕래하는 사람이 부쩍 늘어나니 《로빈슨 크루소》1719가 유럽 여러 나라에서까지 두루 읽혔다.

그러다가 주식 폭락의 벼락을 맞았다. 주식회사는 이미 1690년 경부터 런던과 파리에서 투기 바람을 일으키고 있었다. '독일산 빗자루 수입회사', '납에서 은을 추출하는 회사'와 같은 수상쩍고 희한한 회사가 반짝 생겼다가 사라지곤 했

다. 어디선가 사달이 날 법했는데 남해회사가 일을 냈다. 남해회사는 스페인의 남미 식민 지역에 노예무역을 개척하겠다고 1711년에 특허권을 받아 개업했다. 그저 그렇다가 1718년에 고위층에 뇌물을 바치고 조지1세의 후원을 업은 덕분에 전도유망한 기업인 양 포장되었다. 의회의 승인을 얻어 국채 인수까지 하려 했으니 남해회사는 안전한 투자처로 보였다. 투자자들이 몰려들어 투기 거품이 뭉실뭉실했다.

1720년 6월에 정부는 '거품법'이라는 주식회사법을 제정해서 남해회사를 엄호하기까지 했다. 주식회사 설립 조건을 까다롭게 해서 거품 회사들을 정리하고 또 남해회사를 넘볼 만한 기업체가 서지 못하게 방어한 것이었다. 1월 주가 130파운드가 6개월 만에 1,000파운드로 치솟았다. 그러나 한치 앞도 못 보는 잔꾀였다. 허술하고 엉성한 회사들의 주가가 먼저 곤두박질치면서 주식 투자에 대한 불안이 퍼졌고 남해회사의 주가도 덮쳤다. 80을 바라보는 나이에 주식을 샀던 아이작 뉴턴에게도 우울한 날들이었다. 연말에는 124파운드로 떨어졌으니 투자자들은 혼비백산했고 곡소리 나는 집도 있었다. 그래도 주식 투자 인구가 요새에 비할 바는 아니었고, 또 1694년에 설립된 중앙은행의 지원과 동인도회사의 성장세 덕분에 그럭저럭 수습되었다.

일명 '남해거품사건'은 왕정복고 후 두 세대가 지나는 사이에 발생했다. 만약 1900년 무렵의 영국 기독 신자들이 100년 후 자기 나라와 교회에 와 본다면 기절하고 말 것이듯이, 거품사건이 나기 100년 전의 청교도들이 그 투기 열풍을 봤더라면 나자빠졌을 것 같다. 그때, 1620년에 그 순례자들은 신앙의 자유를 찾아서 인생을 다 걸고 대서양을 건넜다.

남해거품사건은 그저 에피소드라고 할 수도 있겠지만 영국 사회에서 거세지고 있던 물질의 위력을 상징한 사건이었다. 더 많은 사람이 자금을 가졌더라면 그들 또한 투기 대열에 합류했을 것은 자명하다. 신앙에 죽고 신앙에 사는 시대는 기억에 가물거렸다. 그 뒤에 특별한 일이 일어나지 않았더라면, 지금의 영국은 영 달랐을 것이다. 세상도 당연히 달랐을 것이다.

13

대부흥 전야의 어두움

　서로마제국이 무너진**476** 이후에 신실한 믿음의 사람과 공동체는 유럽 여기저기에서 죽 이어졌고 많아졌다. 신앙 갱신 운동도 드문드문 있었다. 종교개혁 이후에는 그런 사람과 운동이 더 증가했는데, 그중에서 영국 본토와 북미 동부 식민지에서 1730년대에 시작된 대부흥과 대각성 물결은 특별했다. 지나놓고 보니 그 분수령은 꼭 있어야만 했던, 필연적 섭리였던 것 같다. 그 나라 사람만을 위한 것이 아니었다.

　그러나 부흥 직전, 1700~30년 어간은 영적으로 어두웠다고들 한다. 로이드 존스 목사가 회고하고 싶지 않은 듯 말하는 부흥 전야의 영국은 근대사에서 가장 부패하고 부도덕했다. 당시에 어떤 목회자는 "영국 교회는 이제 끝났다"는 탄식을 뱉았다. 젊을 적의 위대한 청교도 시대의 분위기를 기억하는 사람들로서는 음침한 골짜기였다.

　명예혁명**1688** 때 관용법은 부족하나마 예배의 자유를 법적으로 허용하였기에 당시 유럽에서는 진보적이었다. 그 무렵에 프랑스는 로마가톨릭을 국교로 재확인했고 사회의 인재였던 위그노 개신교도는 살 길을 찾아 다른 나라로 흩어졌다. 독일·오스트리아 지역은 300여 개의 작은 독립체들로 쪼개져 있는 상태에서 제각각 칼뱅 계통, 루터 계통, 가톨릭 중 하나를 택해서 지내고 있었다. 그래서 한편으로는 경건주의가 약동하고 있었지만, 유럽에서 개인이 마음대로 종파를 선택하는 양심의 자유는 아직 이리저리 치이는 신세였다. 북미 지역과 네덜란드 외에 영국만한 자유에 도달한 나라는 드물었다.

신앙의 자유는 모든 자유의 출발점이며 분출구였다. 내면의 올무가 풀리자 어떤 사람들은 기다렸다는 듯 마음대로 생각하고 또 글을 썼다. 교리 논쟁이 사변이 되면서 수십 년간 잠복해 있던 이성 종교, 자연 종교라는 이신론理神論이 모습을 드러냈다. 《신비롭지 않은 기독교》1697라는 책도 버젓이 나왔는데, 이신론자들은 존 로크의 한 부분만을 붙들었다. 로크는 신앙의 신비 안에서 이성을 활용하는 것이 문제되지 않았던 데 반해, 그들은 영혼은 우주로 날려보내고 이성 우물만 파는 사람들의 선발대로 나섰다. 개신교 교리를 비판했고 구교 의식을 미신이라 낙인찍으며 계몽 사조의 물을 길어 올리고 있었다. 그 물을 벌컥 들이키는 사람, 바가지를 뺏아 내동댕이치려는 사람······. 논쟁과 변론으로 시간과 힘을 허비하는 일에 고위 성직자와 지식인들이 얽혀들었다.

신앙에 대한 의심과 무관심이 누룩처럼 퍼졌다. 상류층은 이신론을 폭넓게 지지했고, 신앙은 종교로 변해 형식적으로 교회 가는 사람이 적잖았다. 국교회는 정치와 헌정 질서의 버팀목이 되어야 했으므로 구원보다 윤리와 도덕 설교에 치중했고, 사제들은 다반사로 훈화와 유행하는 지식을 짬뽕해서 설교 시간을 때웠다. 비국교 교회는 막상 갖게 된 자유 때문에 무장해제를 당한 듯이 영적 무기력에 눌렸다.

종교와 정치의 짝짓기도 분명해졌다. 국교회는 국왕에게 왕관을 얹어 주고 특권을 보호받으며 상생했다. 국교 신자는 공직을 독점했다. 국교도 중에서도 청교도 성향의 신자를 저低교회파로, 구교 성향의 신자를 고高교회파로 분류한 지는 꽤 되었다. 그런데 신앙의 차이는 정치 노선의 차이로 연결되었다. 대개, 비국교도와 저교회파 사람은 휘그당을 선호했고, 고교회파 사람은 토리당을 지지했다. 나중에 19세기에는 국교도·보수당, 비국교도·휘그당이 거의 패턴이 되었다. 교파를 알면 정치 성향도 알 수 있어서 사람의 꼬리표 같았다. 어느 정당이 득세하느냐에 따라 고위 성직의 기회가 열렸으므로 성직자들은 신앙 증진보다 인맥을 살피고 경력을 관리하는 일에 더 신경을 썼다.

당파가 중요해진 데는 왕실의 사정도 한몫 했다. 윌리엄3세와 메리2세 사이에 자식이 없어 메리의 동생, 덴마크에 시집갔던 앤이 왕위를 계승했다. 하지만, 앤 여왕 1665, 1702~14은 많은 아이를 출산 전후에 잃었고 유아기를 넘긴 아들 하나마저 먼저 갔다. 적통이 있긴 했다. 부왕 제임스가 프랑스로 갈 때 데려간 아들, 앤 여왕의 이복 동생이 자기 주장대로 계승자가 될 법했다. 그러나 그러려면 개종해야지,

그는 가톨릭 신앙을 놓지 않으려 했고 따라서 지지자도 적었다. 의회는 개신교도 후계자를 모셔 왔다. 이전에 앤 여왕의 고모 할머니 청교도혁명 때 처형된 찰스1세의 누이가 독일 쪽의 제후와 결혼했는데 그 외손자였다. 영어를 못하는 이 하노버 선제후는 54살에 영국에 와서 조지1세1660,1714~27로 13년 재위하는 동안 고향을 왔다 갔다 하며 지냈다.

그러니까 명예혁명 다음 40년간은 외국에서 살던 왕손들이 번갈아, 비교적 짧게 10여년 씩 계승했다. 새 군주들은 토리파와 휘그파의 성향을 파악해서 다루어야 했고, 두 당파는 그들대로 새 계승자를 정할 때마다 자기편으로 만들려 했다. 유럽은 군사적, 경제적으로 한층 더 얽히고 충돌하던 시기였다. 이런 때에 교파와 정치 성향이 맞물려 파벌이 나누어지니, 상층부에는 경쟁과 술책이 난무했다. 명예혁명으로 나라의 정체성은 확립됐으나 사회는 무척 복잡해지고 있었다. 블렌하임전투의 승전보1704와 남해거품사건1720이 상승하는 국운과 물욕, 부패와 부도덕이 뒤섞인 그 시대를 상징하는 듯하다.

유럽은 부분적으로 급속히 변하고 있었다. 상업과 교역이 확대일로였고 과학, 예술, 건축이 새로운 차원으로 발전하고 있었다. 왕실과 귀족 문화가 세련되어졌고, 상류층의 사치와 향락은 나라가 따로 없었다. 물론 인구로 따지면 상류층과 신진 문물을 다루는 사람은 얼마 되지 않았다. 1700년 전후 전반적인 유럽 사람의 생활은 20세기 기준으로 보면 무척 미개한 상태였다. 노버트 엘리아스라는 20세기의 독일 사회학자가 르네상스 이후 유럽의 문명화 과정에 대하여 저술한 유명한 책에 유럽의 옛 수준이 적나라하게 나와 있다. 화려하게 치장한 유럽 귀족이 1700년 무렵에야 손가락 대신 포크를 널리 썼다고 하니 조선 선비들이 알았더라면 오랑캐라고 했겠다.

네덜란드를 제외한 유럽이 대체로 그러했듯이, 영국 민중 다수도 무지몽매하고 도덕 의식이 희박했다. 그들이 교육받을 기회도 제도도 별로 없었다. 크롬웰 시대에 제거된 이교적 풍습이 왕정복고 된 다음 되돌아왔으며, 이후에 태어난 백성 다수는 개신교 신앙의 중심을 잘 몰랐다. 민중 사이에 새

Ⅱ 부흥 101

로운 문화는 아직 들어서지 못했다. 가진 사람들이 주식 투기로 들썩일 때 민중은 곳곳에 닭싸움 투기판을 벌였으며, 도박은 신분을 가리지 않고 만연했다. 개가 소를 물어 죽게 하거나 말뚝에 매놓은 곰을 제멋대로 하도록 두고 보는 괴이한 오락도 유행했다. 청교도혁명기를 제외하고 민중은 싸구려 술을 많이 마셨고 또 술 때문에 사망률도 높았다. 방탕과 쾌락에 빠진 성직자를 발견하는 것도 어렵지 않았다. 동시에 음란과 흉악 범죄도 더 했다. 소소한 범죄자를 사형시키기 일쑤였고 공개 처형은 꼭 봐야 할 구경거리였다.

당시 사회의 조야함과 야만스러움은 새삼스러울 것이 없었으나, 청교도 시대의 강렬한 빛이 스친 뒤에 그것은 역겹고 흉물스러워 보였다. 조너선 스위프트는 1667~1745 사람들을 화나게 하고 불편하게 만들려고 《걸리버 여행기》를 썼다고 했다. 런던과 아일랜드를 오가며 살았던 스위프트가 1726년에 출판한 그 책은 당시 영국 사회의 추한 모습을 속속들이 보여 준다. 드론으로 내려다보듯, 현미경과 돋보기를 번갈아 들이대듯, 핀셋으로 집어들추듯, 사람들의 모순과 어지러운 세태를 헤집어 펼쳐놓으며 풍자했다. 50대 후반의 교회 지도자가 그 같은 상상력과 창의력을 발휘한 것은, 그가 직접 남긴 자기 비문의 말대로, '더할 수 없이 높은 자유를 집요하게 추구하므로 맹렬하게 분노하기도 하는' 위대한 시대의 계승자였기 때문일 것이다. 청교도혁명의 여운 속에서 10대를 보내고 광야 시대를 산 스위프트는 그래도 그의 나그네 인생길 끝 무렵에 요단강에 발 담근 사람들이 있음을 알았는지 모르겠다.

더할 수 없이 높은
자유를 집요하게
추구하므로
맹렬하게
분노하노라

14
요단강 가까이

대부흥은 영국의 운명을 바꾸었다. 그 부흥이 없었다면 영국이나 유럽은 더 빨리 신앙을 벗어던졌을 테고, 따라서 지금보다 훨씬 후진적이었을 것이 틀림없다. 지금 세계도 더 어두웠을 것이다. 영성이 깊으면 도덕성이 높고 지성도 제힘을 발휘한다. 정직, 근면, 절제, 배려와 같은 신앙 덕목이 내면화된 사람에게 지성이 결합되면 용기, 창의력, 철저한 섬김이 나온다. 도덕성이 국민성이 된 나라는 문명국이 되고 다른 나라를 이끌게 되어 있다. 대부흥은 영국을 갈아엎어 그렇게 만들었다.

시기가 절묘했다. 부흥의 불꽃이 튄 1730년대부터 약 한 세대 사이에 유럽의 대표적 나라인 프랑스, 독일, 영국의 특색이 굳어졌다고 할 수 있다. 프랑스는 계몽주의, 영국은 복음주의, 독일은 경건주의와 계몽주의의 혼합으로 서로 방향이 엇갈렸다.

계몽주의가 정신적 주류로 들어선 프랑스는 독일과 영국보다 신속히 신앙을 이탈하기 시작했다. 지성계는 일찌감치 인본주의 깃발을 흔들며 달려나갔고, 1789년에 불붙은 프랑스혁명을 거치며 사회 전반에서 세속화가 진행되었다. 이후로도 신실한 가톨릭 신자들은 여전히 상당수였고 사회에 봉사했지만, 종교는 사회의 한 영역으로, 분과로 축소되어 갔다. 가톨릭의 정서와 문화가 사회 저변에 깔렸으나, 종교는 마음을 떠나 관습이 되어 갔다.

독일은 사정이 남달랐다. 프랑스와 잉글랜드는 15세기 말에 통일된 국민국가의 모양을 얼추 갖추었다. 반면에, 300여개의 군소 독립국으로 나뉘어 있었던 독일·오스트리아 지역은 1800년대 초에 이르러서야 그나마 39개로 뭉쳐졌다. 근대 국가적 진화가 그만큼 늦었다. 결국 전쟁을 치르고 독일과 오스트리아 두 국가로 결말지어진 것이, 한참 늦은 1870년경이다. 또 나라마다 소수 종파들이 다 있는 가운데서도 프랑스와 영국은 17세기 말엽에 각각 구교와 신교를 국교로 확정해서 어느 정도 국가의 통합을 이루었다. 그러나 독일 지역은 이전부터 소 독립국들이 제각각 국교를 택했다. 물론 개신교 측이 더 많았으나 구교권도 건재했다. 신교권과 구교권이 각각 제 갈길로 가면서도 서로 견제하고 또 대립하기도 했으므로, 18세기에 프랑스와 영국이 이룬 만큼이라도 국민적 공감대가 마련되기 어려웠다. 통일 국가가 되지 못한 결핍과 장애로 정신적, 심리적 불편함과 긴장의 정도가 높았으니 지식인들이 관념론과 사변으로 흐를 만했다.

II 부흥　105

영국이 헤매고 있던 1690~1730년 사이에 독일은 경건주의의 영향력이 강했고 이후부터는 계몽주의가 우세해졌다. 하지만 독일의 정신계는 기독교의 끈을 놓지 않은 채로 이성의 등을 타고 다니는 혼란스러운 상태로 나아갔다. 신앙의 표지를 상실해가면도 그렇지 않다고 온갖 변론으로 스스로를 설득한 듯이 보인다. 알록달록 철학에 신학을 덧대어 놓아야 안심이 되었던 것 같다. 19세기에 마침내는 자유주의 신학이라고……. 종교개혁의 진원지답게 개혁 신앙의 맥이 이어져 왔음에도 이성의 고삐를 죌 만큼 믿음의 분량을 얻지는 못했다. 영국만한 영적 부흥이 없던 독일의 곤혹스러움이었다.

1730년 이전에도 경건과 거룩함을 경주하는 사람들이 유럽 곳곳에 있었는데 영국이 대부흥을 맞은 것은 선택받은 것이라고 할 수 있을까. 다만, 영적 갱신이 사람의 힘으로 되는 것이 아니라 하더라도, 아무런 갈망이 없는 데서 되는 것도 아닐 게다. 부흥 전야에 영국 사회가 칠흑 같았다고 하는 것은 위대한 청교도 시대와 대부흥 사이에 끼어 있어서 더욱 그렇게 보인 것이다. 그때도 결코 교회가 다 불꺼진 창이었을 리는 없다.

명예혁명 후에 환경이 달라졌을 때 교회는 뭘 어떻게 할지 찾는 노력을 했다. 비국교가 합법화되자 국교회는 우선 양적으로 줄었다. 비국교인 회중교, 침례교, 퀘이커교가 번성하니 성공회 측은 불안했다. 궁리하다가 1698년에 '신앙장려협회' Society for Promoting Christian Knowledge라는 단체를 만들고 전국에 지부를 설치했다. 이 협회는 성경과 신앙 서적을 출판해 보급하고 자선학교를 설립했다. 자선학교는 신자들의 기부금으로 운영하는 학교로서 서민 자녀에게 읽기·쓰기·셈하기를 가르치고 교리와 규범을 전수했다. 문맹률을 낮춤과 동시에 신앙을 전수하고 사회의 기율을 세우는 최선의 방책이었다. 물론 비국교 측에서도 자선학교는 필수였다.

'주간신앙토론회'도 꽤 퍼졌다. 1670년대에 성공회 신자들이 자발적으로 시작한 이 토론회는 1700년 쯤이면 런던 시내만 해도 40개가 넘었다. 상공인 등 중간층 남성이 주 멤버였는데, 생활과 심령의 거룩함을 추구했다. 소수 그룹으로 모여 솔직한 자기 점검과 고백, 서로 권면하기, 성경 읽기와 나눔을 했다. 스스로 규칙을 만들고 회원 등록제에다 회비도 정했다. 이같은 자생, 자치, 자립의 신자 모임은 모든 시민 단체의 기원이고 수원지였다. 나중에 자세히 보겠지만

어두운 시절에도 교회는 불을 밝히고 있었다.

자선학교 주간신앙토론회 선교회

영국과 미국은 타의 추종을 불허할 만큼 시민 활동과 단체가 융성하여 대단히 긍정적인 특유의 시민 사회를 건설했다. 프랑스나 독일 영방들에 비해 중앙 권력의 지배력이 약했던 여건과 개신교 교회의 자발성 문화가 결합된 영향이었다.

토론회와 신앙장려협회 외에도 성공회 덤불 속에 경건성의 불씨가 더 있었다. 비국교측보다 조직력을 갖춘 성공회에서 먼저 선교 활동에 나섰다. 1701년에 '해외선교회' Society for the Propagation of the Gospel in Foreign Parts 가 설립되었는데 모금으로 해외 선교의 길을 열었다. 북미와 중미의 자기 식민지를 대상으로 했기에 요즘의 해외 선교와는 차이가 있었다. 뒤에 1735년에 웨슬리 형제가 조지아 지방에 선교 여행을 갈 때도 이 선교회의 후원을 받았다. 더불어 '품행개혁협회'들도 생겼다. 하층민의 생활을 바로잡기 위해 주일을 지키도록 선도하고 극장을 검열했으며 싼 술을 금지시키려 했다. 참여자도 효과도 고만고만했으나 나중에 있을 개혁 활동의 씨앗이었다.

글을 깨우치고 성경과 신앙 서적을 보급한 신앙장려협회의 노력은 웨일스에서 먼저 결실을 맺었다. 1720년대와 30년대에 웨일스에는 곧 이어질 부흥의 여명처럼 복음을 깨닫고 복음을 전하는 사람들이 나타났다. 또 광야에서 물길을 찾아 헤매듯 참된 영성을 갈구하는 이들도 있었다. 《걸리버 여행기》가 나온 다음인 1728년에 윌리엄 로 1686~1761는 《경건한 삶으로의 부르심》을 출판했다. 로는 그 책에서 철저한 성경적 삶을 추구하는 것을 극단적인 금욕과 세속으로부터의 분리와 연결시켰다. 스위프트는 성장기에 청교도 시대의 분위기를 접해 차원 높은 신앙에 대한 감각이 있었기에 그 잣대로 당시의 영적 퇴보를 측량할 수 있었다. 반면에 스위프트보다 20살쯤 어린 윌리엄 로는 어두운 시절 한가운데서 그 차원을 구하다보니 치우친 면이 있었다. 그럼에도 그의 저술은 강한 자극제가 되기에 충분했고 널리 읽혔다.

윌리엄 로의 책이 출판된 전후 시기에 나름의 영적 체험을 한 찰스 웨슬리1707~88는 옥스퍼드 학우들과 함께 '성결클럽'Holy Club을 만들었다. 이듬해 1729년에 찰스는 형 존 웨슬리1703~91가 연구원으로 돌아오자 클럽을 이끌게 했고, 1733년 어간에는 어린 후배 조지 휫필드1714~70를 클럽의 멤버로 끌어들였다. 성결클럽 회원들은 많은 경건 서적을 읽었는데, 웨슬리 형제와 휫필드는 윌리엄 로의 책도 골똘히 읽었다. 어쩌면 윌리엄 로는 노년에 이 후세대가 타고 있는 부흥의 높은 파도에 같이 올라 더 명료하고 풍성한 은혜를 향유하지 않았을까.

15

마음과 정신 혁명, 대부흥 The Great Revival

존 버니언이 사망하고 꼭 40년 지나서 '성결클럽'이 생겼다. 그 사이에 '크리스천씨'가 갔던 순례길은 인적이 드물면서 잡초로 덮였다. 마치 그 길목을 찾으라는 특명이라도 받은 듯이, 성결클럽의 청년들은 왕성한 의욕으로 성결의 세계를 탐색했다. 이리저리 들추다가 마침내, 오래 전에 이미 뚫려 있었던 은혜의 직통대로에 이끌려 닿았고 뜀박질했다. 그리고 사람들에게 알렸다. 방방곡곡 찾아다니며 크게 외쳤다. 하늘의 문이 열렸고 많은 사람들이 그 대로를 왔다 갔다 하니 자기들 나라의 어둠이 걷히고 오물이 씻기기 시작했다. 구름을 뚫고 나오는 빛처럼, 영국은 그제야 광채를 받고 그 독특한 개화와 문명이 열리기 시작했다.

부흥의 빛은 산업혁명을 정련했다. 부흥의 후세대들은 산업화의 불순물을 거르고 그 그늘을 줄이는 데 총집중했다. 창조주는 인류 최초로 산업화에 다다른 이 나라가 자본의 광포로 병들기 전에 대각성이라는 강력한 예방주사를 놓으셨다. 그런 것 같다. 그렇지 않았더라면 서구 사회는 진작 돈에 농락당했을 테고, 세상이 어찌 되었을지. 가치의 힘으로 돈의 힘을 어거하는 능력만큼, 자본을 선하게 다루는 능력만큼 정의롭고 공평한 사회, 선한 사회, 선진 사회는 이루어진다. 영국의 그 능력은 부흥으로 말미암았다. 카를 마르크스는 영국에 이런 자정 능력이 이미 있었다는 사실을 알 수 없었다. 세상을 물질의 안경으로 보는 사람에게 그것은 숨은 그림이었겠다. 그가 못 본 그림 중에는 궁핍한 이와 약자를 진심으로 돕고자 하는 지도층과 부르주아지, 사회악을 씻고자 생을 바치는 개혁가들, 참으로 건실한 노동자들, 유럽에서 가장 노동자 정당다운 노동당의 씨앗도 있었다.

처음에 성결클럽의 젊은이들은 나름으로 거룩한 삶을 아주 열심히 추구했다. 대학 생활의 필수였던 종교 의식은 무의미했다. 그들은 일찍 일어나 보통 두 세 시간씩 경건 시간을 가졌고 규칙적으로 모였다. 성경과 경건 서적을 읽고 연구하고 토론했다. 성찬식을 자주 하며, 일주일에 이틀을 금식하고, 하루에 몇 시간씩 기도했다. 존 웨슬리가 앞장서며 사회 봉사도 했다. 감옥을 정기적으로 방문해 수감자들에게 글을 가르치고 빚도 더러 갚아주며 일거리를 장만해 주려고 애썼다. 빈민들에게 먹을 것, 옷가지, 상비약, 책들을 갖다주는가 하면 아이들을 모아 가르치기도 했다. 정한 바를 얼마나 엄격하게 지키고 행했는지 주변이 다 알 수 있었고 '규칙쟁이들'Methodists, 규칙을 곧이곧대로 지키는 자들, 매뉴얼대로만 하는 고지식한 자들이라는 조롱 섞인 별명을 얻었다. 일상을 시간표대로 살았던 중세 수도사의 자취가 엿보인다.

성결클럽의 멤버들은 개인 경건 외에 성찬식을 자주 했다.
빈민과 재소자들의 필요를 도왔고 빈민 아이들을 가르쳤다.

뒤에 그 별명은 그대로 '감리교'Methodism가 되었다. 그러나 부흥 전까지 그들은 경건을 나름의 방식과 활동에서 찾았으며 선행으로 천국을 얻는 줄 알았으니, '크리스천씨'와는 다른 길을 더듬고 있었다.

먼저 각성으로 나아간 성결클럽의 멤버는 조지 휫필드였다. 이미 《경건한 삶으로의 부르심》에 큰 도전을 받았던 휫필드는 찰스 웨슬리가 건네준 또 다른 책을 읽고 압도되었다. 1678년에 28살의 나이로 사망한 스코틀랜드 사람, 헨리 스쿠걸이 쓴 책 《인간의 영혼에 깃든 하나님의 영》이었다. 휫필드는 "하나님이 나에게 이 훌륭한 책을 보내주시기까지 나는 진정한 신앙이 무엇인지 몰랐다"고 고백했다.

중생의 체험을 하고 복음을 온전히 깨달은 휫필드는 21살, 1736년에 국교회 성직자로 안수받고 설교하기 시작했다. 그는 팽팽하게 부

야외에서 설교하는 조지 휫필드

풀어 오르다가 마침내 분출한 화산 같았다. 농축된 성결의 훈련과 은혜 안에 있는 경건의 비밀을 다 가졌다. 희대의 설교자로서 휫필드는 남은 35년 내내 활활 타오르며 영국과 북미 지역 뭇사람을, 그들의 폐부에 복음을 들이부어 회심의 길로 안내했다.

휫필드가 신앙의 전기를 맞은 1735년에 웨슬리 형제는 선교 사역을 권유받고 성공회 사제 자격을 갖춘 뒤 북미 조지아 지방으로 떠났다. 하지만 웨슬리 형제의 선교 활동은 시행착오에다 막다른 골목이었다. 동생 찰스는 먼저 접고 돌아왔고 형 존은 2년여 만에 철수했다. 그 과정에서 그들은 오히려 북미로 이주하는 경건주의 계통 모라비아·체코 쪽 사람들로부터 영적인 감화를 받았다. 런던에 온 얼마 뒤인 1738년 5월 21일 오순절 기념일에 찰스가, 24일에는 집회에 참여한 존이 각각 하나님과 화평케 되었으며 믿음으로 구원받았음을 깨달았다. 온갖 노력으로 구원을 확보하려던 질곡이 풀렸다. 열렬한 추구에도 만족되지 않았던 않았던 영혼이 쏟아지는 은혜의 햇살 아래서 덩실거렸다. 특수 요원처럼 철저한 규칙쟁이의 경력을 가진 이 형제는 이제 그 은혜를 전파하는 일에 생을 걸었다. 찬송시로, 복음 전도로, 신앙 변증으로 평생 전력 질주했고 또 잘 해냈다.

35살에 중생의 체험을 한 존 웨슬리는 그때까지 축적해 온 신앙적 삶의 능력을 쉼없이 왕성하게 나타냈다. 매우 논리적이고 이지적인 그가 그토록 뜨겁게 복음 사역을 한 것은 부모로부터 물려받은 탄탄한 신앙 체질에 은혜가 부어졌기 때문일 것이다. 그에게는 몇 대에 걸쳐 내려오는 청교도 신앙의 유전인자가 있었고 시추가 꽂히면 마구 뿜어져 나올 매장량이 넉넉했다고 할까.

존 웨슬리는 지구를 열 바퀴나 도는 거리만큼 말을 몰고 다니며 복음을 전했다. 타성에 젖은 성공회 목회자들이 그의 설교를 거슬려 했기에 그는 예배당 밖으로 나갔다. 사람들을 찾아다니며 노천에서 하늘을 지붕 삼아 일주일에 열 차례 이상 설교했다. 핍박이 있자 작은 지회를 만들어 서로 자기 고백과 점검, 성경 공부를 하게 했다. 이는 주로 모라비아교도나 퀘이커교도들이 하는 모임 방식이었는데, 쉽사리 정식 멤버가 될 수 있는 것은 아니었다. 자연히 평신도 리더들이 자라나게 되고 또 훈련을 거쳐 그들을 내보냈다. 그들은 지회들을 순회하고 지원하는 전도자요 설교자였다.

그 자체로 비범했던 성결클럽을 탁월하게 이끌었듯이 웨슬리는 조직력과 관리 능력 면에서 출중했다. 중앙 기관의 권위를 세우고 지부 조직을 효율적으로 결합한 시스템으로 급속히 늘어난 지회와 신자들을 잘 추슬렀다. 그는 평신도 리더들에게 독서를 필수로 하도록 했는데, 그들이 가지고 다니는 보따리에는 항상 책이 들어있었다. 대중 교육이 변변찮은 시절에 감리교 풍토는 수많은 독학자를 길러냈다. 그래서 감리교의 지회와 순회 설교의 전통은 나중에 노동당을 창설하고 하원의원이 될 노동자들이 성장하는 텃밭이 되었다. 후대의 노동지도자 대부분은 감리교 지회에서 연설 훈련을 받았다.

횟필드와 존 웨슬리는 하층민과 노동자들에게 더 많이 전했다. 촌락과 광산촌을 찾아다녔다. 성공회가 그들을 밖으로 내몬 것은, 영국을 위해서는 아주 잘된 일이었다. 그들이 전한 복음은 평생 비천하게 살 사람들을 구원의 길로 인도하고 고귀하게 만듦으로써 나라에 측량할 수 없는 이득을 가져다 주었다. 노동운동의 많은 리더들이 성경을 믿고 따랐으며 믿음이 없다 하더라도 성경의 교훈을 생활 원리로 알고 살았다.

20세기 후반의 영국의 일부 주류 학자들은 웨슬리가 19세기 영국을 심각한 혼란으로부터 구했다는 해묵은 이론을 뒤집으려고 애썼다. 감리교의 영향이 컸던 지역과 노동운동이 강했던 지역이 다르다는 둥, 노동운동 지도자들이 다 감리교 신자였겠냐는 둥, 마르크스의 안경을 건네받은 그들은 기독교의 영향을 축소시키는 데 기력을 쏟았

다. 그들은 복음주의에서 파급된 삶의 방향성과 가치가 노동자들의 인생길을 밝히고 있었던 사실을 몰랐을까 외면한 것일까. 교회사학자 롤란드 베인턴은 이렇게 말한다.

> "웨슬리는 가난한 자들을 회심에 이르게 함으로써 영국 프롤레타리아를 복음의 범주 안으로 끌어들였다. 그것은 독일 경건주의가 해내지 못한 일이었다. 다음 세기에 두 나라의 사회 구조에 큰 차이가 생기게 된 한가지 요인은 아마 여기에 있는 듯하다.

대부흥은 복음의 대각성이라고 한다. 회심을 일으켜 구원을 얻게 하고 그리스도를 본받게 하는 이 복음의 각성이 수많은 사람에게 일어났으니 대부흥이겠다. 그래서 이 영적 갱신은 감리교의 테두리를 넘어서는 것이었고, 횟필드는 교단에 신경 쓰지 않고 복음을 전파했다. 복음주의는 점차 계층과 신분을 가리지 않고 파급되었는데, 사실은 노동계급과 상류층보다 더 큰 영향을 입은 쪽은 부르주아지, 즉 중간계급이었다. 산업화의 주역인 중간계급은 산업 시대를 살아갈 삶의 목표, 가치 체계, 생활 원리가 필요했는데 복음주의에서 그 모든 것을 보급받았고 또 그렇게 살 수 있는 힘과 에너지를 공급받았다.

횟필드와 웨슬리 형제가 복음 전파에 나서고 대략 20년이 지날 무렵 천천히 구르기 시작하는 옛 기차바퀴처럼 산업화가 서서히 가동되었다. 사람의 탐욕이라는 무한한 연료를 가진 자본주의가 치달을 태세였다. 그런데 복음주의가 끼어드는 바람에 자본주의가 구렁텅이로 빠지지 않았다. 대부흥으로 인한 마음 혁명이 경제 혁명을 견제하고 견인했던 것이다.

그래서 대부흥이 시작된 이후 약 100년 사이에, 복음 신앙이 있든 없든, 실제 자기 생활이 어떻든, 성경적 덕목과 규범을 따르는 것이 성공 인생이며 그런 인생이 많은 사회가 선한 사회라는 공감이 영국 국민 사이에 쫙 퍼져나갔다. 그러했기에 신앙에 관계없이, 재산을 가졌거나 뜻 있는 사람들은 기독교적 가치와 동떨어진 현실을 개량하는 데 자기 것을 쓰며 자기 몫을 다하려 했다. 복음주의 사람들은 자기 내면의 악과 사회의 악을 뜯어고치려 안달했고 그것들과 맹렬하게 씨름하며 살았다. 그러다보니 자본주의의 독소가 많이 제거되었다. 소금을 친 것처럼, 탐욕이 한숨 죽었다.

그 과정을 앞으로 살펴볼 것이다. 그러므로 휫필드와 존 웨슬리 두 사람의 신학적 차이 같은 것은 지나쳐도 그만이다. 그들의 차이는 역사 안에서 증발된 것 같고 공통 부분이 훨씬 컸다. 두 사람 모두 끝까지 전심전력으로 복음에 집중했다. 무엇을 더 바랄까.

16
복음주의, 개인주의, 공동체주의

유럽 지도를 보면 프랑스의 자리가 노른자위 같다. 강성한 국가가 되기에 거의 완벽하리 만치 좋은 조건이다. 넓은 땅에 북해, 지중해, 대서양 모두에 잇닿은 유일한 나라다. 문화의 위상에서 로마제국을 계승했다고 할 만했고 루이14세 시대, 17세기에 고유의 문화가 꽃피었다. 유럽에서 제국이 등장한다면 인구 대국인 프랑스가 되는 것이 자연스러웠겠다. 그런데 뒤에 제국이 된 나라는 영국이었다.

개신교 국가와 제국이 무슨 관계가 있겠으며 뭐 좋은 일이겠나마는 영국이 제국이 된 것은 유럽 여러 나라와의 힘겨루기에서 승자가 됐다는 의미였다. 1760년대에 인도와 북미 등 주요 식민지에서 샅바 싸움을 하

Ⅱ 부흥 119

던 프랑스를 내치고 난 뒤 선두로 나서기 시작했다. 국내에서 산업화가 발동하던 그 무렵이다. 비록 그로부터 20년 뒤에 북미 식민지가 미국으로 독립해 떨어져 나갔음에도 솟아오르는 기운이 꺾이지 않았다. 더 중요한 점은, 밖으로 뻗어 나갈 때 안으로는 전방위적인 개량이 이루어졌다는 것이다. 대부흥 이후 약 200년 동안 영국은 선한 사회, 문명사회를 향해 내달렸다. 그 사이에 성경에 기반을 둔 사회적 가치가 국민성으로 내면화되었다. 그만한 세월이 걸렸다.

베인턴 교수에 따르면, 복음주의는 "개인 구원에 대한 갈망, 성경에 대한 특별한 관심, 십자가와 그리스도의 사역에 대한 강조, 복음은 행동으로 표현되기를 요구하고 있다는 믿음"이 골자다. 개인이 우선이다. 《천로역정》에서 극명하게 그려진 대로, 구원은 철저하게 개인적인 것이다. 크리스천씨가 아무리 가족을 사랑해도 자기 구원이 자동으로 가족 구원까지 다 해결해 주지 않았다. 한사람이 과거 급제하면 3대까지 구제받는 철저한 가족주의, 가문주의에는 개인이 없다. 반면에 구원은 오직 신과 한 개인 사이의 일이다. 누가 어떻게 해줄 수 없다. 단독자다. 그럼에도 신자의 삶에는 신의 사랑, 신의 무게가 실리니, 그 개인의 가치가 대단히 높아진다. 신자에게 인생은 위로부터 주어진 것, 그러므로 인간적인 것을 초월하는 것, 곧 소명이다.

일단 구원받은 사람은 구원자와의 관계가 그 무엇보다 앞선다. 부모·자식 관계나 부부 관계보다 신·인 관계를 더 우선했던 정서가 기독교 문명의 바탕에 있었다. 기억하건대 중세 장돌뱅이 그 사람도 최종적이고 최우선적인 인생의 푯대를 신·인 관계에 두었다. 다만 중세인은 세상과 분리된 채로 그 관계를 추구했지만, 개혁신앙인은 세상 한가운데서 그 관계를 붙들었다. 그래서 중세 사람에게는 부족한 능력, 즉 세속에서 힘껏 살면서도 세속대로 살지 않고 초월적 삶을 향하는 힘이 크리스천씨들에게 주어졌다. 이런 사람이 많은 곳에는 탐욕, 교만, 나태, 속임, 부패, 방종 같은 죄악이 쪼그라든다. 개인도 사회도 죄와 악이 줄어들면 자유가 깊고 넓어진다. 이것이 선한 사회의 기둥이다.

런던 올림픽 때2012 개막식에 대한 국내의 평가 글을 몇 보았는데, 그중에서 한 북한이탈주민의 말이 가장 인상적이었다. "자유로워 보였다"라는. 자유 희소 지역에서 살았기에 자유를 가장 잘 알아보았던 것일까. 아마도 그는 설명하기는 어려웠을지 모르지만 남한 사회와 차원이 다른 자유를 느끼지 않았을까. 구애받지 않는 발랄함과 자발적 절제가 어우러진 것은 이 세상에 흔하지 않다. 자기 내면과 사회의 굴레를 힘써 벗겨내며 선한 사회를 추구한 선조들 덕분에 후손이 너른 자유를 누리고 있다.

10년 전쯤 BBC 뉴스에는 이런 것도 있었다. 복잡한 수능시험 방식에 관한 것인데, 하여간, 오늘 A시험을 다 치렀는데 학생 몇 명은 그 시험을 내일 치른단다. 그 학생들은 오늘 A시험 시간에 다른 시험이 겹쳤기 때문이란다. 그들은 오늘 각자 다른 시험을 보고 그 시험 담당관의 집에 같이 가서 자고 내일 그 담당관이 A시험장에 데려다 준다는 거였다. 그게 전부였다. 조그만 불법도 끝까지 물고 늘어지는 이 사람들이 다른 안전장치는 상상조차 안했다. 앵커는 "참 요런 시험도 다 있네요"라며 경쾌한 분위기였다. 정직함이 공기처럼 떠도는 사회, 반칙하지 않고 규정 그대로 하는 국민성이 아니고서는, 그런 시험제도를 낼 생각이나 하겠으며 또 완전 아무 소리 없이, 탈없이 시행되고 있을까.

개신교 나라 사람들에게 '정직과 근면'은 우리 조선 시대의 '효와 충'에 버금가는 비중이었다. 영국 역시 정직을 가장 중요한 개인적 덕으로, 사회적 가치로 여긴다. 정직에도 수준이 있겠다. 지금 대다수가 기독교를 떠난 국민의 정직성이 위의 사례로 엿볼 수 있는 정도라면, 과거에 기독교 문화의 영향력이 얼마나 컸던 것일까.

대부흥이 시작된 이후로 성경의 가르침을 마음에 담고 행하는 사람이 많아진 만큼, 국민의 '정직, 근면, 절제, 이웃 배려'의 수준이 높아갔다. 이전에는 적은 수의 사람들이 행하던 덕목이 이제 더 많은 사람들에게 실제가 되었다. 그렇게 되니 그 덕목이 사회 생활의 기준이 되고 가치가 되었다.

복음주의는 개인주의다. 처음부터 끝까지 '절대자 앞의 단독자'로 산다. 신·인 관계가 최우선이며 크리스쳔의 삶의 중심이다. 이 항상적언제나 단독자 의식은 현생을 엄정하게 살면서도 초월하는 이상적 수준을 향하게 한다. 신·인 관계가 돈독해지는 만큼 생의 푯대는 명

확해지고 또 높아지므로 자기 속마음을 들쳐보지 않을 수 없고 따라서 고쳐지고 점점 깨끗해진다. 그 깨끗케 된 자리에 사랑과 자유가 들어서게 되고, 그러면 사람과 세상을 겁내지 않게 된다. 이것이 복음주의가 뿜어내는 강력한 힘이다. 세속의 성공을 좇지 않고 사회의 병폐를 마주 대하여 치유하고 정화시키는 능력이다. 그래서 복음주의는 본래 성질이 개혁적이다. 복음주의에는 자기 개혁과 사회 개혁이 한 세트다. 죄 덩어리 인간이 모인 것이 사회이므로, 당연하게도 개인의 죄와 사회의 죄는 서로 많이 겹쳐 있기 때문이다.

다시 말해서, 복음주의적 개인주의는 밀접하고도 지속적인 신·인 관계를 추구하며 따라서 치열하게 자기 정화를 추구한다. 사람의 깊은 데를 보시며 본성의 심연을 들추시는 창조주 앞에서, 또 십자가 앞에서 이루어지는 것이 자기 정화다. 자기 정화야말로 빛이고 소금이다. 그런 사람이 많을수록 사회는 자연히 더 올바르게 된다. 더 정의롭고 공평한 사회가 된다.

당연하게도, 복음주의 안에서 개인주의는 공동체주의와 한묶음이다. 신·인 관계가 바른 개인일수록 인간과 피조 세계에 대한 신의 뜻을 더 잘 분별하기 때문이다. 구원과 자유를 누리지 못하는 사람에게, 차별받고 억압받는 사람에게, 가난하고 힘 없는 사람에게 창조주가 지극한 관심을 가지신 것을 느끼기 때문이다. 신·인 관계가 밀착될수록 개인이 신의 의지를 품으므로 공동체를 괴롭히는 문제를 고쳐 이롭게 하는 능력이 커진다. 그러므로 복음주의는 문제 인식 능력과 문제 해결 능력을 동시에 갖게 하며, 나눔과 섬김의 삶으로 이끈다. 그러므로 신자의 삶은 공동체와 이웃을 섬길 때 완성도가 높아진다. 그렇게 사는 것이 성공 인생이다. 많은 영국 사람에게 이 삶을 실현시켰고 또 그 인생을 추구하게 만들었으니 그야말로 대부흥이었다.

신앙적 개인주의는 빅토리아 시대에 '개인 자립주의, 개인 주체주의'로 세속화되었다. 빅토리안에게 '개인주의'는 곧 '성숙하고 독립적인 인격체가 되는 것, 그래서 공동체의 건실한 일원이 되는 것'을 의미했다. 그러려면 정직, 근면, 절제, 배려를 내면화하여 도덕성을 갖추고 자립 능력이 있어야 했다. 그래서 '개인주의'의 반대말은 '의타성, 수동성, 비자발성'이었다. 개인주의의 반대 개념은 '남의 도움을 받는 인생', 즉 '자립하지 못하거나 하지 않으려는 인생'이었다. 그들의 개인주의의 핵심은 '자기 인생 자기가 책임지기, 인간으로서의 자립성과 존엄성 갖춤'이다. 그래서 권리 찾기 뿐 아니라 책임과 의무를 더 중시한다. 그것은 절대자에게 깊이 의존한 단독자들의 빛이 빚어낸 역설적 현상이다. 확고한 주체성은 초월적 자유의 산물이다. 그런 자유는 신성의 일부다. 지금 후손들은 그 깊은 자유의 기원에 무관심한 채 물려받은 자유 안에서 산다.

거듭 말해서, 복음주의에서는 개인주의와 공동체주의가 완벽하게 한몸이다. 같이 간다. 개인의 신앙 성숙도는 결국 이웃과 공동체와 자연에 대한 태도로 나타나기 때문이다. 항상적 단독자는 또한 항상 자신보다 이웃과 사회를 이롭게 하려 한다. 그러므로 신·인 관계가 좋은 사람은 공동체에 유익이 되며 그런 사람이 많을수록 사회는 개화된다. 개인주의와 공동체주의의 필연적 합일, 이것이 개신교 문화의 결정체요 진수다. 개신교 문화권에서 사회복지제도와 인권이 먼저, 가장 발달한 이유가 여기에 있다. 영국에서 자유와 복지제도가 발달한 것은 사회적 약자도 한 인간으로서 독립적이고 자존적인 삶에 이르도록 지원하고 부추겨야 한다는 정신과 가치가 탄탄했기 때문이다. 약자와 빈자를 배려해서 공동체 전체가 나아져야 한다는 이 정신과 가치가 부자들의 마음 빗장을 풀었고 숱한 사람을 섬김의 길로 자청해 나서게 했다. 이 축척된 기부와 봉사의 노하우 덕분에 20세기 복지국가는 곧바로 스타트 할 수 있었다.

대부흥 과정에서 자기 죄의 심연을 직면하고 통절하게 회개한 단독자들이 많이 있었던 것을 알지 못하고서 영국을 제대로 이해할 수 있을까. 평생 동안 십자가 앞에 자기 정화를 의뢰한 조상이 많았던 나라다.

17
자본주의 로드맵

유럽 사람들이 대서양과 인도양을 넘나들기 시작한 이후로 여러 인종과 다양한 물품이 대거 이동하고 섞였다. 현대에까지 영향을 미치는 세계적 문명권 중 뒤늦게 출발한 유럽은 물류 발달이 늦었는데, 촌티가 물씬한 만큼 다른 대륙의 산물에 놀라고 혹하기도 했다. 목화 솜이 참 신기했던지, 당시의 어떤 나무 그림에는 꽃봉오리 자리에 양 머리들이 그려져 있다. 나무에서 양털 같은 것이 열린다는…….

인도산 면직물은 영국을 통해 유럽에서 의복 혁명을 일으켰다. 이 면포 수입이 효자 노릇을 한 덕분에 영국에서 남해거품사건과 주식 공황의 대혼란도 오래 가지 않았다. 오히려 동인도회사는 가장 안전한 투자처로 여겨져서 1730년에 외국인 투자자가 회사 주식의 3분의 1을 보유할 정도였다. 더군다나 수요가 무궁한 판에 발명가들이 가만있을 리 없었다. 영국은 가장 먼저, 일찍이, 1630년대에 특허권을 제도화해 놓은 터였다. 짧은 시간에 무명실과 천을 생산하는 기계를 개발한다면 목화만 들여오면 될 것이었다. 1730년에 케이가 실 뽑는 시간을 대폭 줄이는 플라잉셔틀을 발명한 이후 50여 년간 여러 사람이 기계의 개발과 개량에 뛰어들었다. 그 중간 1769년에 아크라이트[1732~92]가 첫 특허를 낸 방적기는 수력을 이용하는 독창적인 것이었다.

　청소년 시절에 떠돌이 생활을 하며 독학했던 아크라이트는 사업 수완도 있어서 특허 출원 2년 후 두 친구와 함께 창업했다. 잉글랜드 정중앙 지역에 역사상 처음으로 규모 있는 수력 방적공장을 세웠다. 그는 인류 사회에 공장 시스템을 들여 놓았다. 산업화의 신호탄이었다. 집안이나 공터에서 가족이나 동네 사람들과 어울려 하던 수공업이 공장 생산 방식에 주도권을 넘기기 시작하는 대전환의 순간이었다. 해가 뜨고 지는 자연 리듬에 따라, 술 마시고 놀다가 벼락치기로 하기도 하며, 자유분방하게 일하던 사람들이 출근 시간을 지켜야 하는 공장에 집단적으로 모여 기계와 지침에 맞춰 노동하며 대량 생산하는 완전히 다른 세상에 들어서기 시작했다.

교통과 운송도 대변혁을 거쳤다. 1740년경 잉글랜드 운하망 지도에는 실오라기 몇 날 있는 것 같았는데 1760년대에는 마구 엉클어진 실타래처럼 운하 천지였다. 기차는 반세기 뒤에 등장할 것이었고, 울퉁불퉁에다 질퍽해지곤 하는 길보다 아직 운하가 고속도로였다. 섬나라이기에 어느 쪽으로든 강이 가까웠고, 강은 운하로 연결되어 육지 깊숙한 데까지 쉬이 갔다.

그래서 운하길은 물자 수송 못지않게 복음 전파도 용이하게 했을 것이다. 교회와 성경에 접근하기 어려운 사람들에게 은혜의 소식을 전달하기에 좋았을 것 같다. 세계에서 유일하게 공장 돌아가는 소리와 뿌연 연기가 퍼져가는 때에 그 사이를 헤집고 충만한 전도자와 설교자들이 왕성하게 돌아다닌 것이다. 노동자의 영혼이 질식을 면할 수 있었다. 온건하고 건전한 방향으로 자기의 길을 개척하는 노동자 인생의 발판이 깔렸다. 큰 복을 받은 나라였다.

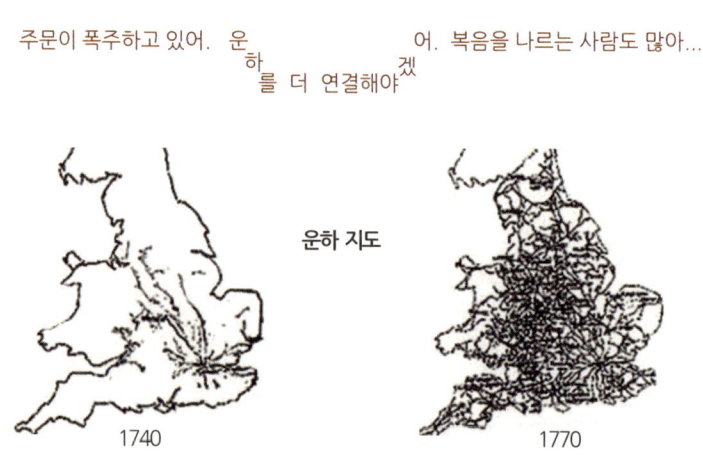

주문이 폭주하고 있어. 운하를 더 연결해야겠어. 복음을 나르는 사람도 많아…

운하 지도

1740　　　　　1770

묘하게도 아크라이트가 특허를 받은 1769년에 스코틀랜드 태생 제임스 와트 1736~1819 도 증기기관에 관한 첫 특허를 받았다. 5년 뒤에는 운하 측량사 일을 접고 매슈 볼턴의 사업 파트너가 되었다. 볼턴은 증기력의 수요가 클 것을 내다보고 와트에게 관심과 격려를 보냈던 것이다. 다시 5년 동안 와트는 연구와 실험으로, 볼턴은 자금을 총동원하여 증기기관의 상용화를 이룩해 냈다. 이 역시 약 70년간 여러 사람이 시도한 증기기관 개발의 정점으로서 증기기관이 신동력으로 널리 쓰이는 길을 열었다. 그리고 또 10년 동안 실험 정신과 기업가 정신을 합작한 결과 속도 조절기가 장착된 와트 증기기관의 결정판이 탄생했다. 그 사이 다양한 업종으로부터 증기기관의 제작 주문이 폭증했고, 1794년에 와트는 재창업해 세계 최초의 기계 제조 공장을 세웠다. 생산의 표준화와 규격화를 시행한 이 공장에서 웨지우드의 아들이 경영 실습을 했다.

조사야 웨지우드 1730~95 는 그의 생애 자체가 영국 도기업의 융성기를 대변한다. 농민이었던 선대가 17세기에 부업으로 옹기를 굽던 것이 가업이 되었다. 고향 마을도 도공 혈족 집단이나 마찬가지였으니 그에게는 옹기장이의 피가 진했다. 도자기 제작 기술을 철저히 익힌 데다 성실함과 실험 정신이 강한 그는 1759년에 친족 두 사람과 함께 창업했다. 도업은 공업 이상의 것이었기에, 예술, 과학, 무역계의 인사들과 교분이 깊은 엘리트 상인인 벤틀리와 사업 파트너가 된 것은 큰 행운이었다. 몇 년 후에는 품격과 실용성을 갖춘 특유의 크림색 도기를 출시했다. '왕비 도자' 글자를 새겨넣는 특전을 얻은 이 제품은 유럽 중간계급 가정의 표준 식자기로 자리잡았다. 끝없는 도전 정신으로 속속 신제품을 개발했고, 세계 최초로 공장에 증기기관을 들여놓은 1782년 무렵에는 생산량의 8할을 수출하고 있었다. 영국 도자기의 결정체인 영국형 본차이나는 웨지우드의 고향 인근에서 도자기 공장을 경영하던 조사야 스포트의 아들이 1800년에 처음 제작했다.

웨지우드는 영세한 옹기 제조업을 주요 산업으로 일으키는 데 크게 기여했다. 그는 아크라이트와도 친분이 있었고, 이래즈머스 다윈, 와트, 볼턴과 함께 과학자·예술인 모임인 버밍엄 월광회의 회원이었다. 이래즈머스 다윈과 웨지우드는 사돈지간이 되었는데, 찰스 다윈은 외조부 웨지우드가 세상을 뜬 이후에 출생했다.

볼턴, 웨지우드, 아크라이트, 와트. 대표적 1세대 산업가들은 1730년 어간에 태어났다. 연장자 볼턴이 연소자 와트보다 8살 많을 뿐이었다. 부친 세대가 새로운 도전과 시행착오로 거름이 되어 준 덕분에 그들은 자수성가의 열매를 거의 노다지로 따먹었다. 하지만 그들은 제품 개발과 경영 모두에서 끊임없이 배우고 궁리하고 도전하는 당차고 창의적인 기업가들이었다. 볼턴과 와트는 1785년에 왕립학술원 회원이 되었고, 아크라이트는 1786년에 기사 작위를 받았다. 와트는 말년에 하사받은 준남작 작위를 사양했다.

산업혁명의 시발점을 꼭 짚을 필요는 없겠으나, 앞에서 보듯이 인류 역사상 첫 번째 '세계의 공장'으로 솟구쳐 오르는 날갯짓이 1770년대에는 뚜렷이 보였다. 토지와 농업이 먹고사는 문제의 거의 전부였던 세상이 분명히 변하고 있었다. 증기기관의 동력 혁명으로 석탄과 철강 등 원료와 제조품의 대량 생산이 촉진되었다. 산업혁명의 진원지는, 지형 윤곽이 대략 비슷한 우리나라로 보면 위도 상으로 서울과 대전 사이의 중부 벨트였다. 리버풀, 맨체스터, 브래드퍼드, 리즈, 셰필드, 버밍엄, 뉴캐슬 등이 산업 도시로의 탈바꿈을 시작했다. 그때까지 역사에 없던 산업 자본가 집단이 불룩불룩해지며 두께가 얇았던 중간층 middling sorts of people이 두터워지기 시작했다.

그 시기, 1776년에 애덤 스미스1723~90의 《국부론》이 출판된 것은 더없이 좋은 일이었다. 도덕 철학을 연구하고 강의한 사람이 관념으로 흐르지 않고 사회의 변화를 통찰하여 새로운 거시적, 미시적 논리로 풀어 미래를 인도한 것은 영국인답다. 《국부론》은 인간성,

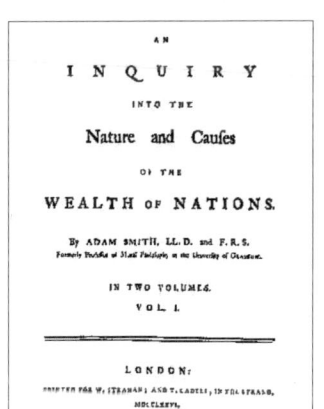

《국부론》

산업화 초기 산업도시들

II 부흥 131

국가, 경제 현상을 통합적으로 다루면서 사회와 경제의 유기적 발전을 큰 틀에서 또 동시에 실제적으로 제시한 것으로 보인다. 마치 '현재 위치는 여기입니다'라고 표시한 안내도처럼, 어떻게 돌아가는 건지 잘 모르겠는 대변동을 객관적으로 설명해 줄 뿐 아니라 '옆사람을 배려하면서 자유롭게 힘차게 가면 됩니다'라고 알려주기까지 한 것 같다.

어떻게 지금 막 시작된 전대미문의 변화를 독파하여 해석하고 타당한 진로를 그려낼 수 있었을까? 눈덩이처럼 불어나는 자본에 치이지 말고 잘 굴리고 가도록 영국에 '선한 자본주의 내비게이터'를 달아주었다고 할 수 있을까? 그래서 《국부론》은 경제학의 출발점이 되었다는 의미 외에도 웅대하고 창의적인 사상 체계였으며 선한 사회로 나아가기 위한 고품질 로드맵이었다는 생각이 든다. 참으로 시기적절해서 많은 시행착오를 줄일 수 있었겠다 싶다.

그리고 그 이론은 어디까지나 개인의 자유와 역량을 펼칠 수 있는 여건이, 그러면서 서로를 배려하고 룰을 지켜야 한다는 공감대가 당시로는 가장 잘 조성된 사회였기에 가능했고 또 이해되었을 것이다. 원래 작은 정부에다 지역 자치와 민간의 자발성이 사회 운영의 근간이었던 점을 고려한다면, 자유방임주의는 이론이라기보다는 그저 독특한 영국의 현실 그대로였다.

# 18
자본주의 해독제, 나눔 습관

원래 유럽 사람들에게 재물 추구는 몹시 거리끼는 것이었다. 중세 사람들은 복음은 잘 몰랐어도 탐욕이 죄라는 것은 명심했다. 그래서 재물을 모은다거나 이를 위해 일한다는 개념은 없다시피 했고, 방법도 별로 없었다. 금은보화를 가까이 하는 권력자들은 교회와 수도원에 웬만큼 바쳐야 맘이 놓였다. 근대 유럽 상인의 원조 베니스에 예배당이 얼마나 많은지. 해외 무역으로 돈이 불던 중상주의 시절에도 크게 다르지 않았다. 그러나 가장 먼저 산업 자본의 축척과 투자가 팽창하던 영국에서 이 켕기는 돈 문제는 누군가가 다루어 주어야 했다. 때를 맞춰 제시된 지침은 인간적이며 경제논리적이며 또 영적이었다. 동시에 개인주의적이며 공동체주의적이었다.

애덤 스미스는 《도덕감정론》에서 설파했듯이 다른 사람의 처지를 헤아리고 배려해야 한다는 투철한 가치관 위에 자신의 경제 사회 사상을 쌓아 올렸다. 그의 이론은 인간에 대한 깊은 이해와 가치 지향성을 기둥 삼은 것 같다. 남의 입장을 살피고 해를 입히지 않으면서 자기 이익을 쌓는 것은 괜찮다고 했다. 개인이 그렇게 하면, 그렇게 해야, 사회 전체가 긍정적인 결과를 얻고 또 발전한다는 뜻이었겠다. 개인의 이기적 욕망을 인정할 뿐 아니라 격려하되 자본 추구의 조건을 설득한 셈이다. 역지사지 정신을 재물욕에 접붙임으로써 오히려 자본의 축적을 정당화시켰다. 인간의 욕심에 세례를 준 것이다.

하지만 자본 추구를 정당화하는 논리는 성경적 원리가 단단히 받쳐주지 않았더라면, 씻은 돼지가 다시 배설물에 돌아가 눕는 꼴이 됐을 공산이 크다. 자연과학과 이신론을 배경으로 하는 '보이지 않는 손' 개념은 보이지 않는 세계에 대한 감각이 발달하지 않은 사회에서는 통용되기 어려울 수 있다. 존 웨슬리는 하나님의 섭리를 믿는 사람이 노동과 재물에 대한 태도가 어떠해야 할지 이렇게 표현했다.

    Gain all you can   근면하게 일하고 힘써 벌어라
    Save all you can   최대한 아끼고 모으라
    Give all you can   도움과 나눔에는 아낌없이 쓰라

복음주의는 재물에 대한 긴장을 제거하지 않았다. 사람에게 재물은 우상이 되기 쉬우므로 신자로서 긴장해야 할 대상이 맞다. 그래서 '힘써 벌어라'가 자기를 위해 재물을 모으라는 뜻은 아니다. 1770년대에 이미 웨슬리는 불어나는 물질이 신앙을 약화시킬 것이라고 우

려하며 경고했다. 최대한 벌라는 것은 근면과 성실을 강조하는 말이다. 청교도가 원래 그랬듯이, 복음주의는 게으름, 노동 회피, 거저 먹으려는 태도를 큰 죄로 여겼다.

그렇다고 베풀기 위해 벌라는 뜻도 물론 아닐 것이다. 부지런하고 성실하게 일하는 것, 물질과 소비 욕구를 제어하고 절제하는 것, 약자와 이웃을 돌보는 데 후하게 쓰는 것, 하나하나가 그 자체로 독자적이고 온전한 의미와 가치가 있었다. 그리고 셋은, 하나도 빠짐없이, 한 신자의 삶에서 모두 발견되어져야만 했다. 이것이 그때 복음주의였다.

웨슬리 자신이 믿는 바 대로 행했다. 그는 소득이 늘어도 늘 쓰던 극히 적은 생활비 외에는 모두 다른 사람과 활동에 썼다. 참되고 높은 기준은 사람들이 따르지 못하더라도 무엇이 옳은 것인지 사람들의 마음에 퍼뜨려 준다. 소수의 수도승이나 은둔자가 아니라 세속에 사는 많은 사람들이 실제로 그 기준에 가깝게 살았다. 계몽주의자로 알려진 애덤 스미스도 그 생활은 복음주의자와 별반 다르지 않았다. 어머니를 모시고 독신으로 살면서 수입의 큰 부분을 줄곧 사신협회에 기부했다. 물론 그는 자신의 신념대로 했을 텐데, 실상 복음주의 생활 원리가 사람들의 마음에 스며들고 있는 때였다.

물질로만 돕는 것은 물론 아니다. 복음주의자들은 처음부터 약자와 소외자의 몸, 정신, 도덕, 품성 등 전인적인 모든 것에 마음을 두었다. 찰스 웨슬리는 회심하자마자 감옥을 찾아가 수감자들을 돌보며 복음을 전했다. 휫필드는 전도여행 중에도 고아와 아동 복지 활동을 했으며, 감리교 지도자들은 노동자에게 복음 뿐 아니라 근검 절약으로 자립하는 방법을 권면했다. 존 웨슬리는 특히 노예 해방에 깊은 관심을 나타냈고 음주와 전쟁에 반대했다. 1746년에 영국 최초로 무료 보건소를 세웠으며, 로버트 레이크스와 존 하워드 등에게 감화를 주어 각각 주일학교 운동가와 감옥 개혁의 선구자가 되게 했다. 복음주의는 언제나 개인과 사회의 영과 육을 통합적으로 통찰하며 문제를 직시했다. 그것이 복음주의의 성질이기 때문에, 개혁가들은 멀리 보되 구체적으로 접근하며 문제 해결에 끈질겼다. 복음주의는 총체적 안목과 철두철미한 근성을 인자로 삼았다.

시대의 기운이 그러했던 만큼, 산업화 1세대의 대표적 기업가들

산업화 1세대 출중한 기업가들

조사야 웨지우드
1730~95

리처드 아크라이트
1732~92

매슈 볼턴
1728~1809

제임스 와트
1736~1819

가운데 부자의 모범이 드러났다. 예를 들면, 웨지우드 기업과 볼턴·와트 회사의 경영법과 사원 복지 프로그램은 현대적일 만큼 우월했다. 그들은 기업을 공동체로 여겼고 사원에 대한 처우는 20세기 복지제도의 모형 같다. 선거제 개혁과 노예무역 중지 등 사회적 이슈에도 깊이 참여하면서 지역 사회의 개발에 공헌한 점도 같았다. 중세의 장돌뱅이 부자는 몽땅 자선하고 세상을 등졌지만, 산업화 초기의 출중한 갑부들은 온갖 수고를 다해 벌고 근로자와 이웃 공동체를 돌보았고 사회를 개선하는 데 적극적이었다. 방향은 정해졌다.

안락과 풍요로움에 안주하거나 촌스러운 졸부들, 근로자를 마소처럼 부리는 사업가들도 여기저기 자선금을 내야 면이 섰다. 사람 대접 제대로 받으려면 '베푸는 자' giver 라는 증표가 꼭 필요한 풍토가 되고 있었다. 그래서 많이 나누는 사람이 자연스럽게 사회 지도자로 부각되었다. 어디서나 지도자가 되려면 일단 여러 곳에, 모양으로라도 많이 기부해야 신망을 얻었다.

1780년 무렵부터 대도시에서 중간계급이 사회적 지도력을 발휘하기 시작했고 더불어 자선과 기부 활동이 폭발적으로 늘었다. 중간계급은 자선하는 것을 '자립 인생'의 표지로 여겼다. 나누며 사는 인생, 이것이 곧 성공 인생이라는 자긍심이었다. 정기 기부자 명단에 드는 것은 당당한 시민임을 선포하는 것이었다. 그래서 영국의 국민성에는 약자 배려 의식, 즉 공동체 돌봄 의식과 공익 정신이 그 중심에 들어 있다. 이런 흐름에서 본다면, 1832년에 중간계급 남성에게 참정권이 주어진 것은 정치 경제적 이유 외에도 시민으로서의 그들의 충분한 자격에 대한 승인이었다고 해석할 수 있다. 빈자와 약자를 다루는 일은 전통적으로 상류층의 권한이었는데 이제 중간계급이 그 바통을 꽉 쥐었다.

중세 사람들에게 자선은 구원 얻기 위한 요건이었지만, 대부흥을 통과한 이제 나눔과 도움은 구원받은 표였다. 신앙심이 아니더라도, 반듯한 시민과 인간이 되려면 자선은 필수라는 공감이 공장의 연기보다 더 널리 퍼지고 있었다. 돈맛 아는 중간계급이, 설혹 기꺼운 마음이 아니라도, 빈자와 약자를 돕는 삶이 정상이며 당연하다고 여기게 되었다. 많이 가졌으면 나누거나 봉사해야 한다는 가치가 내면화되었기 때문에, 개인의 자유를 고도로 추구하는 그들이 또한 너무도 공동체적인 것이다.

산업화 초기에 복음주의자들은 인간의 욕심을 모른 체하거나 겁내지 않고 정면으로 다루었다. 부자들이 자기 배만 불리지 않도록 탐욕을 거스르고자 했다. 영적 능력이 있었기 때문에, 근검 절약과 이웃 배려라는 적극적이고 능동적이며 또 경건한 생활 원리는 자본주의의 해독제로 기능할 수 있었다. 독소는 계속 생겼지만 계속 정화되었다. 소금기가 골고루 퍼질 때까지.

《개신교 윤리와 자본주의 정신》에서 막스 베버는 개신교 신앙에서 노동과 절제의 의미, 그리고 그것과 자본주의 문화와의 관계를 고차원으로 분석했다. 그렇지만 아시아 사람의 눈으로 보면, 영국의 경우 자본주의가 타락하지 않고 발전하도록 기여한 것에는 '나눔' 정신이 핵심이었지 싶다. 나눔과 배려 의식의 공유, 즉 사회 운영에서 항상 약자를 의식하는 것, 그래서 약자를 만들어내는 사회 자체를 바로잡으려는 개혁성, 결국 모두가 인간답게 살도록 끊임없이 고치려는 능동적인 적극성, 이것이 대부흥의 사회화의 본질이었다. 대부흥은 영국 사람들에게 그러한 정신과 태도를 매우 강화시켰다. 이 때문에 산업 세력과 부르주아지가 선한 사회 Good Society로의 진로에 장애물이 아니라 추동력으로 작용했다.

역사 노트

영국, 하노버·윈저 왕가

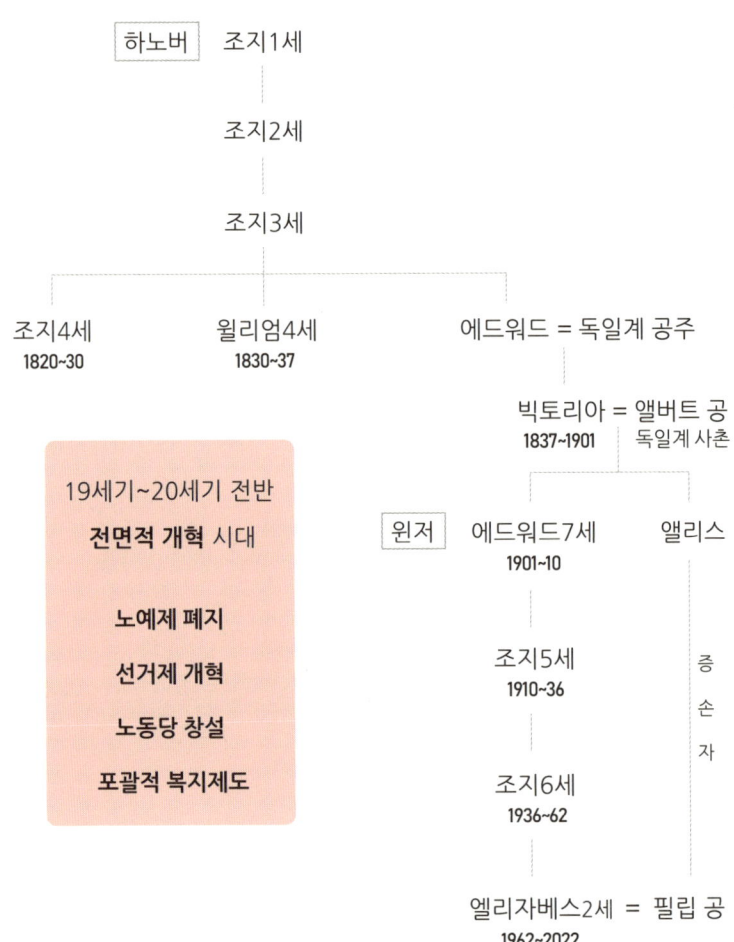

하노버	조지1세

조지2세

조지3세

조지4세 (1820~30)   윌리엄4세 (1830~37)   에드워드 = 독일계 공주

빅토리아 = 앨버트 공 (1837~1901) 독일계 사촌

| 윈저 | 에드워드7세 (1901~10)   앨리스 |

조지5세 (1910~36)

증손자

조지6세 (1936~62)

엘리자베스2세 = 필립 공 (1962~2022)

19세기~20세기 전반
전면적 개혁 시대

노예제 폐지
선거제 개혁
노동당 창설
포괄적 복지제도

III 개혁

19
악의 축, 노예제

바다 건너 북미 식민지가 독립전쟁의 산고를 치르며 미국으로 태어나고 있을 때, 본국에서는 대개혁의 막이 오르고 있었다. 본국과 식민지 사이의 불화에 기름을 끼얹은 토머스 페인의 《상식》 출판, 미국 독립전쟁 발발, 《국부론》 출판은 모두 1776년 같은 해의 일이었다. 분리해 나간 미국은 여전히 끈끈한 형제로 남았으나 손실은 막대했다. 그럼에도 영국은 산업의 동력과 함께 자체 정화 능력이 막 장착된 상태였기에 괜찮았다. 도덕성의 힘과 물질의 힘이 동시에 일어난 것은 세계사에서 대단히 특별한 경우였고 둘은 또 시너지 효과를 냈다. 그래서 산업화와 도시화 과정에서 만나는 장애물을 하나씩 대응하면서 쌓인 수치와 패악을 스스로 씻어낼 수 있었다. 누구도 가보지 않은 고단한 길을 그 이상 할 수 없을 만큼 잘 헤쳐나갔다.

마치 누군가가 각기 다른 재능을 가진 사람들을 왕창 적재적소에 배치해 구닥다리 유산과 낡은 문화에 전면전을 치르게 한 것 같다.

대각성이 시작되고 한 세대 지난 1770년대부터, 그때까지 있어온 세상을 못봐주겠다는 듯이 들쑤시고 뒤집으려는 사람들이 불쑥불쑥 나타났다. 그때까지 아무도 하지 않던, 못하던 일을 벌이는 대담한 사람이 점점 늘어났다. 그 사람들을 처음으로 뭉쳐 대항하게 만든 것은 중추적인 국가 산업인 노예무역이었다.

영국 TV에 이런 드라마가 있었다. 때는 리버풀과 브리스톨 항구가 노예무역의 창구 도시로 번창하던 18세기 중엽쯤이던가. 시끄럽고 조야한 브리스톨 항만에 사는 천박한 중년 무역업자에게 사연이 있는 아리따운 아가씨가 시집을 왔다. 그녀는 새로 실려 온 짐짝 같은 노예들에게 영어를 가르치고 부릴 만하게 훈련시키는 일로써 안주인 역할을 했다. 그러다가 노예 청년과 사랑하는 사이가 됐다. 그의 아기를 출산하자 당연히 쫓겨난 여자는 이루 말할 수 없는 혐오를 받음에도 자신의 사랑과 선택을 부끄러워하지 않았다. 사실상 부부인 그 두 사람을 보호하고 보살펴 주는 사람들도 있었다. 그러나 안식처를 찾는 중에 여자는 산후병으로 사망하고 만다……. 노예무역과 그로 인해 영국 땅에서 흑백 혼혈인이 등장하던 시절의 이야기였다. 곧 날이 밝을 듯한 짙은 어두움처럼, 노예도 자유인이 될 거라는 암시를 끼어넣을 수 있는 그런 때로 보였다.

노예가 없었던 세상은 좀처럼 찾기 어려울 것이다. 우리 조선도 노예적 노동에 의존한 사회였다고 알려져 있다. 서유럽은 중세 후기 몇 백년 동안 노예제를 안 했는데 포르투갈이 먼저 나섰다. 인도 항로를 찾기 위해 아프리카 서해안을 따라 내려가던 탐험 초기 1440년대부터 아프리카 사람을 사고 팔기 시작했다. 이후에 식민지 삼은 중남미에서 전염병과 노동 착취로 원주민의 절대 다수가 사라지자 아프리카 사람이 더욱 요긴해졌다. 18세기에는 유럽에 돈이 더 많이 돌고 식민지의 사탕수수, 면화, 담배, 커피, 차 같은 작물에 대한 수요가 급격히 늘어나니 어마어마한 노동력이 필요했다. 그래서 주요 국가들, 특히 프랑스와 영국은 식민지에서 대규모로 노예를 썼고 또 인간 장사를 했다. 노예무역은 관련된 업종까지 해서 거대한 상업이요 산업이었다. 유럽 본국들에서 점차 중산층이 증가하니 업계와 가정집에서도 아프리카, 인도, 동 아시아에서 실려 온 사람을 사들여 하인으로 썼다.

웨지우드 도자기공장처럼 선량한 주인도 있었을 것이다. 그러나 식민지 농장주나 노예 장사치들은 아프리카 사람을 말귀를 알아듣는 가축 정도로 여겼고, 포획하거나 거래하고 또 운송하고 부리는

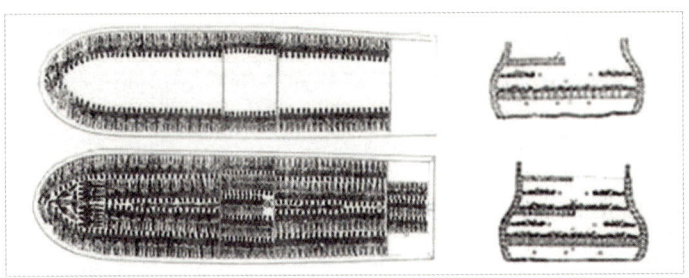

노예 선적도

과정에서 가공할 죄악을 저질렀다. 대서양을 가운데 놓고 유럽, 아프리카 서안, 남북 아메리카를 차례로 도는 삼각무역 선박들은 병약한 노예를 무수히 바다에 버렸다. 수송선과 농장에서 노예들이 얼마나 잔혹하게 다루어졌는지는 온갖 나쁜 예화를 다 동원하면 된다.

노예제폐지운동의 터를 닦는 데는 퀘이커의 공이 컸다. 퀘이커교는 사람은 누구나 하나님의 빛을 품을 수 있으므로 평등하다는 신념이 확고했다. 17세기에 생길 때부터 박해를 많이 받은 퀘이커교도들은 신분, 남녀, 인종 차별에 대항하는 성향이 강했고 성경에 쓰인 대로 가난한 사람, 힘 없는 사람, 눌린 사람에 대한 관심이 유별했다. 노예를 쉽게 볼 수 있었던 북미 식민지에서 퀘이커교도들은 정색을 하고 노예제를 나무랐다. 신앙과 노예제는 맞지 않을 뿐더러 노예무역의 실상은 '죄악의 악'이며 '지옥 그 자체'라고 비판했다.

1696년에 퀘이커의 요람 펜실베이니아에서 그들은 토론과 강론을 거친 뒤 노예제 반대를 공식적으로 선언했다. 18세기 전반기에 전도자들은 동부 지역을 다니면서 노예제의 해악을 설교함과 동시에 퀘이커교도들이 노예를 소유하지 않도록 권면했다. 노예를 두지 않은 사람을 리더로 세우는 일부터 시작해서, 1780년에 펜실베이니아는 최초로 노예제의 점진적폐지법을 통과시켰다. 이맘때면 퀘이커교도는 거의 모두 노예제폐지운동에 참여했고 문서 활동으로 막 출범한 미합중국 정부가 노예제를 추방하도록 자극했다. 국부 중 한사람인 벤자민 프랭클린이 '펜실베이니아 노예제폐지협회'의 멤버가 되었다.

영국 본국에서는 17세기에 청교도 설교자인 리처드 박스터와 몇 성공회 사제들이 노예제를 비판했었고, 1720년대 후반에 역시 퀘이커 신자들이 제대로 문제 삼기 시작했다. 중엽에는 식민지의 퀘이커 지도자들이 쓴 노예제 반대 교리서와 잔인한 현장 고발 서적이 본국으로 흘러 들어왔다. 퀘이커교도들은 영국과 북미 양쪽에서 노예제 문제를 들추어내는 일에 서로 교감하면서 행동의 방법을 찾았다.

퀘이커 측에서 정식 활동을 개시하기 전에 그랜빌 샤프라는 폐지 운동의 리더도 준비되고 있었다. 국교회 성직자 가계에서 출생한 샤프는 형편상 고등교육을 받지 못했지만 영특하고 근면한 독학자로 높은 지성과 전투적인 도덕성의 소유자였다. 여러 방면에서 불의를 시정하고 개혁하는 데 일생을 헌신했다. 물론 노예 문제에 깊이 관여했다. 1767년에 한 노예를 위한 소송에서 실패한 후에도 끈질기게 항변해 '노예는 영국 땅에 발을 딛는 순간 자유의 몸이 된다'는 판결을 받아냈다. 뒤에는 국내외 성경보급협회와 유대인 개종협회의 설립 뿐 아니라 1787년에는 노예무역 폐지를 위한 단체 창설에 핵심 역할을 했다.

그 사이 1772년에는 서머싯이라는 도망 노예의 소송사건이 있었다. 세간의 큰 관심을 끈 이 사건에서 도망 노예 피고인을 위해 5명의 옹호 증인이 나섰다. 왕실 법원의 수석 재판관인 맨스필드 백작은 "영국으로(에서) 도망한 노예를 처벌받게 하려고 원래 식민지에 강제로 돌려보내서는 안 된다"는 판결을 내렸다. 백작의 판결문은 이미 당시에 널리 공감되던 '영국 안에서 노예제는 금지된다'는 관습법을 재확인했다. 더욱이 '서머싯사건의 판결'은 또 다른 중요한 의문을 불러일으켰다. '영국 내에서 노예제가 안 된다면 식민지에서는 괜찮다는 말인가?' 노예무역과 식민지 노예제에 대해 고심하는 양심이 점점 많아졌다.

같은 1772년에 노예제에 관한 퀘이커교도의 책을 읽은 존 웨슬리는 2년 뒤에 《노예에 대한 생각들》을 썼다. 거기에 이런 구절이 있단다. "자유는 지음받은 모든 인간의, 그가 첫숨을 쉬는 그 순간부터, 권리이다. 인간이 만든 어떤 법도 그가 자연적으로 받은 그 권리를 빼앗지 못한다." 창조주 앞에서 인간이 존귀하며 평등하다고 선포하는 이 책이 복음주의자들, 적어도 감리교도들 사이에 노예제 반대 여론을 조성하는데 크게 기여했을 것이다. 그리고 '자유와 인간의 권리'를 한 세트로 다룬 그 글이 어디 노예 문제에만 관련되겠는가. 몇 년뒤 미국 독립선언서 앞부분에도 나온다. "모든 사람은 평등하게 태어났다. 그리고 창조주는 '양도할 수 없는 권리들'을 모든 사람에게 부여하셨다. 그것은 생명과 자유와 행복의 추구이다."

정치인 중에서는, 뒤에 조지3세를 대신해서 미국의 독립을 인정하는 문서에 서명할 데이비드 하틀리가 처음으로 의회에 노예무역 반대 의견을 표명했다. 그가 1776년에 제기한 '노예무역은 하나님의 법과 인간의 권리에 반대되는 것이다'라는 제목의 결의안은 부결되었다. 당시 계급사회에서 인구의 20퍼센트 이하인 중 상류층이 나라를 움직였는데, 그들 중 많은 사람이 식민지 경영과 노예 무역에 직간접으로 관련되어 있었기 때문이다. 그러나 적어도 노예제 문제를 제기하는 소리가 의회 안으로 들어왔고 의원들의 귓전을 울렸다. 일부 의원은 이미 동조하고 있었다.

1778년에는 자메이카에서 스코틀랜드로 팔려온 노예가 '서머싯 사건 판결'을 근거로 자유를 얻었다. 이때 사유재산으로서 노예는 허용하지 않는다는 판결이 명시되었다. 노예가 자유 신분을 찾을 수 있도록 법적 절차도 마련했다. 스코틀랜드에서 1799년까지 상속 노예는 존재했으나, 적어도 본토 안에서 노예 같은 노예는 없었다.

문제는 식민지의 노예제였다. 패역한 노예 장사꾼이었다가 회심하고 성직자가 된 존 뉴턴은 복음 전파에 힘쓰는 가운데 여러 사람에게 노예제 문제를 알리고 폐지 활동을 권했다. 뉴턴이 초기에 목회하던 곳에는 최고의 찬송시인인 윌리엄 쿠퍼도 살았다. 1779년에 두 사람은 같이 찬송시집을 펴냈는데 거기에 뉴턴의 '나 같은 죄인 살리신'Amazing Grace이 실렸다. 1785년에 쿠퍼가 쓴 시 하나는 이렇다.

"나라 안에는 노예가 없는데 왜 밖에는 [식민지에는]?
영국에서 호흡하고 있는 노예는 있을 수 없다—
그의 폐가 우리 공기를 받는 순간 자유로워지므로
그가 우리나라에 닿기만 하면 그의 사슬은 풀린다.
이것은 고상한 것이며 나라를 자랑스럽게 한다.
이 축복을 시기하라. 그것을 퍼뜨려라.
그리고 모든 핏줄 [영국의 식민지들] 에 그것이 돌게 하라."

20
개혁의 전문성, 노예제폐지운동

　노예제를 비판한 사람들은 적지 않았다. 프랑스 계몽주의자들이 잘 알려져 있다. 그러나 영국인들이 노예무역을 중지시키기 위해 연대 활동을 도모할 무렵 프랑스는 기본적인 문제로 허우적대고 있었다. 지식인들은 진작부터 자기들의 낡고 병든 국가 시스템에 염증을 냈고 진보한 영국을 의식한 데다 미국의 독립에 큰 자극을 받았다. 곪을대로 곪다가 1789년에 혁명이 터지고 1850년까지 정치 체제가 여러 번 엎치락뒤치락 하는 동안 무수한 국민의 피가 뿌려졌다.

　영국은 명예혁명으로 국가 정체성을 확립한 지 100년이 지났고 경제 혁명의 단계에 접어들었는데, 옛 체제가 더 굳었던 프랑스는 이 변화를 반세기 만에 치렀으니 이념 대립의 혼란과 희생이 컸다. 현대에 왕정이나 독재에 대항하는 시민 혁명이나 내란을 거쳤거나 진행 중인 나라의 상황과 비슷하다고 보면 되겠다. 노예제 문제도 영국은 시민들의 자발적 노력으로 점진적으로 폐지를 실현해 갔다. 이에 비해 프랑스에서는 혁명 중에 급진파가 자기 나라의 과거를 싹 둑 자를 때 노예제도 같이 폐지했다가 나폴레옹 집권 후 되돌리는 곡절이 있었다. 영국은 노예해방 과정에서 도덕적 우월성을 보였고 하나의 정석처럼 노예제를 끝냈다.

영국에서 노예제폐지운동은 최초의 대중 운동, 시민 운동으로 불리기도 한다. 수많은 사람의 합작품이라는 뜻이다. 악 중의 악을 제거하는 데 지도층, 부르주아 중간계급, 노동 서민들이 두루 힘을 보탰다. 퀘이커교, 감리교, 침례교 등 비국교 교파들과 유니테리언, 국교 안의 복음주의 그룹, 여성, 어린이, 노예 등 모두가 힘썼다. 알다시피, 감리교는 웨슬리 사후 1795년에 국교에서 떨어져 나와서, 원래 비국교인 침례교, 회중교, 퀘이커교와 함께 4대 비국교 교파가 되었다. 웨슬리는 국교 자체의 개혁을 바라며 국교 안에 머물기를 바랐음에도 벌써부터 사실상 비국교로 취급받았다. 감리교인은 증가했어도 인구 비율로는 낮은 편이었다. 그럼에도 복음주의의 영향력은 교파를 가리지 않았다. 물결처럼 사회로 퍼져 나갔다.

거의 모든 중간계급이 기독교인이었으니 그들 가운데서 복음주의를 따르고 노예제 문제를 진지하게 생각하는 사람들이 늘었다. 노동계층에서도 노예 문제라면 많이 나섰다. 대부흥 초기부터 복음주의에 뛰어든 국교도 상류층 인사로는 헌팅턴 백작 부인이 있었는데, 복음 신앙이 국교도와 상류층에게 파급되기 시작한 때는 1770년대 쯤인 것으로 보인다. 무엇보다 지도층은 노예제 폐지의 시간을 앞당기는 데 꼭 필요한 사람들이었다. 비국교도는 공직자가 될 수 없었기에, 폐지운동의 법적, 정치적 투쟁의 선봉에 나설수 있는 신분과 힘을 갖춘 사람들이 절실했다. 실제로 성공회 상층부의 복음주의자들이 운동의 최전선에 나섰다. 그러므로 노예제폐지운동에 교파와 신분을 불문하고 다양한 사람들이 참여한 데에는 복음주의의 영향이 가장 컸고 또 이 견고한 신앙의 기반과 동력 때문에 운동이 끝을 봤다.

- 노예제반대운동은 퀘이커교도들이 1783년에 먼저 시작했다.
  우선 노예를 사고 파는 노예무역을 막고자 했다.
  처음부터 의원을 통한 청원 활동을 같이 했다.

- 남녀노소, 온 계급, 온 교파 사람이 다 청원 활동에 참여했다.
  5년 만에 10만 명의 서명을 받고서
  100여 건의 노예무역폐지 청원서를 의회에 제출했다.

- **1807 노예무역금지법안** 통과

- 노예제 폐지를 이끌기 위해 전국적인 대중 운동이,
  그리고 윌버포스를 비롯한 지도층의 입법 활동이
  줄기차게 추진되었다.

- 1833 영제국에서의 **노예제폐지법안** 통과
  노예 밀거래를 완전히 종식시키기까지는 세월이 더 걸렸다.
  노예제 폐지까지 50년, 노예 밀거래 종식까지 80~90년.
  대역사였다.

노예제 폐지를 위해 먼저 길을 닦은 이들은 성직자들이었고,
지도층 인사들도 - 클래팜 섹터 - 잘 준비되어 있었다.
대표적 리더 몇 사람을 소개한다.

존 웨슬리 1703~91

저술과 설교로 노예제 문제를 인식하도록 도왔다.
윌버포스 등 여러 사람에게 관심 갖도록 격려했다.

존 뉴턴 1725~1807

회심한 노예선 선장. 노예제의 잔학상을 많이 봤다.
윌버포스와 시인 쿠퍼 등 개인적인 만남과 권면을 통해
노예무역반대운동을 격려했다.

제임스 램지 1733~89

의사, 성공회 목사. 서인도 식민지에서 현장 경험을 했다.
성공회 고위 성직자가 처음으로 노예 무역에 대한 교회의 태도를
비판하고 카리브 해의 노예제 개선책을 모색했다.
1784 《설탕 재배 식민지 노예의 상황과 개종에 관한 에세이》
윌버포스, 수상 피트와 몇 차례 면담했다.
노예무역반대운동의 조직, 출판물 활동에 핵심 역할을 했다.

그랜빌 샤프 1735~1813

초기 활동의 대표자. 클래팜 섹터의 멤버.
1760년대부터 노예제 비판 책자들을 발간했다.
해방 노예를 위한 시에라리온 프리타운 설립에 기여했다.

윌리엄 윌버포스 1759~1833

의회 의원. 클래팜 섹터의 멤버.
노예제 폐지를 위한 의회 내 입법 활동에 주도적 역할을 했다.

노예제폐지운동, 방법

문서 활동	대중과 지도층이 노예무역과 노예제의 잔학상을 알리고 이해와 각성을 독려하는 저술을 출판, 보급 지도적 정치가(수상 피트)들, 사상가(에드먼드 버크) 등이 지지
집회 활동	전국적인 대규모 집회와 강연 단체들(노예제폐지 여성협회 포함)의 연대 활동 단체들 각각의 위원회와 소그룹 모임 탄원서 서명과 의회 제출
이미지 선전 불매운동	가가호호 방문, 팸플릿(노예 수송선, 노예 핍박 등 그림 포스터) 보급 웨지우드회사가 제작한 배지 보급 1791~92 식민지 서인도 산 설탕 불매운동 
노예 참여	해방 노예들, 말과 글로 증언 (1772, 해방 노예의 첫 자서전 출간)  아퀴아노 자서전 1789 1816, 1831 서인도에서 노예 반란 (6만 명)

21
지도층 복음주의, 클래팜 섹터

1788년에, 지금보다 한참 느릿했던 그 시기에, 인구가 900만 명이 넘지 않았을 때, 10만 명에게 서명을 받았으니 많은 봉사자가 이리저리 뛰어다녔다. 노예제 폐지에 생을 걸기로 막 작정한 엘리트 청년 토머스 클락슨이 1787년에 자료 수집 차 잉글랜드 북부 산업 지역에 갔을 때 이미 대규모로 탄원서 서명이 진행되고 있었다. 대중 활동이 모색된 지 5년 만에 그렇게 많은 뜻과 행동이 모아진 것은 감리교도와 퀘이커교도의 조직력과 열심을 빼놓고는 생각하기 어렵다. 물론 다른 교파 신자들도 한껏 협력했다. 마음과 시간과 제 돈을 들여가면서.

1790년대에 노예무역폐지운동은 더 확산되었으니, 이 탄탄한 여론과 수많은 섬김이들을 간과한 채 상류층 인사인 윌버포스의 입법 활동에 스포트라이트를 비추는 것은 마뜩잖은 일이다. 윌버포스는 노예제폐지운동이라는 거대한 빙산의 꼭지점 하나였다. 말할 것도 없이 그는 노예제를 폐지하는 데 철두철미하게 사심없이 충성스럽게 있는 힘을 다 쏟았다. 노예제의 패악을 폭로하고 폐지를 주장하는 그의 탁월한 웅변과 연설은 진실한 의지와 간절한 열정에서 비롯된 것이었다. 동시에 윌버포스는 그 자신 못지않게 뛰어나고 선한 사람들에 둘러싸여 있었고 적극적인 도움을 받았다. 그는 웨슬리와 존 뉴턴으로부터 자신의 가진 것으로 공공에 기여하는 복음주의자의 길을 지도받았고 또 절친 그룹 '클래팜 섹터'의 멤버였다.

'클래팜 섹터'는 노예제폐지운동과 거의 운명을 같이 했던 한 그룹을 칭하는 별명이다. 이 그룹은 복음주의를 받아들인 성공회 엘리트로 구성되었다. 그들 사후에, 감리교와 복음주의를 싫어한 고교회파 성직자가 '클래팜 일당'이란 비아냥조로 붙인 이름이었다. 런던 중심부에서 남서쪽으로 10리 남짓 거리에 있는 '클래팜'이라는 부촌이 모임의 센터였기 때문에 그리 불렀다. 단어 구성을 보면, '클랩'과 '함'^{마을}이 붙은 것이니 '클랩마을'이었나보다.

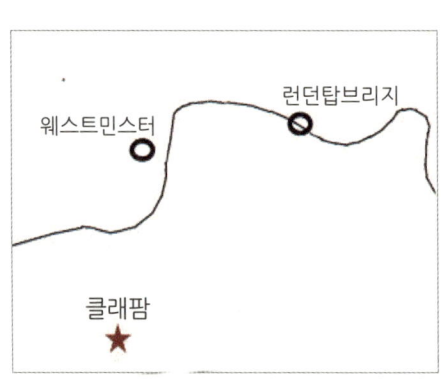

전부터 뜻이 맞았던 몇 사람이 서클을 만든 때는 1790년대 초였다. '클래팜 사람들'의 중심 멤버는 20명 안쪽이었으나 긴밀한 교류 관계를 따지면 더 많았다. 그들은 사회의 병폐를 고민하고 개혁하려는 불붙는 마음이 같았다. 적은 인원이었음에도, 공통된 신앙의 바탕이 있었기에, 가치와 지향이 같았기에, 행동이 강했고 영향력이 컸다. 노예제 문제만이 아니었다. 간단히 말하자면, 자선 사업과 박애 활동 단체였는데, 당시 영국의 특성상 사회정화운동, 도덕운동, 영성운동의 성격이 뚜렷했다. 자신들이 가진 부, 명예, 특권을 개혁 활동에 쏟아부음으로써 사회의 불의와 부덕을 고치고 바로잡는 지도층의 이미지를 선명히 하는 데 기여했다. 오물을 잘 보고 싹싹 닦고 치우는 부지런하고 유능한 청소부 같은, 망가지고 낡은 데를 잘 찾아내 고쳐 탈바꿈시키는 능숙한 목수 같은, 그런 지도자의 이미지!

런던 교외에 부유층의 거주지가 한둘이 아니었는데, 클래팜에 뜻 깊은 사람들이 모이게끔 기초를 놓은 이는 헨리 벤 목사[1725~97]였다. 케임브리지에서 수학한 헨리는 20대 후반에 복음주의를 받아들여 감리교 스타일의 성경 공부를 인도하기도 했다. 그가 30대 초반에 클래팜 교구 교회의 부목사로 있을 때 아들 존이 태어났다. 부친과 대학 동문인 존은 1792년부터 임종 때까지 20년간 자신의 출생지이며 부친이 한때 섬겼던 클래팜에서 훌륭하게 목회를 했으니 가족사가 눈에 띈다. 존과 동갑인 윌버포스는 클래팜의 이웃이었다. 즉, 존 벤은 윌버포스가 등록해 있는 교구 교회의 목사였다.

아버지 헨리 벤은 뭘 조직했다기보다는 국교도 엘리트 중에서 일찍 복음주의 신앙을 따른 것이 특별했다. 사회 주류가 감리교를 불미스럽게 여긴 1750년대에 벤 같은 지위의 남성이 그 신앙을 수용한 것은 예외적이었다. 헨리 벤은 '성도의 영성을 돌보는 데 바쳐진 삶의 비할 수 없는 기쁨'이라는 목회의 이상을 성공회 안으로 가져왔고, 아들 존은 클래팜교회에서 그 이상을 충분히 실현했다. 이 복음주의자 존 벤이 몸담은 교회가 바로 클래팜 섹터의 둥지였다. 존은 설교를 통해 클래팜 사람들에게 영감을 불어넣으며 그들의 활동을 선도했다. 노년의 아버지 헨리는 이 후세대의 활동에 함께 하는 또 다른 기쁨을 맛보았다. 그래서 헨리 벤을 클래팜 섹터의 창설자로 보는 것은 타당하다. 벤 부자는 종교개혁 이후에 성직자가 정신적, 지적 리더로서 공익 활동을 지도했던 영국 교회의 전통을 대변한다.

클래팜에서는 윌버포스와 바로 이웃인 헨리 손턴이 자기 집을 모임 장소로 늘 열어 놓고 있었다. 벤 목사 부자와 그랜빌 샤프 이외에 클래팜의 이너 서클은 10명이 좀 넘었다. 여성으로는 유명 작가이며 교육 자선가로 널리 알려진 해나 모어1745~1835가 있었다. 모어처럼 딴 곳에 사는 멤버도 있었지만 이 그룹의 신앙적 일치감과 교분은 매우 깊었다. 주요 멤버들의 경력은 대략 이렇다.

고위 성직자 2명	하원의원 4명	귀족 2명
금융계 수장	동인도회사 회장	인도 총독
대외 무역 정부 법률가	시에라리온 총독이며 런던대학 창립 멤버	

이들에겐 어울리지 않는 뉘앙스의 말이지만, 고관대작들이었다. 윌버포스를 비롯해서 여러 명이 케임브리지 출신이었다. 그들은 인척 관계를 맺기도 했고, 자녀들도 선대의 친밀감을 이어 교류하며 박애 활동을 같이 했다. 수상 피트는 간접적으로 관련되었다. 윌버포스를 비롯한 멤버 몇이 피트와 친분이 깊었고, 의원인 한 멤버는 피트의 매제였다. 또 법률가 스티븐은 첫 부인을 잃은 뒤에 윌버포스의 누이와 재혼했다. 스티븐의 아들과 존 벤 목사의 딸이 결혼했고, 작가 버지니아 울프는 스티븐의 증손녀였다. 말하자면, 클래팜 사람들은 그들을 지지해줄 상류층과 권력층의 네트워크를 확보할 수 있었다.

조직 면에서 클래팜 섹터의 싹은 1787년에 설립된 '노예무역폐지협회'였다. 노예제폐지운동에 나선 지도층 인사가 여럿 있었지만, 이 그룹의 힘은 달렸다. 클래팜 사람들 모두는 열렬한 노예제 폐지론자로서 폐지협회를 흡수해 일반 대중이 할 수 없는 일을 했다. 또한 그들은 특권층에다 일체적이었기에 노예제 폐지를 끝까지 채근할 수 있었다.

정부 또한 클래팜 인사들과 자녀 세대의 집요한 노력을 힘입었기에 일관된 집행력을 행사할 수 있었다. 나폴레옹전쟁**1798~1815**이 끝나고부터 1830년대까지 일부 산업 외에는 불황이 깊었고, 그 와중에 이전과는 정도가 다른 정치적, 사회적 갈등과 긴장이 증폭했다. 이 어려운 시기에 정부가 농장주들에게 거액의 보상을 하기로 결정했던 것이다. 수권 정당이 바뀌어도 완전한 노예제 종식을 관철시켰다. 법을 통과시키고 보상해 주는 것으로 끝날 일이 아니었다.

클래팜 섹터, 노예제 폐지 활동

```
1787 ~ 88
```

노예무역폐지협회 설립

램지, 샤프, 클락슨 등 복음주의자 그룹이 준비
윌버포스를 설득해 협회의 **대표자**로 추대

아프리카
●시에라리온

노예무역이 **정치 문제**로 쟁점화

그랜빌 샤프가 **노예들의 피난처** 건설지로 시에라리온 선정

'노예무역폐지협회'가 **아프리카 탐험**을 지원하고 폐지운동에 활용
[아프리카 문화에 가장 먼저 접근]

```
1792
```

윌버포스의 **첫 결의안** 하원 통과
- 노예무역의 점차적 폐지안 -
[프랑스혁명, 나폴레옹전쟁으로 보류]
시에라리온 정착촌 Freetown 개시

```
1807
```

영제국 내 **노예무역금지법** 통과
[기존의 노예는 여전히 노예 상태]

선박에서 노예가 발견되면
1명당 2천만 원 2010년 시세 이상 **벌금**

```
1823
```

반노예제협회 설립
[1820년대, **인구의 20퍼센트**가
노예제 폐지 활동에 참여]

```
1827
```

노예 밀매 선장을 해적으로 간주하고
사형하는 법 시행

```
1833
```

영제국 **노예제폐지법** 통과, 노예 80만 명 해방

해방 노예는 농장에서 일정 기간 준비 과정을 거친 다음, 1840년까지 순차적 독립

| 노예 해방, 보상 |

노예 농장주에 대한 **보상액**, 2천만 파운드는
　　　　1832년 **정부 재정**의 **40퍼센트** 상당

정부는 보상 재원을 위해 국채를 발행하고 원금과 이자를 **2015년까지 다 갚았다**.

| 1839~50 |

영국과 해외의 노예제폐지협회 창설
　　　노예제폐지법 통과 후, 다른 나라들에 공동 보조 유도
　　　노예 매매를 하는 아프리카 수장 50명 이상과 협상, 교류

　　　　1825 이후　　　윌버포스의 역할을 이어받은 포웰 벅스턴이 주도
　　　　1833　　　　　윌버포스는 웨스트민스터 사원, 피트 수상 옆에 안치
　　　　1830년대　　　1세대 클래팜 섹터 멤버 다수 사망

이 협회는 국제적 인권 단체로서, 현재 '반노예제 인터내셔널'로 활동

| 1850~60s |

　　　노예 매매 중지를 거부하는 아프리카의 족장 축출
　　　노예 밀수선을 찾아내 노예 해방

신앙 체험이 분명했던 클래팜 사람들은 '성자단' Saints 으로 불릴 만큼 온전한 크리스천의 삶을 추구했다. 서로 아침 기상 시간을 맞추

었고 매일 성경 묵상과 기도 시간을 꼭 확보했다. 주일은 온전히 보냈고, 자신의 지출 목록을 깐깐하게 작성하면서도 펑펑 기부함으로 청지기 직분에 충실했다. 그들은 전형적인 '바이블 크리스천'이었다.

노예제 문제 외에도 할 일이 많았다. 교육 혜택이 없는 하층민 자녀를 위해 자선학교 설립을 지원했으며, 감옥의 미개한 여건을 시정하는 데 힘을 보탰다. 노예무역폐지협회가 창설되는 1787년에 윌버포스는 외설물 출판을 억제하고 악습을 개혁하려는 목적으로 '선언협회'의 설립에 적극 참여한 바 있었다. 윌버포스는 소득의 25퍼센트를 70개의 자선협회 후원에 썼다. 그랜트 가족은 51개, 호어스는 200개, 손턴은 173개 단체에 기부했고, 손턴의 아들은 소득의 70퍼센트를 그렇게 흘려보냈다.

클래팜 회원들은 문서 활동도 잘했다. 고급 월간지 〈크리스천 옵서버〉Christian Observer 1802~74 를 발행했는데, 이 잡지는 비국교 월간지인 〈리즈 머큐리〉Leeds Mercury를 의식한 측면이 있었다. 북부 산업 지역에서 독실한 감리교도가 발행하는 〈리즈 머큐리〉는 샤프와 클락슨의 노예제 폐지 활동을 옹호하고 지지하며 비국교의 위상을 드높이고 있었다. 어쨌거나 클래팜의 〈크리스천 옵서버〉는 경비 뿐 아니라 필진이 충분했고 다루는 주제도 폭넓고 깊이가 있었다. 클래팜 회원 대부분은 문필가였다. 그중 윌버포스의 책이 영향력이 있었고, 해나 모어의 책은 평생 100만 권이 팔렸다. 요새 인구에 대비하면 500만 권이다. 프랑스혁명에 대해 의견이 분분하고 어수선할 때, 그녀의 작품은 대중에게 큰 도움이 되었다. 재미난 시와 이야기

속에 선하고 도덕적인 삶의 교훈을 듬뿍 담고 있었다.

대부흥이 영국 세속에 선물한 것이 많은데 그중 중요한 하나는 도덕 관념, 즉 내면적 규범의 가치를 국민의 마음속에 새긴 것이다. 열렬한 자본 추구의 시대에 도덕적 생활 원리가 스며들었으니 큰 행운이었다. 클래팜 사람들은 문서를 통해, 개인의 도덕성이 높을수록 사회의 행복과 공익성이 높아지며 이것이 문명 사회, 곧 기독교 국가의 모습이라는 사상을 전파했다. 절제 생활하도록, 또 신분이 어떠하든 서로 존중하도록 권고하여 국민의 행복을 증진하고자 했다. 이렇게 말하는 이도 있다. "사회 공동선과 미덕의 리더십이 없는 모범국은 없다"고.

사회 전체의 유익과 공익 추구가 시대정신이 되고 있었다. 이같은 맥락에서 보면, 영국에서는 이성론자 지식인들도 관념과 논리에 뒹굴기보다 사회의 낡은 데를 고치려 하고 현장에 맞는 대안을 내놓는 데 몰두한 것이 쉬이 이해가 된다. 동시대인으로 신앙과는 무관하게 보이는 제레미 벤담 **1748~1832**이 가능한 한 많은 사람이 행복해지는 **최대 다수의 최대 행복** 방법을 궁리하며 나름의 개혁 작업에 분투한 것도 그렇다. 탈 종교적이면서도 실제적이고 실천적인 공리주의가 복음주의의 영향이 강할 때 활보한 것은 우연이 아닌 것 같다.

클래팜 사람들은 선교에도 적극적이었다. 이미 1792년에 침례교도 윌리엄 캐리가 12명의 목사와 함께 '침례교선교회'를 창설하고 그 자신이 인도로 갔다. 진정한 의미의 첫 번째 해외 선교사였다. 또 캐리의 권유로 한 침례교 목사가 나서서 '런던선교회'를 1795년에 발족시켰다. 남태평양과 아프리카 지역을 주 대상으로 한 런던선교회는 초교파 복음주의 협회로 조직되었는데, 나중에 리빙스턴[1813~73]도 이 협회의 선교사였다.

노예제폐지운동 쪽 사람들도 런던선교회에 많이 참여했다. 복음주의 계통의 선교회는 모두 여섯 개였는데, 그중 서너 개는 1799~1836년 사이에 클래팜 사람들이 직접 조직한 것이었다. '성공회 선교회', '아프리카와 아시아 선교회', '신앙 서적 보급회', '영국과 해외의 바이블협회'는 존 벤 목사가 주도하고 클래팜 회원들이 위원으로 두루 섬겼다. 바야흐로 영국은 해외 선교 시대, 위대한 선교사들을 배출하는 시대로 들어섰다.

노예제폐지운동과 해외 선교 개척이 거의 같은 시기에 진행된 것은 퍽 인상적이다. 사실 해외의 영혼에 관심을 갖게 된 복음주의 신자들에게 노예무역과 노예제는 그 자체로 거대한 악으로 보였을 뿐 아니라 복음 전파를 훼방하는 대적이었다. 노예 거래와 노예제의 현장을 본 선교사들은 적극적 비판과 함께 폐지운동을 지원했다.

노예제폐지운동의 지도자들이 노예의 몸의 족쇄와 영혼의 올무 모두를 풀어주기를 원했던 사실은 이 운동을 제대로 이해할 수 있는 중요한 측면이다. 신앙 양심에 따라 순교하거나 미지의 땅으로 갔던 선조들과 마찬가지로, 노예제 폐지에 인생의 큰 부분을 바친 모든 복음신앙인들에게 이 운동은 신앙고백적 대의요 행함이었다. 이 악을 두고 어찌 문명국이 되었겠나.

22

바다에 뜬 등대, 노동계급의 빛 같은

스코틀랜드를 둘러싼 북해는 여름 한철만 잠잠하고 내내 거칠다. 북위 55도의 에든버러보다 조금 위, 육지에서 20킬로미터쯤 거리, 그 거친 바다에 문제의 바위가 있었다. 이 바위는 하루 20시간 동안 수면 3~4미터 아래에 잠겨 있는 데다 모서리가 날카로웠다. 때문에 예부터 무수한 배가 부서졌고 인명 손실이 컸다. 14세기에 아마도 몹시 안타까워했을 한 수도원장이 바위에 종을 달아매는 작업을 벌였다. 낮 썰물 때 2시간 드러나는 바위에서 그 옛날에 여러 사람이 큰 수고를 했겠는데, 그마저 얼마 안 돼 해적이 챙겼다니… 하여간 바위는 '종바위' Bell Rock 라는 이름을 얻었다.

남쪽 지방도 오후 4시면 캄캄해지는 영국 겨울에, 종바위 파선은 더 빈번했고 교역이 늘수록 더했다. 그러다가 1810년에 종바위 위에 하얀 등대가 세워졌다. 하루 대부분 등대 하단이 잠겨 있으니 바닷

Ⅲ 개혁   165

물에 두둥실 떠 있는 것 같다. 30여 미터의 높이라면 육지에서도 보이는 이 등대는 200여년 동안 소금물과 북해 폭풍에 끄떡없었다. 기초 공사에 곡괭이만 사용된 이 '종바위 등대'를 영국 사람들은 '산업화 시대의 7대 경이' 중 하나로 꼽는다.

1799년에 종바위에 등대를 세우겠다고 자청하고 나선 스코틀랜드 사람이 있었다. 20대 후반의 토목 기술자 로버트 스티븐슨1772~1850이었다. 이 파격적인 제안을 들이미는 젊은이 앞에서 당국자들은 황당해 했다. 미션 임파서블일 뿐더러 그가 뽑은 견적이 거액이었고 경험도 일천해 보였으니 당연히 거절했다. 그럼에도 스티븐슨은 이듬해 여름에 종바위 쪽을 왔다 갔다 하며 마치 공사를 시작할 듯이 정밀하게 조사를 하면서 돌탑을 머릿속에 그렸다. 당시 전국에 등대 시설은 몇 안 되었고 밤에 해안은 칠흑의 원시 상태였다.

스티븐슨은 빈한한 가정에서 태어나 어릴 때 부친을 잃고 독학으로 자랐다. 종바위 등대를 제안하기 불과 2년 전에 북부 등대관리부의 엔지니어가 됐다. 스티븐슨은 사람을 구해야겠다는 도덕적 의지가 군건했다. 성실하고 자발적인 배움을 통해 습득한 기술에다 재능이 있다하더라도 이어지는 실종자와 그 가족을 생각하는 마음이 대단하지 않았더라면 꿈꾸기 어려운 일이었다. 그는 제안을 하기 훨씬 전부터 궁리했을 테고 그 때문에 기술을 더욱 연마했을 것이다.

스티븐슨의 계획을 무모하다고 걷어찼던 당국자들이 다시 그를 불러들이기까지는 5년 넘게 걸렸다. 1804년에 대형 군선이 종바위에 쪼개지고 491명 전원이 수장되자 의회가 서둘렀다. 1806년에 준비 작업에 착수했는데, 당국은 당대 최고의 엔지니어로 알려진 레니를 책임자로 정하고 스티븐슨은 보조 기술자로 지명했다. 그런데도 종바위 등대는 스티븐슨의 작품이라는 데 이견이 없다.

4번의 여름을 지나는 공사 기간 중에 책임자 레니는 두 차례만 현장을 찾았다. 스티븐슨에게 설계상 중요한 부분을 수정하도록 한 것이 그가 한 전부였다. 그러나 스티븐슨의 실력을 알아본 것, 그리고 100억 원2010년 시세이 드는 공사를 그에게 전담시킨 것을 보면 레니도 보통 사람은 아니었던 것 같다. 완공 뒤에 모두가 스티븐슨을 치켜세우고 스티븐슨도 그를 언급하지 않아 언짢아하긴 했지만.

노예무역금지법이 통과된 해인 1807년 8월에 공사에 착수했다. 노동자를 뽑고 배와 기구를 챙기는 모든 준비를 스티븐슨이 했다. 여름 한철 하루에 2시간씩, 1년에 80시간 정도 작업이 가능했다. 육지에서 오가는 시간을 줄이기 위해 종바위에서 1마일 지점에 2달 가량 큰 배를 정박시켜 두고 숙식을 하면서 작은 배로 종바위까지 이

동했다. 총 60명을 고용했는데 모두 뱃멀미를 했다. 대장장이도 1명 있었다. 바위가 손상될까봐 화약을 사용하지 않고 곡괭이로 공사를 하니 연장이 곧 무디어져 대장장이의 손을 거쳐야 했기 때문이다. 대장장이가 혼자서 숨돌릴 틈없이 연장을 갈다보면 어느새 북해의 차가운 물에 무릎이 잠겨 있곤 했다.

일이 너무 고되고 진척이 늦자 바위에 막사를 짓자는 의견이 나왔고 진행했다. 오가는 수고라도 줄이면 능률이 오를 거라 여겼다. 수면보다 높아야 했으므로 기둥 세우기도 만만찮았으나 15명이 새우잠을 잘 만한 공간은 마련되었다. 그러니까 바위는 막사와 큰 등대 하나가 들어설 정도의 넓이였다. 일이 더뎌 스티븐슨이 일요일도 하자는 제안을 하자 거부하는 인부들이 상당수 되었다. 어떤 사람들은 주일 성수 신앙 때문에 확고하게 반대했고, 또 일부는 일도 막사도 위험투성이인데 주일까지 일하면 벌 받을지 모른다고 몸을 사렸다. 자원하는 사람만 주일에 일했다.

뭍에 나와 있는 동안은 가까운 애버딘에서 화강암을 쪼아 다듬어 등대 쌓을 재료를 마련했다. 이듬해에 와 보니 막사는 겨울 폭풍도 견뎌냈다. 하지만 인부들도 진도가 너무 늦다고 생각했고 스티븐슨이 막사에서 주일 예배를 인도하는 임시방편을 쓰니 모두 동의하여 주일에도 일하게 되었다. 한해에 10시간을 더 벌었다.

마지막 1810년은 스티븐슨에게 혹독했다. 연초 보름 사이에 어린 자녀 셋을 잃었다. 그는 시름과 묵상의 시간을 보내며 자신의 임무를 마주대했다. 그 여름에는 7시간 동안 폭풍이 몰아치는 이변도 발생했는데 일꾼 한 명이 휩쓸려갔다. 전에도 젊은 일꾼이 익사한 적이 있었다. 스티븐슨은 집안의 가장이었던 그 청년의 동생을 형 대신 일하도록 주선해 주었다.

등대 건설과 내부 장치에 스티븐슨은 독창적인 첨단 기술을 사용했다. 완공 무렵에는 벌써 소문이 났다. 2천5백 개의 화강암을 말 한 마리가 부두까지 운반했는데 사람들은 '밧시'라는 애칭을 지어주었다. 1811년 2월 1일에 24개의 대형 랜턴이 밝혀짐으로 등대는 처음 가동되었다. 소모품 교체 외에는 더 손댈 것 없는 완벽한 시공이었다.

스티븐슨의 재능과 창의력은 수많은 등대 건설 이외에도 다양한 기반 시설을 닦는 데 활용되었다. 그는 1815년에 왕립학회 회원이 되었고 딸의 도움을 받아 1824년에 종바위 등대 건설에 관한 상세한 기록을 출판했다. 아들 셋도 모두 뛰어난 엔지니어가 되어 명망 있는 토목 기사 집안으로 알려졌다. 막내아들 토머스는 《보물섬》과 《지킬 박사와 하이드씨》의 작가 로버트 루이스 스티븐슨의 부친이다.

스티븐슨 가족은, 아마도, 신실한 장로교인이었을 것 같다. 스스로 예배 모임을 꾸린 인부들도 스코틀랜드 사람인 만큼 장로교인일 확률이 높다. 인접한 잉글랜드 북부의 노동자들처럼 감리교의 영향을 받았을 수도 있다. 숙련공과 단순 노동자가 섞인 근로자들은 대부분 신자였고 개중에는 신앙이 투철한 이들도 있었다. 사실 처음부터 주일날 배 안에서 자체적으로 모여 예배하는 노동자들이 있었다.

그야말로 근로 서민들이었는데, 그들의 모습은 대부흥 이전의 민중과는 뚜렷한 차이가 있었다. 그때였다면 배 안에 술을 숨겨 놓은 사람이 여럿 있었을 것 같고, 저녁 시간이면 한쪽에서 종종 노름판이 벌어졌을 게다. 물론 일은 더뎠겠다.

등대 건설 과정에서 노동자들이 내보인 신앙 의식은 역사적으로 판단하면 중대한 의미가 있다. 장차 나타날 영국 노동계급의 특성을 예감케 했다고 할까. 1830년대까지 노동자 집단은 자본주의의 거친 바다에서 언제 어떻게 휘몰아칠지 모르는 바람과 같았다. 1790년대 초에 벌써 비성경적 철학 사조와 급진주의를 신봉하는 노동자들이 나타났고, 이 부류는 노동 운동의 한 축을 이루게 된다. 그러나

이들조차도 실생활은 기독교적 규범과 도덕성에서 크게 벗어나지 않았다. 그래서 영국의 노동운동은 유럽 대륙에 비하면 퍽 온건한 편이었다. 무정부주의자나 폭력을 선동하는 노동자는 극히 적었다. 동시에 온건한 영국의 노동운동은 유럽에 비하면 가장, 진정으로 노동자 중심이었다. 다른 나라에서는 지식인의 지도력이 크게 작용한 반면, 노동자들이 자기 힘으로 자기들을 위한 정당인 노동당을 만든 나라는 영국이 거의 유일했다.

잠복해 있는 모난 바위가 반석으로 만들어지고 그 위에 세워진 등대는 어떤 폭풍도 견디며 뭇사람이 바른 항로를 찾아가도록 밝혀 주었다. 그 등대를 어떤 노동자들의 심령에 깃든 복음의 빛을 상징하는 것으로 보면 어떨까. 그 빛 때문에 숱한 노동자들이 힘써 반듯한 인생을 꾸리는 길로, 선한 사회를 위해 선하게 투쟁하는 길로 나아갔으니.

23

부잣집 마님이 감옥 개혁가로,
엘리자베스 프라이*

영국 지폐에 나온 여성은 누구일까? 엘리자베스 2세는 국왕이기 때문에 두루 보였던 것이고, 처음으로 지폐에 그려진 여성은 나이팅게일이었다. 두 번째가 엘리자베스 프라이. 2016년부터는 제인 오스틴이 10파운드 지폐에 등장했다. 출생기로 보면 오스틴, 프라이, 나이팅게일 순이고, 오스틴이 프라이보다 5년 일렀으니 동시대인이었다. 엘리자베스 프라이는 2002~13년에 발행된 5파운드 지폐에 나왔다. 지폐에는 프라이의 노년의 모습과 그녀의 트레이드마크인 감옥 재소자에게 성경을 읽어주는 장면이 그려져 있다.

....
* 이 장은 《서양 여성들, 근대를 달리다》(푸른역사, 2011)에 수록된 필자의 글 "사회 개혁을 리드하다 : 19세기 영국의 부인 활동가, 엘리자베스 프라이"를 일부 수정해서 싣는다. 당시 영국 신앙인의 전형성을 엿볼 수 있는 좋은 사례이기에 다소 길어도 옮긴다.

프라이는 11명의 자녀를 둔 부잣집 마님이었다. 그런 그녀가 국민적 인물로 재조명된 이유는 단순하지 않다. 우선은, 여성의 사회 활동을 금하는 시대에 가정생활과 사회 활동을 같이 한 점에서 프라이 부인은 선구자였다. 나아가서 그녀는 미개하고 열악한 감옥을 근대적인 교도소로 개화시키고 사회적 약자의 처우를 개선하는 데 탁월한 지도력을 보여주었다. 다른 지폐 인물들인 중앙은행 초대 총재, 찰스 다윈, 애덤 스미스가 각각 영국의 어떤 특징을 상징하듯이, 프라이는 사회제도를 개량하면서 박애 정신을 확산시키고 인간성을 고양시킨 공로가 컸던 것이다.

일급의 남성 개혁가에게 뒤지지 않았던 점에서 엘리자베스 프라이1780~1845는 나이팅게일1820~1910, 도시 빈민을 위한 주택복지운동의 선구자요 내셔널 트러스트의 창립자인 옥타비아 힐1838~1912, 사회주의 개혁가로 페이비언 협회의 주요 멤버인 베아트리스 웹1858~1943

나이팅게일

옥타비아 힐

베아트리스 웹

마거릿 대처

심지어 마거릿 대처1925~2013의 반열에 놓을 수 있다. 간단히 말하면, 나이팅게일과 힐은 미혼이었고 웹은 아이가 없었으니, 상황 면에서 프라이는 대처와 가장 비슷했다. 그러나 여자도 수상이 될 수 있는 시대와 여성, 더욱이 가정 주부가 사회 활동하는 자체를 용납하지 않는 시대는 크나큰 차이가 있다. 그 두 시대 사이의 변화의 시작은 엘리자베스 프라이에게서 비롯되었다고 해도 지나치지 않다.

부르주아 부인이 바깥일을?

1852~53년에 연재되어 인기를 끌었던 찰스 디킨스의 소설 《삭막한 집》에는 다양한 캐릭터가 잘 묘사되어 있나 보다. 많은 등장인물 중에는 빅토리아 시대1837~1901 자선부인의 전형인 젤리바이 부인도 있다. 그녀는 아프리카에 머물게 된 빈한한 영국인을 위해 정착촌을 건설한다는 대의명분에 인생을 걸었다. 그곳에서 커피 농장을 경영하면 영국과 아프리카 양측 모두에게 큰 도움이 될 거라고 믿었다. 그렇지만 이 일에 몰두하느라 그녀는 남편과 자녀에게 시간을 내지 못한다. 비서처럼 엄마의 잡무를 치다꺼리 하느라 바쁜 큰딸 캐디도 간혹 대할 뿐이다. 결국 캐디는 '아프리카'라는 단어만 들어도, 그리고 고고한 명분을 내건 것이라면 뭐든 반감을 갖게 된다. 이 딸에게 '대의'는 '가족생활을 파괴하는 종류'로 보였다.

젤리바이 부인을 통해 디킨스는 자선 행위에 깃들기 쉬운 이기심과 자기 기만성을 들추려 했던 것 같다. 그런 한편으로 디킨스의 이 작품은 당시에 중산층 여성의 박애 활동이 매우 활발했다는 사실을 고스란히 드러내 준다.

 사회 활동은 금지되었을 뿐더러 딱히 할 것도 없었던 중산층 여성에게 거의 유일하게 허용된 것이 자선 활동과 봉사였기에 이 분야는 그녀들로 문전성시를 이루었다. 하층민 여성처럼 육아와 가사노동에 얽매이거나 푼돈이라도 벌어야 할 필요가 없었던 부르주아 여성들은 자선과 자원봉사에서 "최상의 자기 표현의 출구"를 발견했고 가정 밖의 활동을 "의로운 과업"으로 정당화시켜 주는 명분을 얻었다. 자선 활동을 모두 순수한 동기로만 한 것은 아니라 해도, 빅토리아 시대에 중산층 여성 다수는 자원봉사를 일상처럼 했다.

 하지만 의로운 미션이라도 가정을 훼손하지 말아야 했다. 젤리바이 부인을 꼴불견으로 만든 데에는 '가족'을 매우 중시하고 '남녀 역할'을 뚜렷이 구분했던 빅토리안 중간계급의 가치관이 들어있기도 하다. 중산층 여성은 가정을 소홀히 하거나 현모양처의 테두리를 벗어나면 안 되었다. "가정이야말로 자비심을 베풀어야 할 첫 대상"이라는 지적을 종종 들을 수 있었다. 하물며 젤리바이 부인보다 한 세대 앞선 시기에 주부의 신분으로 감옥 개혁을 일삼았으니 엘리자베스 프라이는 거의 이단자였다. 프라이 부인을 칭송하는 이들도 있었지만, 여성의 공적 활동을 탐탁찮게 여긴 대다수의 세인은 그녀에게 늘 편견을 가졌고 비판을 멈추지 않았다.

 그렇다면, 어떻게 해서 프라이는 남달리 수감제도의 개혁에 깊이 관여하게 되었을까? 어떤 내면적 성장과 변화를 거쳤을까? 어떻게 감옥 문제를 접하게 되었으며, 수감제도 개선을 위해서 무엇을 했는가? 그녀가 만난 난관은 무엇이었고 또 어떻게 헤쳐나갔나?

얼함 홀의 소녀

엘리자베스(베티) 프라이의 고향은 노리치Norwich 교외의 전원이다. 노리치는 우리나라 지도에 대비하면 경주쯤의 위치이고 산업화 이전에는 런던 다음가는 대도시였다. 고향집 얼함 홀Earlham Hall은 1642년에 지어진 것인데, 숲을 낀 대지 일대는 12세기부터 얼함 장원으로 알려진 곳이었다. 얼함 홀의 주인은 따로 있었으나, 베티가 여섯 살 때인 1786년에 부친 존 거니가 그 저택에 세 들고 주변 토지를 사들여 소유주처럼 살았다. 베티는 존 거니와 아내 캐서린 벨 사이의 4남7녀 중 셋째 딸로 태어났다.

가계 전통 면에서 베티의 친가와 외가는 무척 비슷했다. 모두 퀘이커교도로서 특유의 근면함과 정직성에 힘입어 은행업으로 성공한 가문이었다. 어머니의 증조부 로버트 바클레이는 퀘이커 신학에 정통한 신앙인으로 영국의 대표 은행 중 하나인 바클레이은행의 창업자였다. 같은 신자끼리만 혼인하는 신앙 노선을 따랐던 베티의 부모는 안정된 결혼 생활을 했고, 가족의 자연스런 구성체인 신앙과 재물은 장차 베티의 특별한 삶을 떠받치는 결정적 요소가 될 것이었다.

베티의 출생 무렵 영국은 인류 최초의 대규모 공장 시스템이 팽창의 준비 동작을 마친 단계였다. 그 대량 생산 체제로 말미암아 면직물수입 국가였던 영국은 그녀의 유년기 동안 수출 국가로 급변했다. 따라서 산업 사회로의 진입이라는 대변혁이 용솟음치는 조짐이 다양하게 나타나고 있었다. 산업 발전이 인류에게 미칠 영향에 대해 전망하기 시작했는가 하면, 인구 폭발과 함께 빈곤층과 범죄자도 급증하고 있었다. 신분 질서가 굳건한 가운데 복음주의 신앙이 전 계층에 파고드는 한편으로 정치적, 사상적 급진주의의 싹이 움트려 했다. 프랑스혁명의 소식도 곧 들려올 것이었다. 바로 몇 해 전, 미국 독립전쟁이 발발했던 1776년에 토머스 페인의 《상식》과 애덤 스미스의 《국부론》이 같이 출판된 것은 시대적 상징성이 컸다. 이처럼 산업화가 가시화되고 근대 사회가 성숙해가던 그 무렵에 번영의 혜택을 누리는 금융업자 집안에서 태어난 베티에게는 부족함이 없을 것 같아 보였다.

유년기 교육은 어머니가 관리했다. 어머니 캐서린은 신실하고 교양 있고 또 개방적이었다. 그랬기에 그녀는 신분과 남녀를 가림없이 동등하게 대하는 퀘이커교의 지침대로 딸들에게도 당시 중산층 소녀의 수준을 뛰어넘는 교육을 공급했다. 직접 커리큘럼을 짜서 라틴어, 불어, 기초 수학, 역사, 지리, 연대기, 자연사를 배우게 했고 그림, 노래, 춤에다 딸들에게는 재봉, 가정 관리, 식단 짜기를 더하여 가르쳤다. 아들들은 일정한 나이가 되면 학교에 가거나 기숙학교로 유학했지만, 그때까지 남매들은 작은 학교요 자연 학습장이요 놀이동산인 집과 드넓은 전원에서 어머니가 계획한 학습 일과를 수행했다. 필요한 가정교사들을 들였고, 어머니 자신은 무엇보다 신앙 교육을 담당했다. 선대에 비해 신앙심이 얕았던 베티의 아버지는 자신의 재력으로 자녀들에게 상류층 문화와 오락을 향유하게 했고 어머니는 절제의 미덕을 강조했으니, 풍족함과 자유로움과 훈육이 어우러진 당대 영국의 전형적인 대 부르주아 가정이었다.

베티는 공부를 잘 못했다. 잦은 병치레로 학습 시간이 모자랐다. 거의 매년 새로 태어나는 동생들로 인해 엄마의 애정이 충분할 수 없었던 베티는 원래 허약한 체질로 어릴 적부터 치통, 복통, 두통을 자주 앓아 해가 중천에 뜰 때까지 누웠다가 혼자 밥을 먹곤 했다. 집중력이 부족해 공부 시간에 어느새 자고 있거나 철자법이 엉망인 베티를 보고 형제들은 측은해 하면서 지진아 부류로 여겼다. 그녀는 형제들의 태도에 큰 상처를 받아 학습 의욕을 잃었다. 형제들에게 경쟁심이 발동할 때도 있었지만 곧 좌절감에 빠지곤 했다. 가장 친한 형제는 두 살 터울의 둘째 언니 레이첼이었는데, 모든 면에서

자신보다 뛰어난 언니를 무척 부러워하곤 했다. 베티는 아이로서는 좀 어둡다고 할 만한 분위기를 가지고 있었다. 수줍음이 많아 내향적이고 고집스러운 면이 있는 데다 유달리 걱정이 많고 무서움증이 심했던 탓에 과도하게 예민한 성격이 되었는데, 이것은 잠시도 자신을 그냥 두지 않고 점검하는 평생의 습성을 만들어 냈다. 일생 동안 기록한 생활사와 내면의 일지가 44권이나 된 것은 그러한 성격과 무관하지 않아 보인다.

　베티 생애에 가장 큰 영향을 끼친 이는 어머니였다. 어머니는 유일하게 자신을 이해해 주고 언제나 온유하게 대해 주었다. 그래서 어머니가 12번째 출산을 한 이듬해에 임종했을 때, 베티는 원래 그런 성격에 우울증을 앓았다. 그렇지만 이제 12살이 된 베티는 주변의 어려운 사람들에게 관심을 갖는 습성을 이미 어머니로부터 온전히 물려받은 상태였다. 캐서린은 가솔들을 세심히 배려함은 물론이고

마을의 빈자와 병자를 찾아가 돌보는 일을 일상처럼 했는데, 유독 베티가 이 일에 따라다니는 것을 좋아했다. 다만 이후 성숙의 고통을 겪는 동안 그 덕성은 잠재해 있을 뿐이었다.

어머니 생전에 온 형제는 마지못해 교파 집회에 참석했다. 단순 소박한 생활 양식을 신봉하는 퀘이커교도들은 부유하고 교육 수준이 높은 베티의 가족을 세속적이라 판단했고 베티 형제들도 그들에게 이질감을 느꼈다. 결국, 베티와 여동생 브리스길라와 남동생 조셉, 이 셋 이외의 여덟 형제는 국교로 전향하거나 신분에 걸맞은 타 교파 신랑신부를 맞아 결혼함으로써 흔쾌히 퀘이커교를 이탈했다. 이 같은 형제간의 차이는 베티 자신의 신앙이 분명해질수록 더 큰 고민을 가져다 주었다. 그러므로 친정의 환경은 베티에게 안온함과 버팀목을 제공해 줌과 동시에 내적 갈등의 원천이기도 했다.

자기의 길

나름의 확신에 이르기 전까지 베티는 시대의 사조를 가까이 접하면서 자신의 내면 세계를 파고들었다. 어머니 생전부터 계몽주의와 진보 사상이 노리치 언저리에 있는 얼함 홀의 남매들에게도 매혹적으로 다가왔다. 상류층 네트워크 안에서 그 형제들은 공화주의자이며 통신협회 보통 선거권, 매년 의회 개최를 비롯한 정치 개혁을 주장하는 급진 그룹 회원인 이웃 어른들이 페인, 루소, 윌리엄 고드윈의 글을 읽고 토론하는 현장에 있을 수 있었다. 어린 동생 조셉이 사탕수수 농장의 불쌍한 노예들 때문에 차에 설탕을 넣지 않으려 했던 일화를 보면 꽤 진지하게 들었던 것 같다. 특히 자매들은 런던의 유행에 대해, 그리고 울스턴크래프트와 그녀의 《여성의 권리 옹호》에 대해 재미있게 얘기해주는 아마추어 여류작가에게 푹 빠졌다. 당시 베티 주변의 분위기는, 복음주의적 정서가 아닌, 종교를 좌시하는 태도를 진보적인 것으로 보는 그런 쪽이었다. 생각이 많고 예민한 베티는 혼돈을 겪으면서도 이신론理神論에 매료되었고, 자매들 모두는 낭만주의를 흠모했다.

16살 때 베티는 짧은 사랑을 경험했다. 퀘이커교도인 로이드은 행 창업자의 아들이 훤칠하고 아름다운 베스티에게 청혼을 했다. 곧 이어진 파혼의 이유는 알려지지 않았으나, 깊이 상심한 딸을 위해 아버지는 런던의 의사를 찾아보도록 비용을 댔다. 그후 베티는 더욱 진지해졌다. 귀족 스타일을 좇으며 유쾌하게 사는 자매들이 아버지가 친분을 맺은 조지3세의 조카를 얼함 홀에 초대한 일로 법석을 떨어도 베티는 그 모든 것에서 허영과 속된 욕망과 얄팍함을 읽어냈다. 17살 생일날 일지에는 자기 모순에 대한 비판과 자기 향상에 대한 열망을 기록해 놓았다. 이같은 결벽증적인 자기 비판과 고매한 삶의 추구는 한묶음으로 그녀의 심성에 깊이 자리잡아 평생 그녀를 지탱시키는 동력으로 작용하게 된다. 그래서 한창 좋을 청춘 시절에 음악과 미술품 감상, 파티, 휴양과 유람, 상류층 인사 접견 등 가족 행사가 있을 때면, 늘 그래왔던 그대로 즐기고 싶은 충동과 절제해야 할 것 같은 자신만의 의무감 사이에서 남모를 번민에 빠지곤 했다. 그러면서 섬차 가족과 괴리감을 느꼈다.

변화를 갈망한 I should be superior to what I am. 베티는 신앙 쪽으로 관심을 돌렸다. 때마침 미국인 퀘이커 설교가 윌리엄 세이버리가 노리치에서도 순회 집회를 연다는 소식이 들려왔다. 보통 설교자들과 차원이 다른 그의 존재와 메시지는 그녀에게 일종의 계시로 다가왔다. 사랑과 확신 모두를 바라고 있던 베티는 감동과 깨달음, 감정의 분출을 경험하면서 설교에 몰입하다가 30살 연상의 이 기혼남 설교자에게 마음을 빼앗길 지경에 이르렀다. 가족 여행 차 갔던 런던에서도 세이버리의 집회에 참석하여 잠깐 대면하기도 했다. 당시 베티는 자신의 감정적이고 과민한 성격의 출구를 신앙에서 찾게 되었지만 그것은 한 남자를 통해서 온 것이었으므로 위태롭고 혼란스런 것이었다. 그녀는 이 딜레마를 인식하고 이 문제를 해결하고자 집중했다. "나는 그와 관련해서만 신앙을 추구하게 될지 모르겠다. 그러나 그와 관계없이 신앙 자체를 추구해야 한다." 그녀의 일지는 생활의 기록에서 점점 내면의 진술로 바뀌어갔다. 혼자 남아 몇 주간 머물던 런던에서 돌아왔을 때는 고대해 마지않던 확신이 생겼음을 느꼈다. 절대적 존재에 대해 철저히 의심하던 자가 믿어 의심치 않는 자로 변해 있었다.

형제들과 부친은 달라진 베티의 태도가 요상하고도 불편했다. 언니 레이첼조차 베티가 정통 퀘이커교도로 살려고 작심한다면 자매의 정을 끊을지도 모른다고 했다. 동생들도 베티의 변화에 주저없이 거부감을 나타냈다. 가족에게 이질적 존재가 된 베티는 그들 없이는 살 수 없지만 그들 때문에 자신의 삶을 포기할 수도 없었다. 한동안 악몽에 시달리던 베스티가 세이버리 꿈을 꾸었는데 그를 사랑하지 않았다는 느낌이 남는 꿈이었다. 베티는 이를 계기로 다시금 내적 변화를 체험했고, 자신의 삶을 확실히 찾은 듯했다.

수줍음은 여전하지만 베티는 마침내 조용히 그러나 담대하게 자신의 영역을 개척하기 시작했다. 늙고 병든 하인의 오두막을 매일 찾아가서 성경을 읽어주며 죽음을 잘 맞이하도록 위로했다. 가족은 그녀의 병문안 행각에 짜증을 냈지만, 자기 옷을 가난한 이에게 갖다 주고 가족의 생활 리듬에 맞지 않는 엄격한 생활 지침을 정해 실천하기까지 했다. 결혼은 안해도 괜찮다고 생각했다. 광신을 염려한 가족이 그녀를 돌이켜 볼 양으로 가족 여행을 추진했는데, 베티는 내내 가시방석 같았다. 그래도 가치가 없지는 않았으니, 런던을 경유할 때 세이버리에게 자기만의 영원한 작별 선물을 건넸고, 퀘이커 여성 사역자로 검박하게 사는 사촌을 만났을 때는 깊은 평안을 맛보았다. 이번에도 혼자 남아 사촌 집에 머물면서 지역의 여성 설교자를 만났다. 그 설교자는 베티에게 그녀가 "눈먼 자에게 빛이 되고 벙어리를 대변해 주고 절름발이에게 힘이 될 것"이라고 말해 주었다. 곧 이어 베티는 큰 평안과 행복을 맛보았다.

이제 베티는 주변의 핍절한 사람들을 자기 삶의 중심에 들여놓기 시작했다. 어머니처럼 음식을 나눠주고 병자를 돌보았다. 한번은 자기 또래의 헐벗은 처녀가 힘겹게 일하는 것을 보고 베티는 부친에게 자신의 용돈으로 그녀를 부양하겠다고 사정해 허락받았다.

베티의 한해 용돈이 당시 농촌의 남성 노동자 한명의 연 임금을 상회하는 정도였으니 씀씀이를 줄이면 가능하기도 했을 것이다. 그리고 얼마 전에 시작한 빈민 아동에게 성경을 설명해 주고 글자를 가르치는 일을 제대로 하기로 했다. 얼함 홀의 세탁실에 주일학교를 열어 교사요 운영자가 되었다. 잘 하려다보니 소홀했던 공부도 열심히 하게 되었다. 여자 아이들에게는 바느질도 가르쳤는데, 모든 재료비와 운영비는 물론 그녀의 용돈에서 충당했을 것이다. 결혼 전에 베티는 나름의 전문적인 일이 있었던 셈이다.

베티는 재차 청혼을 받았다. 1년 전에 거절해 돌려보냈던 조셉 프라이가 다시 찾아온 것이었다. 그리고 20살에 프라이 부인이 된 베티는 이웃을 돌보는 일에 익숙해지고 월례회에서 발언하는 것에 차

즘 자신감을 얻고 있었던 그 모든 것을 두고 자신의 주일학교 아이들 86명의 환송을 받으며 사랑하는 얼함을 떠났다.

결혼 초기의 혼돈

결혼 후 베티의 행로는 뉴게이트 감옥을 접하게 되는 1812년 이전과 이후, 두 시기로 나눌 수 있다. 첫 12년간은 이미 형성된 자아와 가정주부로서의 생활이 갈등하는 혼돈기요 과도기였다. 그 이후는 뉴게이트 방문을 계기로 박애 활동에 진력하여 국내외의 주목을 받고 수감제도 개선에 큰 족적을 남기는 여정이었다.

세 살 연상의 남편 조셉의 집안은 차, 커피, 향신료 거래로 가산을 일군 퀘이커 부르주아지였다. 결혼 생활은 종업원과 하녀들도 같이 기거하는 시댁의 런던 상가에서 시작했다. 나중에는 남편의 고향인 노리치 남쪽 플래시트의 전원 집과 런던 집을 왔다 갔다 하며 지냈다. 런던 집 이웃에 살았던 시집 식구들은 베티의 상류층 품새를 험담하곤 했다. 거기다 대식구의 의식주를 관리하는 일이며 분잡한 상점 분위기에 프라이버시가 없었다. 갑갑한 마음에 자기 집을 퀘이커 지부 월례회 장소로 개방했는데 일거리가 상당했다. 큰 집회가 있을 때면 집은 식당과 숙소로 변해 정신이 없었다. 결혼 2년 차에 첫 딸을 출산했지만 자신이 가정주부로서 적합한지 고민하기 시작했다. 뉴게이트 감옥을 접하고 앞뒤 가릴 것 없이 일에 뛰어들기 진까지, 베티는 박애 활동과 교파 활동에 대한 갈망과 소명감 그리고 주부로서의 의무감 사이에서 갈등을 거듭했다. 많은 사람에게 유익한 생을 살고자 했던 소원과는 달리 집안일에 치여 사는 엄마로 인생을 끝내게 되지 않을까 하는 두려움을 떨칠 수 없었다. 옛 습성도 어쩌지 못해서 빈민가에 가서 적선을 하곤 했다. 구빈원**노인, 고아, 과부, 병자 등 극빈자를 수용한 공공 복지 시설**을 찾아가 음식을 나눠주고 아이들을 가르치는 일을 자원하기도 했다.

  뉴게이트를 만나기 3년 전인 1809년에 베티는 부친이 임종하면서 자신의 길을 가도록 유언한 것에 큰 위로와 격려를 받았다. 심리적 해방감을 느낀 그녀는 교파 활동을 늘려갔고 모임에서 자유롭게 발언했다. 그리고 1811년 가을에 친정을 방문했을 때 베티는 사건을 일으키고 말았다. 동생 조셉은 종교 행사 관계로 34명의 교파 지도자들을 얼함 홀에 초대했다. 동석한 베티는 갑자기 어떤 힘에 사로잡혀서 기도를 자청했고 생각나는 대로 말한 것이 명설교와도 같이 깊은 감화를 일으켰다. 찬탄을 표시한 인사들과는 달리 베티의 형제들은 황당함, 거부감, 질시가 뒤섞인 반응을 나타냈다. 그 일을 계기로 그들은 베티가 가사와 육아에 서툴고 자주 집을 비우는 형편없는 주부라는 비난을 서슴지 않았다. 그럼에도 새로 시작한 남편의 은행업이 어려움에 봉착했을 때는 친정 식구가 유일하게 도움을 주었다. 동생 존, 사촌, 제부의 도움으로 고비를 넘기고 난 뒤 베티는 흉작과 물가 앙등으로 핍절한 빈민을 보고 무엇이든 하려 했다. 우선 시골집 플래시트 교구에 옷감을 마련해 보내고 공터에서 수프를 끓여주도록 주선했다.

하지만 런던의 슬럼은 차원이 달랐다. 신식 기계가 보급됨에 따라 실업률은 높았고 인구 과밀에 곡물 가격이 치솟아 빈민가에는 굶주림과 질병이 광범하게 퍼졌고 범죄와 매춘은 더 심했다. 이때에 기계를 부수고 다닌 사람들은 탄압을 면키 어려웠다. 공장의 열악한 환경과 도시의 공중보건 문제와 관련해 개량 작업이 추진되기 시작한 때가 1830년대이니, 1810년대에 런던 등 산업 도시의 빈민가는 방치 상태였다. 자국 빈민이 식민지 원주민보다 나을 것이 없다는 말이 꼭 맞는 그때에 베티는 구휼 활동을 하던 중에 감옥 문제를 접하게 되었다.

뉴게이트와의 만남

1812년 32살의 베티가 일지에 "내 인생이 작은 목적에 소진될까 두렵다"고 쓴 지 얼마 되지 않아 한 퀘이커 교우에게서 뉴게이트 감옥 얘기를 들었다. 그는 프랑스인 귀족으로서 혁명 때에 미국으로 망명했고 또 퀘이커교로 개종한 이였다. 유럽 순회 사역 중에 런던의 감옥을 둘러본 것이었다. 죄수들이 땅바닥에서 자고 신생아들은 옷이 없다는 등 그의 이야기를 들을 때 베티는 그 광경이 생생히 떠올랐다. 그녀는 그날로 즉시 천을 구입해서 부녀회원들을 모아 종일 옷을 만들었다. 이튿날 해나 벅스턴*베티의 여동생 해나의 시누이인 듯하다. 해나의 남편 포웰 벅스턴은 클래팜 회원으로 국교도였으나, 윗대 어머니들이 퀘이커교도로서 친분이 깊었다*과 함께 뉴게이트 감옥에 가서 여성 구역에 가겠다고 했다. 놀랍기도 하고 귀찮기도 한 간수는 마지못해 지켜보기로 하고 조심하라면서 들여보냈다. 그곳에는 둘로 나눠진 공간에 300명 가량의 여죄수들이 있었다. 재판을 기다리고 있는 경우에서부터 교수형을 언도받은 경우까지 형량에 관계없이, 장애자와 노소를 막론하고 수용되어 있었다. 엄마가 죄를 지음으로 따라온 아이들과 거기서 태어난 아기들까지 마구잡이로 갇혀 있었다.

베티가 들어섰을 때 수감자들은 서로 욕지거리를 하거나 머리채를 잡고 싸우고 있었다. 가장 충격적인 장면은 두 여자가 서로 자기 아기에게 입히려고 죽은 아기의 옷을 벗기는 것이었다. 베티와 해나는 일일이 아이들 옷을 갈아입히고 산모들을 보살폈다. 다음 날은 물품을 더 많이 가져갔고 환자들을 위해 짚더미를 날라 주었다. 사흘째 방문한 날은 재소자를 위해 기도했는데, 그들도 꿇어앉아 손을 모았고 흐느끼는 이들도 있었다. 그리고 구빈원과 뉴게이트를 정기적으로 방문했다. 얼함의 형제들은 베티의 뉴게이트 방문과 설교하는 것을 참을 수 없어한 반면, 퀘이커 지도자들은 그녀를 만나고 싶어했다. 그녀는 공인이 되고 있었다. 뉴게이트 활동은 주목받을 만한 일이었다.

당시 감옥의 여건은 노예 수송선보다 못하다고들 했다. 간수는 급료가 따로 없고 죄수들에게서 비용^{감옥 체류비}을 받아 썼다. 그 비용을 대지 못해 마냥 감옥에 있는 죄수도 많았다. 그들은 대부분 절도와 소매치기 등으로 경범죄자였지만 재판을 제대로 받지 못할 뿐더러 형량도 무거운 편이었다. 재소자들은 곧잘 매질을 당했다. 아직 교수형이 큰 구경거리인 때였다. 세계의 공장이 되고 있는 때에 미개함과 잔혹은 사회 도처에 널려 있었다. 차이가 있다면, 이 전에 그러려니 하고 여겨진 것들이 이제 야만으로 보일 참이었다.

감옥 문제를 일찌감치 들춘 사람이 있었다. 베드퍼드셔의 주지사 존 하워드1726~90는 1773년에 감옥을 시찰하다가 큰 충격을 받고 잉글랜드 전역의 감옥 실태를 조사했다. 의회의 요청으로 하원에 두 번 출두하여 조사 결과를 진술했고, 유럽 대륙의 수백 개의 감옥을 시찰하고 자료를 책으로 출판했다. 감옥에서의 질서와 안전, 간수의 자질과 훈련, 재소자의 위생과 식사 및 교화와 훈련 등 현대적인 교도소 개념과 실천 방안을 제시했다. 그가 최초로 제안한 독방 수감은 미국에서 먼저 받아들여 시행했다. 하워드협회도 1855년 미국에서 먼저 설립됐는데 런던에서는 10년 뒤의 일이었다.

칼뱅주의자인 하워드가 나서기 전부터 감옥과 수감자에 대해 유다른 관심을 가진 쪽은 퀘이커교였다. 처음부터 박해를 받아 옥고를 치렀기 때문에 감옥의 사정에 밝았고 억압받는 사람들에 대한 동정과 배려를 교파의 핵심적 전통으로 삼았다. 죄수도 인간으로서 신성의 부분을 가졌다고 믿은 그들은 감옥은 처벌용이 아니라 교화용이어야 한다는 진보적인 관점을 체득했다. 이미 프라이보다 한 세기 전에 존 벨러스는 공식적으로 사형제 폐지를 주장한 바 있었다. 베티는 한낱 자선가가 아니라 본격적인 감옥 개혁가로 변신해갈 때 하워드의 저서를 읽고 봉사자들에게 권하기도 했다.

하지만 뉴게이트를 방문한 지 1년이 채 안 된 1813년에 베티 가족은 시골집으로 내려가 4년 가량을 보냈다. 뉴게이트가 눈에 선했지만 그 동안은 가족 일로 도리가 없었다. 프라이 은행의 위기와 두 번의 출산과 어린 딸의 죽음이 겹쳤던 것이다. 그래도 이전에 자신이 설립했던 여학교를 감독하는 일과 빈민 구호 활동은 계속했다. 그리고 동생 조셉과 새뮤얼, 제부인 포웰 벅스턴과 새뮤얼 호어와 함께 노리치 감옥과 런던 교화원의 여성 구역을 가보기도 했다. 퀘이커의 영향권에서 성장한 그 네 사람은 감옥 개혁에 관한 한 서로 통했다. 재소자갱신협회를 조직할 계획을 세우며 베티와 함께 감옥을 둘러본 것이었다.

특히 벅스턴은 사회개혁운동에 관심이 많았다. 나중에 뉴게이트 여감방개선위원회의 멤버로서 또 재정적으로 베티의 활동을 적극 도왔다. 1818년에 하원의원이 된 후로는 수감제도와 형법 개선, 노예제와 사형 폐지를 의정 활동의 중심으로 삼았고, 200명의 사형수를 8명으로 줄이는 결실을 맺기도 했다. 1823년의 노예제폐지운동 협회의 창립 멤버였으며, 은퇴한 윌버포스를 이어 폐지운동의 하원 지도자 역할을 하면서 아프리카의 족장들과도 친분을 쌓았다. 베티에게는 이같이 개혁적이고 영향력 있는 인사가 가까이 있었다.

베티는 1816년 크리스마스에 다시 뉴게이트를 찾았다. 몇이 싸우고 있는 와중에 침착하게 들어가서 한 아이를 안아들고는 "이 죄 없는 아이들을 위해 우리가 할 수 있는 일이 없을까요?"라고 하면서 아이들을 가르쳐 더 나은 삶을 살 기회를 열어주자고 간곡하게 말했다. 같은 엄마의 심정으로 진솔하게 말하니 그들은 눈물을 훔쳤다. 잉글랜드에서도 악명 높은 뉴게이트 감옥에 갇힌 그들은 그런 대우를 처음 받아봤다. 베티는 힘겹게 하인 다루는 법을 연마해 온 터라 그들을 온유하게 대하면서도 권위를 잃지 않게끔 행동할 줄 알았다. 그뿐 아니라 사회에서 가장 천대받는 그들을 돌볼 때 자신의 영혼이 충만해짐을 느꼈다. 다음날 감방을 정돈해 놓고 옷 매무새를 단정히 하고 자신을 기다리고 있는 그들을 봤을 때, 자기 아기를 죽이고 처형을 기다리는 죄수에게 깊은 감화를 일으켜 사람이 변한 것을 목격했을 때, 베티는 자신의 도덕적인 리더십의 자질과 그것을 쏟을 수 있는 출구를 동시에 발견했다. 그후 그녀는 그들에게서 받은 그런 감탄과 존경을 다시 받고 싶어했고 그럴 때마다 자신의 욕심을 성찰하고 깊은 죄책감을 느끼며 참회하곤 했다.

개혁가로 거듭남

관원들은 감옥 학교가 불가능한 실험이라고 했다. 그럼에도 베티는 처음부터 재소자들의 의견을 묻고 동의를 구하며 일을 진척시켰다. 자발성을 동원해야 지속가능하고 또 무엇보다 그들의 심성이 계발될 것이라 생각했기 때문이다. 많은 사람을 다루어 본 자신의 경험에서 얻은 지혜였다. 재소자 중에서 교사 자원자도 나왔다. 그나마 1813년 이후에 개혁가들의 압력으로 넓은 공간이 확보됐고 교실이 마련되었다. 그러나 많은 선물을 갖다주고 교육 경험자들이 달라붙어도 재소자들을 교육하기란 쉽지 않았다. 수감자들에게 소

일거리를 마련해 주기 위해 가장 믿었던 제부 벅스턴과 호어에게 도움을 청했으나 그 두 사람은 재소자의 교육과 일거리 모두에 부정적이었다. 재소자들은 다시 물건을 훔칠 것이며 학교를 조롱거리로 만들 것이라고 했다. 그래서 베티는 여성들에게 의지하기로 했다. 11명의 교파 여성, 친구들, 플래시트의 목사 부인을 규합하여 '뉴게이트 여수감자갱신협회' AIFPN를 만들었다. 활동 계획은 이러했다.

- 협회 회원이 순번을 정해 매일 감옥을 방문한다.
- 외부 여성을 채용해 사감으로 두고 협회에서 급료를 지불한다.
- 수감자가 바느질과 뜨개질로 공예품을 만들도록 재료를 공급한다.
- 수감자가 식품, 옷가지, 새 짚을 구입하도록 공예품을 팔아 준다.
- 성경을 읽어주고 도덕적 갱신 의지를 북돋운다 등등.

베티의 소명을 후원하겠다고 결혼 전에 약속한 대로 남편은 감옥 책임자와 간수들을 집으로 초청했고 그녀는 그들에게 자신의 계획을 설명하고 의논했다. 처음에 책임자는 회의적인 반응을 보였으나, 감옥의 모임을 참관했을 때 수감자들의 변화된 태도를 확인하고 학교 운영을 허용했다. 협회 모금을 위해 런던 시장에게 청원했을 때, 시장은 감옥에서 베티가 성경을 읽어주는 광경을 보고 사감의 급료 일부를 지원하기로 결정했다. 본격적인 활동의 첫 단계였다.

감옥을 청결하게 하는 일은 어려웠고 험담도 들려왔지만, 간수장은 세탁실을 작업실로 사용하도록 해주었다. 재료는 직거래로 구입했는데 교파 상인들은 무료로 대주었다. 쉬운 바느질부터 하게 하면서 수감자들이 자신의 상황을 객관적으로 보도록 계몽했다. 근면하고 저축하면 출옥해 새 출발할 수 있다고 격려했다. 인센티브를 주었고 생활의 규칙도 정했다.

규칙은 일일이 수감자들이 거수 표시하여 수정 과정을 거치고 그들의 동의를 얻어 세세하고도 실제적으로 만들었다. 뉴게이트의 재소자들은 의식하지 못한 채 투명하고 민주적인 절차를 훈련받고 있었던 것이다. 그런 만큼 규칙을 엄수해야 했고 특히 정직을 강조했다. 수감자들이 재판관보다 베티를 더 두려워할 만큼 규칙을 철저히 적용했다. 여러 번 어기면 독방에 가게 했고, 잘 하면 포상했다. 이 모두가 여수감자를 위한 기본 규칙으로 받아들여지게 되었다. 방장 선출도 민주적으로 했고, 전체 모임의 끝마침은 성경 읽기로 정했다.

수감자의 갱생을 이끌기 위해 도덕적 신앙 원리, 노동, 소득을 결합한 방식은 매우 앞선 것이고 또 큰 변화를 가져왔다. 규칙 제정 2주일 후 찾아온 첫 남성 방문객은 청결하게 정돈되고 잘 통제되는 감옥을 보고 놀랐다. 이어 런던 시청에 감옥학교의 정식 설립 인가를 요청하자 당국자들은 참관하고서 '잘 통솔된 가족' 같다고 하면서 변화를 실감했다. 앞으로 학교는 감옥의 필수 구비사항이 될 것이었다. 그동안 여성협회 회원들은 봉사는 물론이고 주머니도 열었는데, 더 이상 기부에만 의존하지 않아도 되었다. 시 당국이 정규적 지원을 하기로 했고 격려금까지 보냈다. 감옥을 감시하는 군인을 해산하도록 요청했을 때도 응해 주었다. 당국자들이 죄수를 인간으로 여기도록 관점과 태도의 변화를 이끌어 낸 것이야말로 의미 있는 일이었다.

감옥학교를 시작하면서 베티는 감옥 개혁가로 거듭났다. 이때 스스로 공부하는 중에 존 하워드의 책을 접한 것 같다. 이제 그녀는 전문 지식을 가진 남성이 자문을 구하는 특별한 여성이 되었다. 잡지 〈젠틀맨 매거진〉에 소개되어 온 나라에 화젯거리로 등장했고 명성과 함께 여성성을 공격받는, 평생 이어질 두 평판이 대두되었다. 대중 앞에 자신을 드러내는 것이 불편했지만 곧 적응했고, 형제들에게 기부를 권할 만큼 커진 자신의 영향력을 실감했다.

나폴레옹전쟁 후[1815]의 무법과 무질서 때문에 뉴게이트에 대한 일반인의 관심과 명사들의 참관 열기는 1817년 여름에 최고조에 달했다. 이듬해에 베티는 하원의 런던감옥위원회에 나와 참고발언 하도록 요청받았다. 여성으로서는 전무한 명예였다. 최상의 지지자인 동생 조셉을 동반하고 그녀는 명료하고 막힘 없이 수감자의 참혹한 환경과 개선된 점을 소상하게 설명했다. 여성 수감자는 남성 간수가 아닌 여성 간수가 돌보는 방안을 제안했고, 적절한 소일거리를 주는 것이 중요하다고 역설했다. 그리고 모범 죄수들을 사면해 주도록 요청하기까지 했다. 감옥위원회는 성공적 갱생 사례를 검토하고 1명을 사면해 주었다.

베티는 유형수를 다루는 문제에 있어서는 큰 변화를 이끌어 냈다. 1770년에 제임스 쿡 원정대가 호주 땅을 스친 후 영국은 맘대로 그곳을 찜 해서 유형지로 삼았다. 1818년 여름에, 수송선을 탈 죄수들이 난동을 부렸다. 사슬에 묶인 채로 훤히 보이는 수레에 실려 이동

해야 했기 때문이다. 베티는 군중이 돌을 던지거나 조롱하지 못하도록 수레를 덮게 했고 부두까지 죄수들과 동행했다. 출항 전 5주 동안 여성협회 회원들은 매일 그들을 만났고 각자에게 필수품을 챙길 자루를 주었다. 항해 중에 공예를 하고 도착 후 팔아

서 생계에 보탬이 되도록 재료와 성경을 넣어준 것이었다. 그후 20년 동안 베티는 정기적으로 유형수를 찾아갔는데 그녀 개인이 돌본 이는 총 106명이었다.

후기 활동과 굴곡

1818년 이후 베티는 국내외에 알려진 유명인사가 되었다. 그해에 여수감자 복지를 위한 단체가 국내외에 설립되도록 촉구하고 자문하는 활동을 하기 위해 '영국 여수감자갱신협회'를 조직하여 글로스터 백작 부인을 회장으로 세웠다. 그러나 이제는 퀘이커교도들이 그녀를 비난하는 데 가세했다. 세속사에 너무 깊이 관여한다, 세상의 존경을 탐한다, 남편의 은행돈으로 적선하고 다닌다, 자녀들이 불경건하다, 가족은 안중에 없다는 등으로 감시와 가십이 끊임없었다. 그래도 베티는 자신의 소명에 흔들림이 없었고, 전국 도시에 여성협회를 조직하기 위해 런던에서 글래스고까지 감옥을 시찰하는 대장정에 나섰다.

여행은 언제나 위험 부담이 있었고 약으로 쓰는 알코올은 점점 양이 늘었다. 동생 조셉이 동행하지 않았더라면 철저하게 할 수 없었을 것이다. 교파 지도자의 임무를 병행하면서 각지의 감옥을 치밀하게 조사하는 한편 재소자들을 위로했다. 경험과 지식이 있으니 보이는 것이 많았다. 가는 곳마다 지역 유지의 부인들에게 협회를 조직해 감옥을 방문하도록 설득했다. 정신병자를 감옥에 가둔 것에 항의함으로써 정신병자 처우에 대한 관심도 불러일으켰다. 조셉은 베티에게서 군중을 움직이는 감화력과 재능을 발견했고 그녀의 겸양을 존중했다. 은행가였던 조셉은 누나의 활동에 재정 지원을 아끼지 않았고 능숙한 행정 처리로 큰 도움을 주었다. 감옥 조사의 결과물인《엘리자베스 프라이와함께 한 북부 잉글랜드와 스코틀랜드 감옥의 방문 노트》출판도 조셉 덕을 톡톡히 본 것이었다. 감옥의 실상을 있는 그대로 묘사한 것을 사람들은 과장이라고 하기도 했다. 베티는 또 1827년에《여수감자 방문·감독·관리에 대한 관찰 기록》을 출판했는데, 책에서 그녀는 사형제도를 강력히 비난했으며 여성의 바깥 활동을 장려해야 한다는 견해를 밝혔다. 그때가 언제인데, 여성도 남성과 똑같이 사회에 영향을 미칠 수 있다고 주장했다.

1차 감옥 실태 조사 후 베티는 병약한 중에도 활동하면서 귀향과 출타를 번갈아 했다. 베티는 아일랜드에서 환영 인파를 몰고 다니며 감옥을 둘러보았다. 파리와 러시아에서는 뉴게이트 모델을 따라 여성회가 조직되었다는 소식이 들렸다. 러시아의 소피아 공주에게는 서신 교환으로 수감제도의 개선안을 전달했다. 이어서 덴마크 왕세자비와 이탈리아 귀족 등 유럽 상류층과 교분이 쌓여갔다.

런던에서는 뉴게이트 여성협회 회원들과 함께 여성 노숙자 보호소를 설립하고 보호소 여성과 어린이를 위한 학습반을 운영했다. 남자들을 위해서는 일자리도 알아봐 주었다. 식민지 인도에서 과부를 죽게 하는 풍습 suttee을 전해 듣고 그 문제를 공론화하고 해결히고지 노력했는데, 그 금지안은 10년 후에 제부인 포웰 벅스턴의 활동으로 의회에서 입법화되었다. 사형제도의 개선안이 의회에서 다루어지기 시작했고, 유형수의 처우와 수송선도 현격하게 개선되었다. 물론 이러한 진전 뒤에는 정부 인사들과 친분 있는 귀족들의 지원과 협조가 있었다.

베티에게는 수감제도의 개선안을 촉구하고 전파하는 것이 영혼의 강장제였다. 그러나 막상 1823년에 통과된 감옥개정법에 그녀는 크게 실망하고 우울증을 앓았다. 정부 기관이 감옥에 대한 관리를 강화하면서 출입이나 자원봉사를 이전만큼 자유롭게 할 수 없게 되었다. 그런데도 베티는 다양한 불평과 비난을 들었다. 죄수들은 음주와 도박을 못하게 됐다고 불평했고, 지역 당국은 베티의 의견이 반영된 법 때문에 지출이 늘었다고 불만이 많았다. 어떤 담당자들은 귀찮아서 여성협회 회원의 방문을 금지시켰다.

그런 가운데서도 1824년에 최초의 전국 여성단체인 '영국여성협회'가 조직될 만큼 감옥 개선 여성협회는 이미 그 수가 상당했고, 베티는 사회 개혁의 선봉장으로서 그 이미지가 확고해졌다. 그리고 여성협회는 감옥일 이외로 활동을 더 넓혔다. 베티는 출감자 갱생 방안을 구상하다가 우선 13살 이하 경범죄 출소 소녀들의 보호소를 설립했다. 당국의 지원과 각처에서 기부금을 받았다. 계몽 활동을 하기 위해 빈민의 집을 찾아가는 방문협회를 조직해 수많은 부녀자에게 자원봉사의 기회를 넓혀 주었다. 병으로 휴양 갔을 때 적막한 환경에서 근무하는 해안 경비병들을 보고는 전국 해안 초소에 도서 코너를 설치하는 아이디어를 냈고 또 성공적으로 정착시켰다.

왕성한 활동 중에 큰 슬럼프가 찾아왔다. 친정 가족의 권유로 금융업에 뛰어들었던 남편은 1820년대 불황기에 수많은 파산자 중의 한사람이 되었다. 1827년의 일로, 플래시트 집도 처분하고 가솔도 줄이고 큰 가구도 팔았다. 수차례 도움을 주었던 형제들도 한동안 싸늘한 반응을 보였다. 남편은 교파에서 제명당했다. 베티 부부는 모든 지인에게 환영받지 못했다. 노년의 윌버포스가 위로의 편지를 보내오는 정도였다. 오래지 않아 재개한 뉴게이트 방문도 의미를 찾기 어려워졌다. 새로 들어선 휘그 정부가 사회기관과 제도 개혁을 추진하면서 수감제도에 대해서는 하워드와 프라이식 접근법을 외면하고 미국의 격리감금 제도를 도입하여 범죄자의 갱신보다 징벌에 초점을 두려 했기 때문이다. 이견을 제시했으나 집안 형편과 맞물려 권위가 없었다.

1832년에 다시 하원에서 참고인으로 발언할 때도 그녀의 의견은 잘 경청되지 못했고, 위원회는 격리감금의 역효과에 대한 그녀의 체험적 증언을 무시했다. 15년의 현장 경험으로 베티는 빈곤이 범죄의 주원인임을 절감했다. 그래서 교화를 중심으로 하는 개선안을 조목조목 제안한 것이었다. 매우 계몽적이고 현대적인 견해였지만 정부 인사들은 죄수의 갱생 가능성을 부정했다. 공리주의의 삭막한 논리가 압도했던 것이다. 1832년에 발행된 수감제도에 관한 의회보고서에 베티의 개혁안은 배제되었다. 그럼에도 전방위적인 개혁이 추진된 때였으므로 1835년에 상원에서 관심을 표시했다. 55세의 베티는 상원에 출두하여 더 악화된 수감자들의 여건에 대한 증거를 제시했다. 혹독한 징벌로 사람의 심성을 바꿀 수 없으므로 교화시켜야 한다는 자신의 신념을 다시금 피력했다.

하지만 이듬해에 하원의 감옥위원회가 상원에 제출한 보고서에는 여성협회의 활동을 비판하는 내용도 들어있었다. 여성협회 회원들이 수감자를 연령별로 분류해서 다룬다든가, 남자 감옥에도 간다든가, 그런 것이었다. 그들은 베티와 같은 민간 전문가의 경험과 지식의 가치를 알아보지 못했다. 그래도 자신이 늘 해온 대로 베티는 교파 사역과 감옥 순회 활동을 꾸준하게 병행했다. 깊은 좌절을 겪은 이후 남편은 베티의 활동의 의미를 재발견한 듯 더욱 헌신적으로 도왔고 - 나중에 교파 제명이 철회되었다 - 아내의 프랑스 방문에도 동행했다. 베티 가정에 새 집을 마련해 주었던 형제들은 다시 활동비를 넉넉히 지원했다.

프랑스에서 그녀의 명성은 대단하여 국왕 부부가 면담을 청했고, 감옥 시찰에서 자신의 영향력을 확인하고 자신감을 되찾았다. 귀국했을 때는 귀족 부인들이 대환영하며 맞아 주었다. 손자가 25명이나 되는 50대 말의 나이에도 베티는 수감제도의 개혁을 촉구하기 위해 재차 스코틀랜드와 아일랜드의 감옥을 방문했고 대륙에도 건너갔다. 네덜란드, 벨기에, 프랑스, 스페인, 스위스, 프러시아에서 감옥과 학교와 병원을 탐방했으며 왕실들의 환대를 받을 때 조언과 제안을 아끼지 않았다.

1840년 런던 귀향 후에는 프러시아의 병원에서 받은 영감으로 새로운 타입의 간호 교육을 구상했다. 구체적인 계획을 세운 다음 빅토리아 여왕과 귀족들의 후원을 이끌어 냈다. 베티가 간호 교육에서 특히 중요시했던 것은 환자에 대한 영적 보살핌이었다. 베티가 사망한 지 3년 되는 1848년에 '개신교 돌봄 여성학교' Protestant Sisters of Charity는 기숙사, 병원 실습, 유니폼, 합리적 급료 체계 등 현대적인 시스템을 완비했다. 간호사 몇 명은 1854년 크림전쟁 때에 나이팅게일 팀에 합류해 전선으로 갔다. 나이팅게일은 베티를 역할 모델로 삼았다고 한다.

노년기 그리고 업적

엘리자베스 프라이의 말년에 국내의 수감제도 개혁은 전문가 소관이 되어 그녀가 할 일은 별로 없었다. 오히려 그녀의 개혁안에 관심을 보인 쪽은 해외 여러 나라였다. 프러시아와 덴마크 왕실은 그녀가 다시 방문해 주도록 강권했다. 빅토리아 여왕의 남편, 앨버트

공의 친서를 들고 동생 조셉과 친정 조카들을 대동하고 네덜란드, 독일, 덴마크를 순회하며 칙사 대접을 받았다. 프러시아 왕이 영국에 왔을 때는 뉴게이트를 방문하고 베티의 집에서 식사도 했다. 국내에서도 귀빈으로 대우 받았다. 공식 행사에서 그녀는 앨버트 공과 수상인 로버트 필 사이에 앉을 정도였다. 그때 필 수상에게 직접 새 감옥들을 둘러보라고 권유했다. 여왕 부부에게 자신의 수감제도를 애써 설명하는 것을 본 각료들은 베티가 왕실의 힘을 과대평가한다면서 눈살을 찌푸리기도 했다.

마지막 몇 년은 여기저기에 초대받는 명사 생활로 보냈다. 월례회 설교를 계속하는 가운데 버킹엄 궁전과 윈저 성을 다니며 매주 귀족을 만나고 사교를 즐겼다. 그리스도를 따르는 것을 생의 목적으로 삼은 이후 이 비전을 놓치지 않기 위해 진력하면서 고통받는 이들에게 관심을 쏟았던 지난날에 비하면, 노년에는 어린 시절 누린 안락과 부요로 돌아간 듯했다.

하지만, 사실 엘리자베스 프라이는 국제적 명망가가 된 후로도 마음 한편의 불안감을 벗지 못했다. 퀘이커교도인 베티는 현모양처라는 여성의 정체성을 놓지 않았기 때문에 늘 스스로에게 불만스러워 했고 세인의 비난 앞에서도 완전히 자유롭지 못했다. 퀘이커교는 남녀를 불문하고 신자가 세상사에 목소리를 높이고 깊이 관여하는 것을 꺼려했다. 게다가 베티의 모든 활동은 매우 특별한 남편의 외조와 호의적인 인적, 물질적 환경에 크게 힘입었지만, 정작 자녀들로부터는 충분히 이해받지 못했다. 모두 소시민으로 살았던 자녀들은 어머니의 활동의 가치를 몰랐고 누구도 그 길을 따르려 하지 않았다. 가치관이 달라 가족생활에 고통을 느끼면서도 베티는 가족을 이상화하고 헌신적인 아내와 어머니가 될 수 있도록 끊임없이 기도했다.

그같은 프라이의 고뇌와 좌절은 퀘이커 신앙의 코드로 보면 대체로 정리가 된다. '친우회'Society of Friends라 자칭하는 퀘이커교는 신비적 고요와 무저항주의를 지향하고, 가족을 중시하므로 가정생활을 여성의 삶의 전체로 규정한다. 그러면서 빈궁하고 박해받는 사람을 적극적으로 돌보고 옹호한다. 인간의 평등성을 강조하고 교파 활동에서 여성의 리더십을 존중한다. 이런 점에서 퀘이커교는 보수성과 진보성을 동시에 품고 있었다. 17세기 중반 시초부터 남녀평등을 신조로 삼고 여성의 목회 사역과 설교를 허용한 퀘이커의 전통 안에서 베티는 남성적 리더십을 학습받고 실행함으로써 당시 여성으로서는 가장 진보적인 생활을 했다. 그 남성적 리더십과 박애 활동을 결합한 것이 베티의 활동이었는데, 박애 이상으로 사회 제도를 다루었기 때문에, 따라서 가정의 테두리를 크게 벗어났기 때문에 퀘이커 측도 다수 일반인도 달가워하지 않았다. 다산에다 두 번의 유산, 치통과 복통의 고질병, 여러 번의 우울증을 겪는 와중에서 가족의 병상을 지키며 집안 대소사를 직접 챙기고 일했음에도 주부의 임무를 팽개쳤다는 비방과 구설수에 종종 시달렸다.

엘리자베스 프라이는 자기만의 고유한 생의 추구를 확보한 점에서 당대 대부분의 여성과 달랐고, 또 그녀와 동료 여성들의 활동은 이미 관습의 경계를 넘어섰다. 그러나 그들은 동시에 전통적인 신분 구조와 남녀 역할 구분이라는 부르주아 계급의 이념에 붙들렸기에 내적 갈등을 해결하기 어려웠다.

그렇다고 프라이가 하층민을 부르주아 계급의 관점으로 대한 것은 물론 아니었다. 계급 갈등이 높아지던 때였으나, 그녀는 순수한 인간애를 나타냈다. 수감제도 개혁을 위한 모든 노력에는 재소자의 삶의 질적 향상과 인간성 회복에 대한 신념이 깊이 배어 있었다. 단지 감옥의 여건을 개선하는 정도가 아니라 죄수가 사람 대우를 받아야 한다는 의식을 전파했다. 재소자에게 자립과 갱생 의지를 북돋우면서 실제로 노동하도록 유도하고 출소자가 생활의 기반을 마련하도록 자활 시설을 만든 것은 궁극적으로 그들이 인간답게 사는 것을 원했기 때문이다.

이런 맥락에서 프라이가 빈곤이야말로 범죄의 주원인이라고 여러 번 강조해서 밝힌 것은 선각자다운 태도였다. 왜냐하면, 19세기 영국인은 빈곤과 범죄의 원인은 도덕성 부재 때문이라고, 즉 개인 문제로 보았기 때문이다. 특히 자립 의지를 생의 철학으로 삼았던 중간계급은 하층민이 가난한 것은 게으름이나 음주로 열심히 일하지 않기 때문이라고만 생각했다. 빈민이 그렇게 건전하지도 근면하지도 않으니 더 많이 범법자가 된다고 보았다. 20세기 초가 되어서야 가난이 개인 문제 뿐 아니라 산업 사회의 구조적인 문제와 깊이 관련되어 있으며 범죄와 빈곤은 서로 밀접히 연결되었다는 인식이 퍼지기 시작했던 것이다.

프라이 부인은 빈민과 재소자를 대하면서, 가난하기 때문에 죄를 짓게 된다는 사실을 누구보다 일찍 깨달았다. 따라서, 재소자가 빈곤의 악순환에서 나올 수 있도록 교화와 자활에 초점을 맞추어달라고 정부 측에 거듭 요청했다. 하지만 인간에 대한 좀 더 단순하고 경직된 관념이 지배하던 당시에 프라이의 개선안은 너무도 인도주의적이고 선진적이어서 제도권에 반영되기 어려웠다. 처벌을 강화한다고 범죄가 줄어드는 것이 절대로 아니라고 지적했으나, 정부는 범죄의 예방이나 교화보다는 처벌에 역점을 두었다.

당대에 자신의 개혁안이 많이 실현되지 못했어도 프라이 부인은 선구적 사회개혁가로 인정받기에 손색이 없었다. 그녀가 감옥 개혁 활동에 나선 때는 산업화와 도시화의 어두움이 가장 짙었던 19세기 초엽이었다. 낡고 미개한 제도들이 산업화의 폐해와 뒤범벅된 때였다. 프라이 부인은 사회의 병폐를 어떻게, 어떤 방향으로 고쳐나가야 할지 가이드라인을 제시하듯 수감제도의 폐습에 대해 조직적이고 실제적인 개선안을 만들고 보급했다.

여성의 활동 자체가 제약받던 그 시절에 사회 제도를 다루는 데까지 나아갔다. 언제나 사회적 약자의 심성적, 물질적, 신체적 복지를 총체적으로 증진시키는 데 온 힘을 다함으로써 사람을 존중하는 태도와 방법 구현의 시대적 표상이 되었다. 사람의 총체적 복리에 대한 감수성, 그것은 선한 사회를 일구는 자양분이다.

24
사회보장제도의 모판
오래된 빈민 구제 문화

18살의 빅토리아가 왕관을 썼던 1837년에 찰스 디킨스 1812~70 의 소설 《올리버 트위스트》가 연재되기 시작했다. 100년을 더 지나 이 작품이 영화로 만들어졌을 때 그 장면은 유명해졌다. 삐쩍 마른 올리버가 배불뚝이 구빈원장에게 그릇을 내밀며 수프를 좀 더 달라고 하는 장면. 디킨스는 관리자들의 기름진 음식과 고아들의 멀건 죽을 대조시킴으로 구빈원 시스템의 야만성을 부각시켰다. 구빈원에서 팔리다시피 나와서 곤고하게 살아가는 고아 올리

버를 통해 최하층 국민의 열악한 삶과 사회적 모순을 고발하고 비판했다. 그 소설은 영국 역사학에서 엄청 많이 다루어진 신구빈법 The New Poor Law, 1834이 제정된 다음에 나왔다.

'구빈법'은 '빈민구휼법' the poor-relief laws 을 말한다. 세상은 재난이나 굶주림이 있을 때 할 수만 있다면 서로 돕는다. 걸식자나 궁핍한 이를 보면 적선하고파 하는 것도 보통 사람의 인심이다. 하지만 영국은 진작부터 빈민 돕기를 법으로 못박았으니 차원이 달랐다. 구휼 비용을 세금으로 납부하게 했으니 곧 구빈법이었다. 필요할 때 사회가 일시적으로 원조하거나 개인 임의로 하는 그런 기부가 아니었다. 기독교 문명권 유럽에서 빈민 구휼을 위한 자선은 옛날부터 보편적인 현상이었으나 영국처럼 일찍이 법제화한 곳은 거의 없었다.

구빈법은 엘리자베스1세의 치세 끝 무렵 1601에 제대로 다듬어졌다. 일정 소득 이상 되는 가구는 항상, 반드시, 절대 빈곤층의 구휼 비용을 분담해야 한다는 법과 제도였다. 이 법은 이후 수차례 개정되었는데, 1834년 이전의 법들은 모두 옛구빈법 The Old Poor Laws 이라 하고, 1834년의 법은 신구빈법 The New Poor Law이라 한다. 그러니까 영국에서는 400년 전부터 끼니 이을 만한 가정은 모두 극빈층의 기초 복지를 위해 비용을 대는 것을 의무로 여겼다.

영국 문화가 그렇듯이 구빈법도 중세에 연원이 있다. 진짜 기원은 신자 공동체가 이웃의 빈자와 약자를 배려하고 공정하게 대우하라고 누누이, 끊임없이, 말씀하는 성경에 있다. 사회적 약자에게 어찌하는지 보면 그 공동체, 그 사회가 얼마나 정의로운지 알 수 있다는 암시다. 성경은 '가난하고 궁핍한 자를 학대하는 것'을 우상숭배와 고리대금과 같은 죄로 지적한다. 소돔을 심판하는 이유에는 '가난하고 궁핍한 자를 도와주지 않았다'는 죄도 있었다. 심지어 이방인인 바벨론 왕을 징벌할 때도 '가난한 자를 학대했다'는 죄목이 들어있다. 가난한 노인, 고아, 과부, 병자, 나그네, 억울하게 갇힌 자 등, 약자에 대한 태도가 그 사회의 정의와 공평의 수준을 재는 잣대라는 뜻이다.

그래서 영국에서, 아마도 유럽에서, 예부터 자선은 정의로운 공동체로 나아가는 최상의 방법으로 여겨졌다. 더군다나 빈자는 부자의 부스러기가 떨어지기를 기다리는 존재 그 이상이었다. 명색이 기독교 통일체인 유럽에는 '가난한 자는 부자에게 얻어먹을 권리가 있다'는 독특한 관념이 있었다. 하나님께서 부자에게 가난한 자와 나누라고, 공동체가 항상 약자를 배려하라고 하셨기 때문이다. 그분이 친히 가난한 자, 고통 가운데 있는 자, 박해받는 자의 아버지로서 그들의 신음을 다 듣는다고 하셨기 때문에 당당히 요구할 수 있다는 사상이었다. 세상 어디에 그런 아이디어가 있겠나. 부자는 재물을 흩어 빈자에게 나눠줄 때 의롭다 칭찬받으니, 부자와 빈자는 서로 필요한 존재로 해석됐다. 선행을 구원의 통로로 본 중세인들에게 자선은 선행의 대표격이었다. 그래서 중세 지성인들은 청빈, 가지지 않음, 자선에 대해 묵상과 사색을 많이 했고 행함도 늘 있었다.

중세 교회와 수도원이 속죄와 구원의 길에는 장애물을 잔뜩 쌓았지만 적어도 기독교 공동체의 기본 운영 원리는 붙들었다. 교구

복지제도 이전, **요람에서 무덤까지**

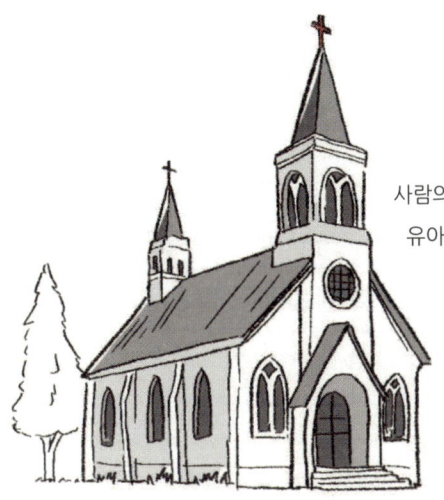

사람의 일생, 몸, 영혼은 교회와 연결되었다.
유아세례 ~ 혼인 예식 ~ 장례식, 절기 행사

교구(교회)가 행정 단위였고,
교회 공동체가 교구민을 돌보았다.

노인, 고아, 산모 우선 | 빈
의식주, 약간의 의료 배려 | 민
임시 일거리, 교육 일부 | 구
　　　　　　　　　　　| 휼

중세 수도원, 자선 활동

나그네 대접
환자 돌봄
빈민 구제
교육

교회와 지도층은 어려운 이를 돌아보는 일을 필수로 여겼다. 잘하건 못하건 말이다. 빈민 목록을 작성하는가 하면, 신자들의 봉헌으로 극빈자에게 먹고 자고 입을 거리를 봐주었다. 노인이 우선 순위였다.

교회 형편이나 성직자에 따라서는 똘똘한 빈민 아이 몇을 공부시켜 사제로 키웠고, 가난한 산모와 육체적, 정신적 허약자들을 돌보려 했다. 부자들은 자선금과 유산을 교회와 특히 수도원에 많이 기증했다. 수도원이 재산 불리기에 열중할 때가 있었으나 기본적으로 걸식자 먹이기, 의료원과 요양원 역할, 교육 기구의 기능, 순례자와 나그네 대접을 모두 하려고 했다.

출생의 유아 세례, 결혼식, 장례식, 절기 행사를 모두 하던 곳, 굶주릴 때 손 내밀 수 있는 곳, 중세 사람들에게 교회는 내세의 통로일 뿐 아니라 현세 생활의 '요람에서 무덤까지'였다. 따라서, 서유럽의 현대 복지제도를 이해하려면 다음과 같은 장구한 전통과 문화를 기억하는 것이 좋겠다.

- 유럽인의 잠재 의식에는 빈자에 대한 독특한 관념이 있었다.
- 부자는 반드시 빈자와 약자에게 자선을 베풀어야 했다.
- 유럽에 쫙 깔린 교구 교회와 수도원이 곤궁한 이들을, 조금이라도 실제로 도왔다. 즉, 교회가 극빈층을 위한 복지 기구 역할을 했다.
- 결국 빈자와 약자에 대한 배려가, 최소한, 배려 의식이 항상 있었다.

극빈자 처우는 종교개혁 이후에 새롭게 다루어졌다. 역시 자치 전통이 강했던 독일의 개신교 지역에서는 상당히 조직적인 자선 모금과 합리적인 구제 정책이 시행되었다. 단순한 구휼을 넘어 빈곤을 퇴치하는 방안도 모색했다. 즉, 이전에는 교회가 하던 구제 활동을 지역 사회가 같이 하게 된 것이다. 물론 민간 기구라도 모두 신자들이 운영했으니 통로만 다를 뿐 모두 기독교 공동체의 일이었다. 다만 독일·오스트리아의 어떤 곳에서는 누진 구빈세를 걷는 시도가 있었음에도 법제화하는 데까지는 진행하지 못했다.

1530년대에 헨리8세가 교황청과 절교할 때 의회가 구제 법안을 함께 다루기 시작했다. 수도원을 폐쇄하니 수도원이 하던 자선은 공백이 생겼고 걸식자들이 부랑집단이 될 수 있었다. 게다가 지주들이 돈벌이가 되는 양모를 더 생산하기 위해 농지를 목양지로 바꾸고 합치는 울타리치기Enclosure를 해대는 바람에, 쫓겨나 발붙일 데가 없는 빈민이 늘어나고 있었다. 토머스 모어가 1516년에 에라스무스의 도움으로 벨기에 쪽에서 출판한《유토피아》에서 - 울타리치기의 범위는 과장되긴 했지만 - 울타리치기의 폐단과 빈농의 처지를 고발한 바도 있었다. 더불어, 유럽의 중세와 근대 역사에서 기근과 흉작 때는 크고 작은 민란과 식량 폭동이 일어나기 일쑤였다.

그래서 구빈법은 약자를 배려하는 기독교 왕국의 체면을 살리는 동시에 궁핍자들의 입에 빵을 물려주고 한곳에 붙박아 둠으로써 사회 질서와 기강을 세우는 두 마리 토끼를 잡는 방책이었다. 그후 여러 차례 다듬다가 '엘리자베스 구빈법'1601으로 한번 마무리지었다. 곧 원조 구빈법이다. 이 법은 구걸하는 사람을 처벌하던 데서 공식적 구휼 대상으로 보는 쪽으로 초점을 옮긴다는 내용이었고, 이는 기나긴 복지제도의 발달 과정에서 볼 때 한 분수령이 되는 법이었다.

구빈법은 빈민 돕기가 개인의 선택 사항이 아니라 기독교 공동체의 필수라는, 교구 공동체의 일차적 책임이라는 뜻이었다. 부자가 하던 자선 관습을 누진세 방식으로 법제화하고 양성화했다. 밥먹을 만하면 다 구빈세를 내도록 했으니 자선의 확대 내지 의무화라고도 하겠다. 가진 사람은 자선을 해야 한다는 전통과 인식이 있었기에 가능했다. 개신교 신앙이 확산할 때, 즉 청교도 의원이 많을 때 이 법이 제대로 장만된 것은 우연이 아니다. 누진세였으니 법을 만든 의원들 자신이 많이 내야 할 사람이 아니던가. 이제 교회가 아니어도 최소한의 구휼의 지속가능성이 확보됐다. 구휼의 세속화라 **교회와 상관없는 민간 행정 관할이므로** 할 수 있고, 현대 복지제도의 모판이라 할 수도 있다.

엘리자베스 의회가 자선을 의무법으로 만들었다.
극빈층을 위해 세금을 내야 함, 곧 구빈법이었다.

빈민 구제를 교회와 자선에만
맡기지 말고 확대해야겠소.

부유층이 더 내야 하지 않겠소.
교구 재량껏 누진세를 걷어
빈민을 구제하도록 합시다.

영국은 1900년경까지도 외교와 국방 이외의 나랏일 대부분은 지방 자치로 했기에, 정부가 큰 틀만 잡아주면 교구가 구빈세를 걷고 쓰는 일을 다 알아서 했다. 따라서 지역마다 시기마다 구빈세가 제각각이었다. 누진세였던 만큼, 구빈세 장부만 보면 어느 집의 소득이 어느 수준인지 짐작이 되었다. 구빈세는 빈민 원조, 구빈원 시설비와 유지비, 구빈원 입소자를 먹이고 입히고 치료하는 비용 등으로 썼다. 구빈 위원은 역시 무급 봉사직으로 주로 교회의 직분자들이 돌아가며 맡았다. 관리나 공무원이 아니다. 온정적 교구 책임제다.

극빈자를 수용하는 구빈원 시설은 18세기 초반에 세워지기 시작했다. 1600년대에는 내전과 정치 혁명으로 정신이 없었다. 1700년대에 구빈원이 널리 지어지기 전에는 유산 기증으로 지은 양로원이 대다수였다. 그 자선금은 보통 건물 비용과 수용 인원의 생활비로 쓰였는데 기금 한도에 맞춰 노인과 고아를 들였으니 복지 시설이 충분치 않았다.

구빈법은 수차례 손질되었음에도 복지국가 출범 후 1948년에 폐지될 때까지 구제의 대원칙은 변함없었다. 구빈법의 근거는 성경에 있었다. 누구를 어떻게 원조할 것인가가 핵심이다. 요약하면 이렇다.

- 의지가지없는 근로불능자 - 빈곤 노인, 병약자, 고아 - 를 우선 구제한다.
- 근로불능자는 구빈원 시설 안에서 살게 한다. '원내 구제'라고 했다.
- 가난하지만 구빈원에 입소할 정도가 아닌 교구민에 대한 지원은 '원외 구제' 라고 했다.

- 원외 구제의 원칙은 다음과 같다.
    궁핍자와 병자를 가려서 원조한다.
    근로가능한 빈민 - 비자발적 실업자 - 에게는 임시 일거리를 준다.
    흉작, 재난 때에는 구빈세와 자선금으로 식품과 피복류를 제공한다.

도울 사람을 도와야 했다. 일할 수 있는 사람을 거저 먹게 하는 것을 큰 죄로 알았다. 그래서 신경이 곤두섰다. '도와주되 거저 먹게 하지 않는' 이 신앙적 원칙을 꾸준히 지키려면 고도의 긴장과 의지와 집행력이 요구된다. 따라서 집행자들의 역량과 재량에 따라 조금씩 다르게 시행됐다. 그럼에도 무책임한 구빈위원은 소수였고, 농업 공동체 시절에는 기본적으로 인정이 있었다. 구빈법은 가난한 노약자들에겐 든든한 의지가 되었고, 구빈원에 들어가지 않고도 극빈층은 빵과 수프, 담요, 땔감을 얻었다. 실업수당 같은 부분도 있었다. 중병 든 사람을 수십 리 데려가 치료한 경우도 그리 드물지 않았다. 헐벗고 굶주리는 이들을 외면하거나 보고만 있지 않아도 되는 공식적인, 지속가능한, 온정의 채널이 있는 사회였다.

옛구빈법은 거지나 화전민으로 살거나 도적떼를 따라다니며 연명했을 사람들에게 지붕 있는 거처와 걸칠 옷과 끼니를 제공했고 질병을 치료해 주려는 생각을 낸 것이었다. 견습생으로 내보낼 아이들은 제 이름이라도 쓰도록 가르쳤다. 세상 어떤 곳에서는 최하급 노비였거나 각설이 타령을 하며 떠돌았을 사람들이다. 존재도 없이 스러졌을 그들을 전국의 모든 교구가 노인 몇 명, 아이 몇 명, 이런 식이 아니라 개인의 이름, 나이, 성별을 일일이 정성껏 기록해 놓았다. 세금이 드는 곳이니 문서가 필요했겠지만, 유아 세례 등록부만큼이나 중요한 장부라는 인상을 준다. 구빈법이 충분했건 부족했건, 가장 비루한 사람들이 기댈 수 있는 안전망이 있었다는 말이다. 또 언제 그런 처지로 떨어질지 모르는 사람들에게도 믿는 구석이 있었다는 것, 그 정도만 돼도 17~18세기 세상에서는 아주 괜찮았던 편 아닌가.

1834년의 신구빈법은 냉정하기로 악명이 높았다. 농업 시대의 옛 구빈법은 산업 시대에 맞지 않았고, 빈민 폭증에 불황이 겹쳐 구빈세 납부자의 허리가 휘었다. 인구 폭발에 대한 걱정과 구빈법 개혁을 논한 맬서스의 이론도 한몫 했다. 거기에 메마른 공리주의의 영향과 도덕성을 중시하는 시대정신이 뒤섞여 식자층과 당국자들이 옛구빈법이 헤프다며 재검토했다. 그 결과 나온 신구빈법은 구빈원 신세지는 것을 차마 못할 일로 만들고 원조받는 사람을 세금 축내는, 민폐 끼치는, 죄인 심정이 되게 했다. 구빈원 입소자가 가난한 주민보다 잘 먹고 잘 입어서는 안 된다는 거였다. 구빈원 생활을 가혹하게 만들고 일반 빈민을 원조하던 관행도 금지하여 구빈세에 기대는 사람을 최대한 줄이려는 의도였다.

하층민은 구빈법을 인생의 막다른 골목에서 꺼내 쓸 최후의 보험처럼 의지하고 있었다. 그런데 이제 구빈원은 밑바닥 인생이라는 낙인이 된 듯 했다. 배려하는 정서가 있었던 구빈원이 냉랭한 수용소 이미지로 변했으니 세상이 싹 바뀐 느낌이었다. 그들은 마음에 큰 상처를 입었다. 노동자가 밀집한 북부 산업 지역에서 격렬한 저항이 이어졌다. 구빈원을 흉물스럽게 만드는 해괴망측한 소문도 나돌았다. 《올리버 트위스트》의 직접적 배경이었다.

구빈세를 줄여서 고아들 배가 홀쭉해지기도 했으나 신구빈법에 대한 험담이 과장되었다고 한다. 역사가들이 자료를 샅샅이 보니 신구빈법이 칼로 자르듯 했던 것은 아니었다. 구빈원에 들어오지 않아도 보조받는 빈민은 많았다. 실업수당 같은 구제가 여전했다는 뜻이다. 국운이 정점으로 치닫던 1870년 무렵에도 한해에 구제 빈민 비율이 인구의 5퍼센트를 넘었다. 물론 수치는 점차 줄어들었다. 1834년에 8퍼센트 정도였던 구빈세 수혜자는 1900년에 2퍼센트로 되었다.

찰스 디킨스는 《올리버 트위스트》를 통해 빈곤 문제의 심각성과 신구빈법의 매몰참을 부각시켰지만, 그건 어디까지나 구빈법이 있던 나라의 이야기다. 아직 정식 결혼을 못하고 돈 한푼 없는 임산부가 그냥 찾아와 아기 올리버를 낳고 키워 달라고 맡길 수 있는 곳, 아무 연고 없는 그녀가 사망하면 마땅히 장례를 치러주는 곳이 구빈원이었다. 구빈 위원은 고아 올리버를 팔아치우듯 바깥에 내보내고도 계속 그 행적을 파악하고 있어야 했다. 어떤 곳에서는 비렁뱅이로 살다가 얼어죽어도 모를 가장 하찮은 아이 한명이라도 일정 나이가 될 때까지 그 생존과 생활에 신경을 쓰는 시스템을 가진 사회가 당시에 얼마나 희귀한 케이스인지 디킨스가 알았을까. 세계 무대에서 보자면, 디킨스의 구빈법 비판은 역설적이다.

25

나눔과 도움
Paternalism, Voluntarism

찰스 디킨스의 소설은 역사책보다 더 사실적이어서 빅토리아 시대에 다가갈 때 큰 도움이 된다. 여왕의 재위기는 1837~1901년이지만 '빅토리아 시대'를 19세기로 보면 편하다. 19세기를 나폴레옹전쟁 끝부터 1차 대전 발발 때까지로 1815~1914 보기도 한다. 디킨스가 그 빅토리아 시대의 진면목을 위에서 아래로 또 옆으로 파노라마로 보여주니 그때 사람들의 감성, 관습, 신념을 터치하게 된다. 《올리버 트위스트》처럼 1843년에 나온 《크리스마스 캐럴》도 그렇다.

촘촘하게 이야기를 엮는 디킨스가 구두쇠 스크루지 영감을 단번에 개과천선 시킨 것은 인간을 잘 몰라서가 아니었다. 인간성의 비약은 빅토리안 스타일이 아니다. 아직 극적인 회심에 대한 감각이 있는 시절이었기 때문에 쓰여진 이야기다. 가진 것을 나누고 어려운 사람을 돕는 것이 바른 인생이라는 교훈 역시 그때 사람들에겐 당

III 개혁   217

연지사였다. 도움이 필요한 사람은 여전히 허다했지만, 나눔과 도움을 행하는 사람들 또한 무수했다. 그럼에도 사회적 약자에 대한 동정심을 늘 품었던 디킨스는 가진 사람들이 더 많이 나누어야 한다고 생각했을까. 두 작품이 나온 1830년대와 40년대 영국은 사회 문제로 바닥을 쳤다.

어떤 영국 역사가들은 빅토리아 시대를 '갚음(속죄)의 시대', '아량(자선)의 시대'라 칭한다. 노예를 풀어 주고, 비국교도에게 그어놓은 한계선을 지워주고, 아동과 부녀자를 탄광 갱도에서 나오게 하고, 공장법을 고치고, 산업화 그늘의 곰팡이를 벗겨내고, 노동자들이 뭉쳐 활동할 자유가 주어지고 또 선거권을 갖게 되고……. 묵은 오류와 큰 잘못을 씻어낸 시대였다. 온 백성이 '어엿한 시민'으로 거듭나는 과정, 즉 '대개혁 시대'를 '속죄의 시대'라 표현했는데, 빅토리아 시대의 독특한 모습을 증거하고 있다.

자선은 홍수처럼 넘쳐 문제가 될 정도였다. 프로하스카라는 사학자는, 자신이 신앙과 무관함을 밝히면서, 19세기 영국에서 자선이 얼마나 광범위하게 행해졌는지, 또 기독교의 영향이 얼마나 컸는지 인정하지 않을 수 없다고 했다. 그는 자신의 연구 결과를 전달하기 위해 "20세기 복지국가(영국)에 살고 있는 사람들은 과거에 보편적 복지제도가 없을 때 자선이 (빈궁한)사람들에게 어떤 역할을 했는지 이해 하기 어려울 것"이라는 강조법도 썼다. 이 학자의 말대로 19세기 영국에서 자선은 아주 특별했다.

당연하게도, 자산가들은 구빈세를 내면서도 자선을 계속했다. 교회의 구제는 별도로 하더라도, 자선은 '파터날리즘' Paternalism 전통과 합쳐졌다. 파터날리즘은 지도층과 유산자가 공동체의 유지와 개선을 위해 시간, 몸, 재물을 들여 봉사하고 특히 하층민과 어려운 이웃을 돌보는 전통을 말한다. '온정주의', 곧 '공동체 배려주의'다. 즉, 지도층은 지역 사회를 위해 무임으로 일하고 넉넉히 베풂으로써 권위를 세우고 민중을 다스렸다. 지도층의 욕망이 표출되는 방식이 이랬으니, 문화 토양 자체가 다르다.

파터날리즘은 자선이 필수였다. 많은 부자들은 일상적 자선 뿐 아니라 재산을 남겨 곤궁한 사람을 위해 쓰게 했다. 대체로 노인과 고아의 숙식 시설과 교육 분야에 가장 먼저 쓰였다. 오늘날도 복지비가 늘 모자라는데 구빈법만으로는 구휼을 감당하기 어려웠다. 요컨대 자선은 구빈법과 함께 빈민 복지를 담당한, 사실상 복지 원조요 복지의 한쪽 날개였다. 역사가들은 구빈법과 자선을 복지의 '공생 관계, 파트너, 양대 기둥'으로 칭한다. 긴 19세기 동안, 중간계급 시민이 주도한 나눔과 도움에 어떤 종류가 있었는지 간단히 살펴보자.

서민 복지를 위한 시민협회 (사례)

자 선 병 원

기부금으로 설립·운영한 근대식 병원	서민에게 무상 의료 제공

1730년대 이후 주요 도시에 설립

종합병원 기능 : 외래 진료, 입원 치료

의료진 : 개인병원 의사가 파트타임 봉사

시립, 주립 병원 역할

성직자 : 환자 방문, 예배 인도

[자선병원이 없을 때 서민은 구빈법 진료를 받았다. 구빈법 의료는 초보적 수준이었다.]

자선병원 사례   여성 입원실

자 선 학 교

서민 자녀 위한 교파 소속 학교	무상 교육	교인들이 기부, 교사로 봉사

주간 학교	야간 학교	주일 학교
1700년 이후 전국에 설립	1850년대 시작	1769 감리교 첫 주일학교
목적: 성경 읽는 도덕적 시민 양성	초교파 학교	1780 존 웨슬리의 영향으로
교육: 초등 과정, 예절과 덕성	근로 청소년	레이크스가 운동 시작
교복·물품 제공, 다양한 행사	기초 교육	1785 주일학교협회 발족
우수 학생 중등 교육 지원		1810 등록 어린이 50만 명
1870 초등의무교육법 이후 공립 교육제도에 편입		

자선협회, 활동 범위와 혜택

범위

극빈자 원조	
노인, 고아, 산모, 장애인, 노숙인, 특수 질환자	
교육, 교화, 계몽	**보건, 위생**
아동, 청소년, 성인, 여성(어머니 회)	**절주 운동**
근면, 자조 활동 지도	**실업 구제**
저축 장려, 서민 금고	

혜택

양로원 : 숙식, 생활비	산모 : 물품, 방문, 맞춤 도움
보육원 : 숙식, 훈육	가정 방문 : 계몽, 소통

성인 교육 :
신지식과 직업 기술, 교양 강좌, 도덕 강론, 독서 토론회
도서관 시설, 스포츠와 친목

절주운동 :	복지 시설 :
가정과 사회 정화	직접적 도움, 특수 병원 등

자조 계발

사례 1) Saving Bank (소액 은행)
 저축 습관, 후원자의 기부금으로 이자 제공

사례 2) Coal Fund, Clothing Fund (겨울 생필품 펀드)
 가구 당 매주 소액(여러 등급)을 저축하게 하고,
 연말에 저축 총액 + 이자 후원자의 기부금 = 수납액
 총 수납액 만큼 석탄, 의류(의복, 담요) 등 생필품 제공

사례 3) Allotment (텃밭)
 텃밭을 저렴하게 분배, 근면과 자립심 고취

사례 4) 실업자에게 임시 일거리 제공

자선협회는 극빈층이 대폭 증가하고 빈부 격차와 계층 갈등이 커지던 1800~50년 사이에 폭발적으로 불어났다. 자선병원, 자선학교 그리고 서민 생활의 향상을 돕고자 하는 다양한 자선협회들이 도시마다 수십 개, 수백 개씩 있었다. 가진 사람들이 돈과 조직력으로 빈곤 문제와 사회 갈등에 대처한 방식이었다. 국교도이건 비국교도이건, 토리당원이건 휘그당원이건, 그들에게 아주 예민한 부분인 교파와 당파에 관계없이, 중간계급은 자선과 봉사로 사회 화합을 이루려는 점에서 일치했다. 그들은 자선을 땜질용으로 쓴 것이 아니라 힘 없고 어려운 이들을 챙기고 계몽해서 모두가 시민답게 사는 사회, 선하고 정의로운 사회로 나아가야 한다는 공통 이념을 가졌다. 그래서 협력이 가능했다.

사회 지도층이 되려면 기부와 봉사 경력이 수북해야 했다. 자선과 봉사가, 나눔과 도움이, 권력과 권리의 전제조건이라는 공감대가 있었다. 이기적 목적, 위선, 허영으로 하는 사람들이 물론 있었으나, 그렇게라도 나눔과 봉사를 꼭 해야 되는 풍토가 인간 세상에서 어찌 예사롭다 하겠나. 가진 재물이 자기 것이 아니라는 말씀을 못 들은 척, 모르는 척 할 수 없었으니, 대부흥의 영향이 아직 강하게 남아있던 시절이었다.

26

협회 문화, 개신교 문화, 선한 사회

프랑스 사람 토크빌1805~59이 1830년대 초에 미국을 방문했을 때 '시민협회 천국'을 '발견'했다. 영국과 미국에 비해 중앙의 힘이 강한 프랑스에서 정치 발전을 꿈꾸던 그에게 그것은 신대륙 발견 만큼이나 경이롭고 반가운 조우였던 것 같다. 토크빌은 스펀지처럼 미국 민주주의의 생명력을 흡수하고는 이에 관한 책을 저술해 서구의 중요한 사상가로 등재되었다. 지금도 시민 사회와 민주주의 논의와 관련해서 종종 거론된다.

'중앙 정부의 권한'이라는 측면에서 보면 프랑스는 서구 국가에서 중간쯤이었다. 미국 - 영국 - 프랑스 - 독일 - 러시아. 왼쪽으로 갈수록 일상에서 중앙 정부의 권한이 작았다고 보면 무리하지 않다. 영국은 미국과 비할 수 없이 역사가 오램에도 불구하고, 국방과 외교 이외는 지역에서 알아서 하는, 전통적으로 작은 정부의 나라였다. 자유방임 경제도 영국적 방식이요 산물이었다. 왕실에서 임명하는 큰 공직은 명예직에 가까웠고, 지방 행정은 지역민의 자치로 꾸려졌다. 오히려 국교회 성직자가 임명직이었고, 지역 유지와 재력가들이 자체적으로 시장과 행정직을 선출했다. 1295년 모델의회 때부터 1910년까지 의회 의원에게 봉급이 없었던 것처럼, 시정市政 직위 역시 무급의 자비량이었다. 지역 실세들이 돌아가며 마을 일을 챙기는 교구 운영 스타일이 빅토리아 시대의 도시 행정에도 유지됐다. 지방 행정은 기본적으로 온정주의 개념이었고 따라서 자산가가 할 수밖에 없는 구조였다. 본업이 따로 있는 사람이 하므로 파트타임 형식으로 단기간에, 주로 1~2년씩 시정을 분담했다. 소수 그룹이 권력을 독점하며 나눠 가졌던 반면, 가진 사람이 하므로 뇌물이나 부패의 소지가 적었던 점도 있다. 더욱이 그들은 시정 뿐 아니라 여러 자선협회에 넉넉하게 기부하고 또 운영위원으로서 시간과 노력을 들여 봉사한 사람들이었다. 그래서 영국의 중앙 정부는 지시하고 명령하는 쪽이 아니라 국민의 청원이나 요구를 처리해 주는 쪽이었다. 서비스, 즉 섬김[serve] 개념이다. 정부는 전국 차원의 조사가 필요할 때 나서곤 했다.

    19세기 후기, 현대 국가로 옮아오면서 중앙 정부가 지방 일에 조금씩 더 개입했고, 20세기에 복지제도를 중앙집권화 하는 단계로 나아가면서도 지방 자치 관습은 크게 손상시키지 않았다. 그것이 영미 문화다. 공무원을 civil servant, 지도자를 servant-leader 라고 하는 것이 괜한 일이 아니듯, '관리'라는 용어는 영미 사회에 어울리지 않는다. 지금도 영국의 다수 도시에서 시장은 월급 없는 봉사직이다. 과거제를 통해 관리를 뽑아 전국에 배치하고 상부 지시 하달형 행정을 하는 중앙집중식 문화가 있는 사회는, 관주도형 사고방식과 행동 양식에 젖은 사회는 감을 잡기 어려운 국정 체질이다.

토크빌이 미국에서 목격한 시민 결사체 voluntary, civil associations 활동은 당시 영미 양국의 공통 현상으로 서구 세계에서 단연 앞섰고 풍성했다. 앞서 보았듯이, 영국에서는 자선협회만 해도 한창 때는 수만 개였다. 중간계급용 협회도 종류가 많았다. 학술 교양 협회 뿐 아니라 정치, 사업, 오락, 스포츠 협회가 있었는데, 웬만하면 자선협회와 이 협회들 몇 개씩 등록해 회비를 냈다. 기술 노동자들은 상조회와 조합, 학습 단체 등을 만들었다. 하층민은 도움을 받는 입장이지만 다수가 자선 기구에 연결되어 있어서 시민협회가 어찌 돌아가는지 다 알았다. 촘촘한 거미줄 같이 퍼져 있는 시민 기구에 한 발이라도 걸치지 않은 사람은 구빈원 거주자들 외에는 없었다.

협회 멤버십이 시민증이나 마찬가지였다. 협회 사회였다. 시민협회는 17세기부터 생긴 작은 클럽과 동호회들이 단초였다. 그리고 18세기에 상류층과 중간층이 자선학교와 자선병원을 필두로 다양한 시민 기구와 협회를 조직하고 발전시켰는데 짜임새는 모두 같았다. 창립 멤버들이 자발적으로 설립하고, 회원 기부로 재정을 꾸리는 자립과 자치적 운영이 기본이었다. 자생, 자치, 자립의 원칙이다. 민간의 자율이 탄탄하게 또 널리 깔려 있었다. 모든 시민협회의 운영 골자는 '법의 지배, 절차의 민주성과 투명성, 열린 토론'이었다.

> **시민협회**는 시민의 기부금으로만 설립·운영 됩니다.
> **자생, 자치, 자립**이 원칙입니다, Sir!
> **운영 원리**는 이렇습니다.
> **법의 지배, 민주적 절차, 투명성, 열린 토론**

리더 후원자들이 **위원회**를 만들고,
　논의와 합의를 거쳐 **규칙**을 세밀하게 정합니다.
　철저히 규칙대로 시행합니다.

기부자를 모집합니다.
　그들이 곧 협회의 **회원**이며 **자원봉사**도 합니다.

연례 총회를 합니다.
　연간 보고, 회계 감사, 운영 위원 선출, 자유 토론을 합니다.
　(여성 회원은 총회에 참석 자격이 없다. 가족이나 지인이 대리 투표한다.)
　총회에서 다룬 모든 사안은 공개합니다.

협회 활동으로 신분과 배경을 뛰어넘는 회원 간의 교제와 교류가 촉진됩니다.

자선병원 총회 보고서 (일부)

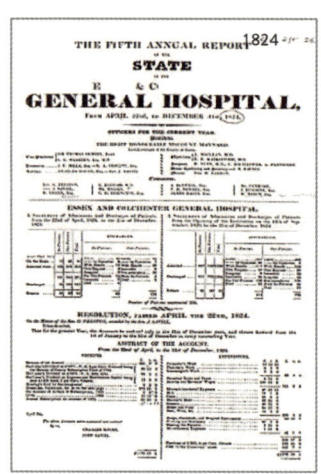

재정 보고

후원자 명단(고액 기부자, 정기 기부자)

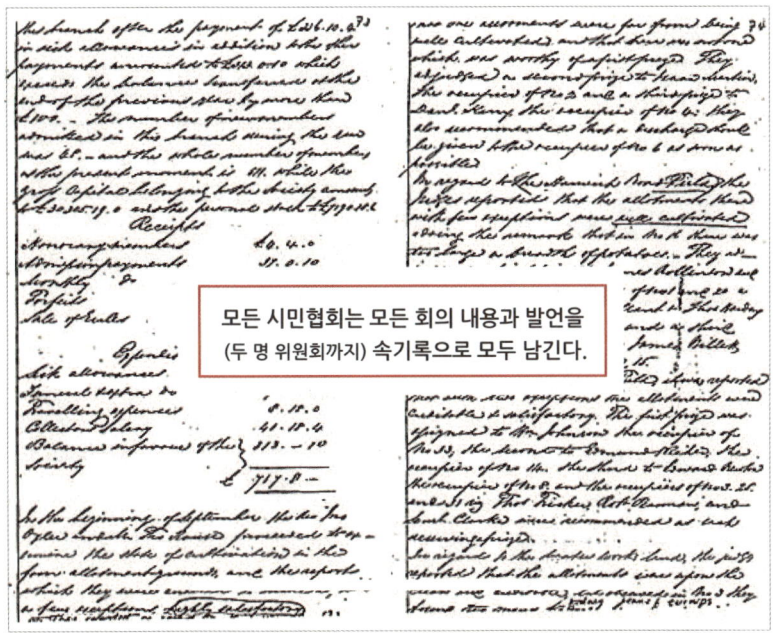

자선협회 운영은 모두 자원봉사에 의존합니다. 단, 자선병원만 간호사와 서기를 정규직으로 채용합니다.

자선병원 서기의 업무

수입 지출 내역을 꼼꼼히 기록
회의(매주) 내용과 토론을 기록
환자의 진료 일지와 병원 운영의
　모든 문서를 기록, 보관

자선병원 입원 환자의 식단

III 개혁　227

지역 사회와 소통합니다.
주요 협회는 활동 내역을 주요 언론 매체(신문)에 게재합니다. 총회 토론은 발언자의 이름과 발언 전문을 보도합니다. 따라서 시민협회와 신문 매체는 사회 중추 집단의 이념과 가치를 지역 사회에 전달하고 보급함으로써 국민 통합을 강화하는 데 기여합니다.

> 지역의 주간 신문은 한 주간 동안의 시민협회들의 활동을 자세히 보도한다.

어떻게 수천, 수만의 협회가 천편일률적인 틀과 모양을 가졌을까? 연습도 훈련도 없이 어떻게 시민협회를 척척 만들고 잘 꾸렸을까? 서로 모방했다고?…… 신분제와 신념 중심성이 확고한 사회에서 지위, 교파, 당파가 다른 사람들이 어느날 모여 모방한다고 저절로 민주적이고 투명한 운영이 이루어질까?

몸에 밴 것이기 때문에 가능했다. 개신교 교회 문화다. 시민협회가 민주적 절차를 준수하고, 무슨 일을 하는지, 기부금이 어떻게 쓰이는지, 안팎으로 훤히 알도록 한 것은 개신교 교회의 운영 생리 그대로다. 주요 사안을 공개하고 충분히 논의하여 공동체의 의사를 살피고 반영하는 시스템, 그렇게 공유와 공감대를 확보하는 가운데서 개인이 자발적으로 자기의 역할을 찾고 봉사하는 것, 거기에 자기 소유의 일부를 가져와 함께 사용하되 씀씀이를 꼼꼼히 하고 다 밝히는 것이 프로테스탄트 교회의 운영 방식이다. 개인의 자유와 잠재력을 고양시키면서 서로 협력케 하는 공동체 문화다. 부패와 비효율을 최소화할 수 있게 된다. 말하자면, 시민협회는 교회의 운영 방식을 밖으로 가져간 것이었다. 그들에게 시민협회는 타고났다 할 정도로 몸에 밴 생활양식이다.

엘리자베스 프라이가 수감자의 생활 개선을 위해 규율을 정하는 과정을 환기해 보는 것이 좋겠다. 규칙 하나하나마다 수감자들의 의견을 묻고 합의한 것, 또 정해진 규칙을 곧이곧대로 적용한 것, 그것은 퀘이커교도인 그녀에게 자연스러운 방식이지 창작물이 아니었다. 그녀는 그러한 방식의 도덕적 힘, 즉 그것이 수감자들의 자존감과 능동성을 돋운다는 사실을 잘 알고 있었다. 재소자들에게도 주저함 없이 민주적이고 평등한 절차를 적용케 한 퀘이커 원칙의 힘이 대단하긴 한데, 그 방식은 개신교, 특히 비국교 교회의 일반적 특징이다.

19세기에는 비국교도들이 공적 영역과 사회 활동에 대거 참여했다. 비국교 신자를 가로막았던 고위 공직과 대학 진입의 장벽은 1830년 이전에 제거되었다. 그동안 비국교 교회는 자체적으로 고등교육 기구를 만들어 후세대를 양육했다. 껄끄러웠던 가톨릭에 대해서도 그때부터 올무를 하나씩 풀었다. 1851년의 종교 센서스를 보면, 당시 기독교 인구 중 국교와 비국교가 대략 절반씩 차지했는데, 비국교 중

90퍼센트는 감리교, 회중교, 침례교, 장로교의 네 그룹이었다. 비국교 신자의 비중이 상당했다는 뜻인데, 그들은 덩치만 커진 것이 아니라 정치, 경제, 사회의 제반에서 성공회 신자와 비등한 역할과 활동을 하기에 이르렀다. 그것은 또 그들 비국교 교회가 복음주의에 더 가까웠던 만큼 복음주의적 교회 문화가 사회로 한층 더 파급되었다는 뜻이기도 하다.

국교 비국교를 막론하고 다수 신자는 중산층이었고 그들이 곧 시민협회의 기둥이었다. 당시에 중산층 대부분은 어머니 뱃속에서부터 교회 생활을 했기에, 아무렇지 않게 교회와 비슷한 협회를 꾸리고 봉사할 수 있었다. 그들은 자기가 설 자리와 자기 몫을 분별하면서 협력할 줄 아는 유전인자를 가진 협회 체질이었다. 그러므로 개신교 국가인 영국과 미국에서, 영적 각성의 영향이 강할 때, 민주적이고 평등한 시민협회가 만개했던 것은 당연한 귀결로 보인다. 교회 생활 자체가 봉사 생활이고 교회는 언제나 자원봉사자 양성소다. 더욱이 영적 힘이 있을 때는 나눔과 섬김 의욕이 바깥으로 흘러넘치게 마련이다. 그래서 신자들은 지역 교회가 해오던 일을 자선협회를 통해 확대하고 다양화한 것이다. 도움과 돌봄에 익숙한 사람들이 충분히 준비되어 있었기 때문에, 자금과 인력이 많이 소요되는 그 무수한 자선협회가 왕성하게 돌아갔다.

자선협회는 특히 기부할 여력이 있거나 활동할 여건이 되는 교회의 여성을 총동원했다. 많은 여성이 자원봉사를 직업처럼 했다. 그들은 대개 이런 일을 했다.

자선협회, 여성 기부자(회원)의 활동

교육, 계층 간 화합

미래 세대 선도: 자선학교 교사로 자원봉사
국민 정신 - 정직·배려·예의·청결·성실 등 - 전파, 모범

소통, 계몽, 도움: 어머니회 조직, 빈민 가정 방문, 출산 가정 방문
서민의 필요와 요구를 파악하여 협회 운영위에 전달

[20세기 국민보건제도에서 간호사가 산모와 영아 가정을 방문하는 제도는 18세기 말부터 산모 돕기 자선협회에서 하던 일이다.]

다양한 현장 봉사

수금: 서민 펀드에 가입한 서민들을 가가호호 방문, 수납
배달: 서민 가정에 생필품과 물자 전달

자선병원 바자회 주최   자선학교 아이들 물품 전달과 행사 돕기
자선 만찬(자선 기부자와 수혜자 동반 모임)을 위해 음식 장만과 서빙
겨울철마다, 긴급 구호 필요시에, 빈곤층을 위한 빵·수프 코너 주관 등

빅토리아 시대의 자선부인이 20세기 사회복지사의 원조인 셈이다. 시민협회에서 여성 회원은 공식 모임에 참석하지 못해 권한이 별로 없었지만, 자선협회는 여성들의 봉사를 전제로 설립됐다. 하층민과 중산층의 가교 역할을 하면서 허다한 빈민 아동에게 글과 예절을 가르치고 바른 가치를 심어준 주역이 그들이었다. 그 여성들이 '감사합니다 thank you 미안합니다 sorry 실례합니다 excuse me'를 인간관계와 국민 예절의 기본이 되게 했다. 이는 말로만 하는 것이 아니라 항상 다른 사람을 염두에 두는 마음과 배려하는 태도였고, 그들이 스스로 모본이 되었다. 새로운 시민, 건실한 노동계급이 될 후세대가 그들의 봉사로 인생의 기초가 닦였다. 미래 서민의 본보기 역할을 한 것은 곧 국민 통합의 바탕을 견고히 한 것이었다.

자선협회는 온 국민을 교육시켰다. 재력과 영향력 있는 운영위원, 기부자, 행정 봉사자, 현장 봉사자, 도움과 원조를 받은 무수한 사람들, 모두가 협회 문화를 체득했다. 신분이 높으냐 낮으냐, 국교도냐 비국교도냐, 어느 정당을 지지하느냐에 따라 삐걱대던 사람들이 같이 협회 활동을 하면서 동료애를 느끼며 더 평등해졌다. 협회의 주축인 중간계급이 정직, 근면, 절제, 친절, 약자 배려의 가치를 뼛속 깊이 공유했기 때문에, 그리고 합의한 규칙, 민주적 절차, 투명성을 철저히 지켰기에, 간혹 갈등을 빚어도 아무런 문제가 되지 않았다.

제도와 법이 있다고 민주주의가 곧장 성숙해질까? 자선협회는 중간계급 남성이 민주와 평등을 숙달하는 현장 실습장이었다. 협회의 지도급 인사들은 점차 그들에게 운영권을 넘기고 맡겼다. 대 부르주아지는 중·소 부르주아지를 지도하던 입장에서 동등하게 대우하고자 했다. 대신 대 자산가들은 공동체의 발전과 문화 진흥에 더 많은 시간과 노력을 들이고 큰돈을 기부했다. 중간계급은 하층민도 자신들처럼 되기를 바랐다. 하층민에게 베풀면서 고분고분하기를 기대하던 입장에서 선진 사회로 나아가는 동반자로 여기게 되었다.

첫 번째 세계 엑스포인 런던 만국박람회가 1851년에 열렸는데 일종의 시대적 분기점이 됐다. 이제 중·상류층은 하층민을 정신적, 도덕적으로 향상시키는 데 더 집중하려 했다. 물질적 원조는 의당 계속하면서도 하층민에게 자립 인생을 꾸리도록 촉구하고 그들이 교양과 덕성을 갖춘 문화 시민이 되기를 희망했다. 협회 회의록들을 보면, 중간계급이 자신들의 골수에 박힌 가치를 하층민에게 전달하고 공유하기를 바란 것이 안달할 지경이었음을 알 수 있다.

교육 혜택을 받지 못한 아동, 청소년, 성인을 위한 교육 기구를 설립하는 데 더 신경을 쓰고 지식과 정보를 공급하면서 정직, 근면, 절제, 존중과 배려의 덕목을 강조했다. 사람이 도덕적으로 성숙할수록 자유가 깊고 넓어진다고, 선하고 올곧은 사람이 많은 사회가 바로 문명사회요 선한 사회라고 굳게 믿었기 때문에, 부르주아 계급은 이를 전파했고 또 그런 사회를 이루려고 노심초사했다. 젠틀맨, 매너, 에티켓의 뿌리가 거기 있다. 이 용어들은 근본적으로 다른 사람을 배려하는 심성과 가치관을 뜻한다. 이웃 사랑이 그 중심에 있다.

영국의 19세기는 시민이 협회 활동을 통해 자기 공동체의 정신, 몸,

마음을 건사한 시민 사회였다. 시민협회는 선한 가치, 선한 협력 방법을 온 나라 속속들이 퍼 날랐다. 신분 질서가 분명했던 영국에서 시민협회는 민주적 절차와 계급을 초월한 협력 공동체 문화를 보급시키는 데 중차대한 역할을 했다. 갈등을 조정하고 합의를 철저히 이행하는 조직 운영의 역량을 후세대에게 물려주었다. 지금도 조직을 만들려고 하면 이 사람들은 직위와 자기 몫보다는 자신의 역량에 맞는 자리와 위치를 착착 찾는다. 공동체 전체를 보는 눈과, 자신과 공동체를 조화시키는 능력과 자질이 거의 천부적이다.

회칙과 회기 준수, 열린 토론, 절차와 재정의 투명성, 회원 상호간의 교류와 민주적 평등성, 이러한 시민협회 문화는 국가의 중추인 부르주아 계층이 당파성에 빠지지 않게 했고 민주적 사회 발전을 크게 부추겼다. 열림, 공정, 협력의 협회 문화는 신뢰 사회를 이루는 촉진제였으며 국민의 핏속에 흘러 결국 국민성이 되었다. 이 시민의 자질과 속성이 영국 도시 문화의 핵이었다. 껍데기는 딱딱해 보이는 신분제였으나 속살은 자유와 평등으로 차올랐으니, 사회가 건전하고 효율적으로 재편되어 갔다. 사회적 자본 면에서 초강국이었다.

27

서로 돕고 배우는 노동자들

영국섬의 인구는 19세기 100년 동안 3.3배 늘어서 1901년에 4천만 명을 넘어섰다. 세기 전반 50년 동안 시골 사람들이 일자리를 찾아 산업 지대로 몰려들었고 대도시들이 생겨났다. 도농 인구가 반반씩 된 때가 1850년경이니 세계에서 가장 먼저 도시화가 진행되었다. 1870년 무렵부터 출생률, 사망률, 결혼율이 다 떨어지기 시작해서 현대 사회의 특징 또한 먼저 나타났다.

여기서 19세기 신분 구조에 대해 잠깐 보자. 학술적으로 중간계급은 보통 대·중·소 세 계층으로 나누고, 이들의 비율로써 당시 한 나라의 경제 수준을 재어보기도 한다. 다음 표에서 보듯이, 19세기 초에 영국의 중간계급은 인구의 3분의1 정도였는데 이는 당대 유럽에서 그 비율이 가장 높은 편에 속했다.

중간계급의 특징을 나양하게 말할 수 있는데, 단슈하게는 하녀

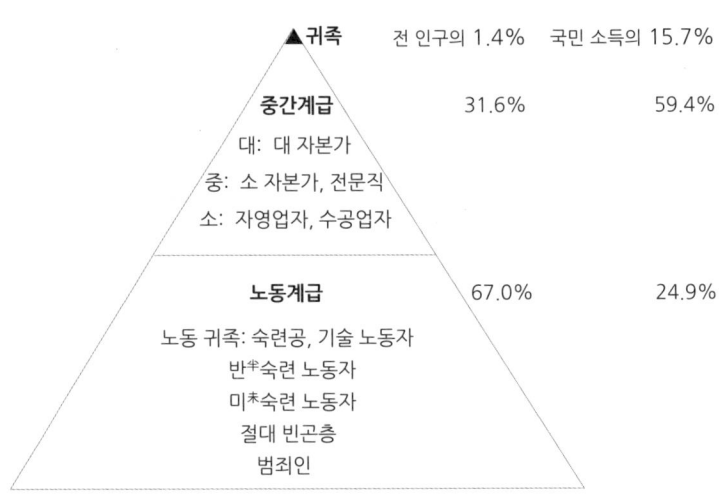

참고: E. Royle, *Modern Britain: A Social History 1750-1997* (London, 1997), p. 83.

나 일꾼을 두었다면 중간계급으로 볼 수 있었다. 대 부르주아지는 경제적, 사회적 영향력이 커서 상류층과 지도층으로 인식되었다. 그들은 지역 사회의 엘리트로서 시정을 관할했고 시민 조직의 큰손이며 리더였다. 중 부르주아지는 1832년 1차 선거법 개정 때, 소 부르주아지와 노동 귀족은 1867년 2차 개정 때 비로소 참정권을 획득했다. 물론 남성의 경우다.

1860년대까지도 '노동계급, 근로 계층, 빈민'은 모두 같은 뜻으로 쓰였다. 노동자는 곧 가난함을 뜻했다. 노동계급 중에서 10~20퍼센트를 차지한 숙련 기술자, 즉 노동 귀족 이외에는 빈민의 범주에 들었다. 기술이 없는 일반 노동자들은 저임금에 시달렸고 태반이 경기 변동과 계절에 따라 일자리를 잃는 비정규직이었다. 휘황찬란한 만국박람회가 열리던 그 시점에도 인구의 절반 가까이가 끼니 걱정을 덜지 못했다. 이 빈곤층에게 선택적 복지를 제공하는 방식이 바로 구빈세와 자선이었다. 구빈세는 극빈층을, 자선은 차상위 계층을 염두에 두었다. 하지만 인구의 20퍼센트 정도되는 부유층이 그런 방식으로 인구의 절반쯤 되는 하층민의 기초 생활을 도우려 했으니 어려운 일이었다. 그렇게 해서 될 일이 아니라는 사실을 인식하고 공감하기까지는 긴 시간이 걸렸다.

1820년대와 30년대가 가장 어려웠다. 기나긴 나폴레옹전쟁을 승전으로 끝냈지만[1815] 이어진 불황은 길었고 빈곤의 늪은 깊었다. 구빈세를 많이 걷어야 했다. 어떤 아이들에게는 올리버 트위스트 같은 구빈원 아이들이 차라리 나아 보였다. 부모가 멀쩡해도 일이 없어서 아이가 밥벌이 해야 했기 때문이다. 유럽에서 산업화 초기에는 아동 노동이 일반적이었다. 빈민가의 부모들은 올리버 또래의 아이를 새벽에 깨워 등을 떠밀곤 했다. 아이들은 눈을 비비며 나가서 저녁때를 훌쩍 넘기고 와서는 쓰러져 잤다. 많은 작업장이 먼지, 소음, 복잡함, 악취 범벅이었고 탄광 쪽은 비참했다. 갱도는 몸집이 작을수록 능률적이었기에 아이와 부녀자들, 심지어 10살 남짓의 여자아이도 탄을 실은 상자를 끌고 기어다녔다. 대여섯 살 되는 사내 아이들은 오전 오후 4시간씩 갱도에 쪼그리고 앉아 중간문을 여닫는 일을 했다. 굴뚝 청소한 아이들은 병 걸려 일찍 죽기가 다반사였다.

큰 공장, 중소 하도급 업체, 가내 수공업 등에서 모든 노동자는 장시간 일했고 다수가 산업 재해로 고통받거나 단명했다. 빈민가는 불결하기 짝이 없어서 전염병이 자주 돌았고 유아 사망률이 높았다. 많은 성인이 절망하여 싼 술에 절어살았고, 성 문란에다 범죄도 공공연했다. 가족생활이 언제 있었던가. 빈민굴은 지옥을 떠올렸다. 식민지 원주민보다 자국 빈민이 못하다는 말이 괜히 나온 게 아니었다.

마르크스의 동역자인 엥겔스는 《영국 노동계급의 현실》[1844]에서 잔인한 노동 여건과 노동자의 가혹한 삶을 파헤쳤다. 산업화의 어두운 면을 체험적으로 알았던 엥겔스는 혁명 사상을 지닌 사업가였던 만큼 노동 문제를 사회 구조와 관련해서 논리적으로 설명했다. 비

숫한 시기에 쓴 다른 논문에서 엥겔스는 빈부 격차가 없는 세상을 가져올 공산주의 혁명을 논했다. 마르크스와 엥겔스는 산업화 추세, 빈곤 인구의 폭증, 계급 갈등의 징후들을 모두 드러내는 영국이 그 혁명을 이끌것이라고 기대 내지 예상했다. 1847년 런던에서 독일과 프랑스계 사회주의자 집단이 최초로 공산주의자동맹을 결성했을 때 그 두 사람은 동맹의 강령인 《공산당 선언》1848을 공동 집필했다. 이 선언문은 1차 대전 전까지 유럽 여러 나라의 사회당과 공산당의 금과옥조였다.

마르크스와 엥겔스의 이론은 산업화 현장의 구체적 증거에 힘입었기에 설득력이 있어 보였다. 더욱이 이미 18세기 말부터 급진 운동 또한 대두되고 있었다. 17세기의 수평파처럼 평등한 정치적 권리를 요구하는 개혁 사상이 빠르게 퍼졌다. 급진주의는 토머스 페인의 《인간의 권리》와 과격한 프랑스혁명의 소식에 영향을 받았다. 민주공화국과 복지국가로의 전면적인 개혁을 주장한 페인의 책은 장인과 숙련공들 사이에 널리 읽혔다. 노동운동 단체들이 결성되었고 회원도 적잖이 확보했다. 그러나 유럽에서 혁명의 기운이 분출하는 때이니 만큼 검거와 탄압이 있었고, 18세기 말에 결사금지법이 통과되었다. 이에 신속한 정치 개혁을 추구하는 지식인과 노동자들이 속속 나타났다. 1810년대 불황기에 민중 소요가 돌출했고 약간의 희생도 있었다. 새로운 산업으로 일자리를 잃는 사람들은 기계를 부수고 공장에 불을 질러댔다. 거기다 1834년의 신구빈법은 민중의 마음에 큰 상처를 냈다. 구빈법 반대 봉기가 들끓었다.

마침내 1839년에 정치 개혁을 주장하는 대규모 시위가 발생했다. 노동계급이 최초로 전국적인 단체 행동을 한 것이었다. 그해에 실패한 이 운동은 1842년, 1848년에 거듭 시도되었지만 이어지지는 못했다. 의회에 제출할 청원서 Charter 를 마련하고 대중의 지지와 서명을 이끌어내는 것이 핵심이었기에 차티스트운동이라 불렸다. 300만 명이 -가짜 이름들도 합해서 - 서명했다고 하는 청원서를 의회는 묵살했다. 이러한 과정이 《공산당 선언》이 나올 때의 분위기였다. 그러나 노동계급 가운데는 다른 줄기도 있었다.

노동자 주류는 산업화에 잘 응전했다. 길드 조직 자체는 16세기에 대부분 소멸했으나, 장인, 도제, 수공업자 단체 등 길드 유전자는 보존되어온 터였다. 17세기에 생겼던 전문인 학회와 중간층의 클럽과 서클들이 18세기에 시민협회로 발전하고 양적으로 늘어났듯이, 규모 있는 산업체가 등장하는 1770년대 어간에 노동자 조직체도 세포 분열을 시작했다. 15세기에 시작된 오드펠로우 Oddfellows : 한 직종 길드와 달리, 직종이 다른 노동자들이 단체를 이루었기에 '좀 묘한 동료들' 대충 그런 뜻는 살아남아서 19세기 중반에 최대의 회원을 가진 공제조합이 되었다. 이 조합은 20세기에 보편적 복지제도가 출범하고도 한동안 존속할 만큼 유명한 우애단체였다. 소비자협동조합은 19세기 중반부터 퍼졌다. 어업과 무역 계통까지 망라해서 노동자 직종 단체들이 있었고 이름도 다양했다.

노예무역반대운동이 한창이던 1790년대에 노동자 활동은 크게 두 갈래로 두드러졌다. 상조우애협회가 그 하나였다. 사회 안전망은 부족한데 산업화가 진행되니 근로자들은 자기 보호 장치가 요긴해졌다. 스스로 기초 복지를 해결할 형편이 안 되는 그들은 조직을 만들고 각자의 쌈짓돈을 한데 모아 서로를 돕고 보호했다. 우애협회와 상조회는 실업, 질병, 상해, 퇴직, 사망 등을 대비한 보험 성격에다 친교의 격식을 갖춘 상부상조 복지 공동체였다. 정기적으로 기금을 납부해야 했으니 정규직쯤 되어야 회원이 될 수 있었다. 이게 안되는 미숙련 근로자들은 간간이 자선의 도움을 받았다. 따라서 100년 후, 19세기 후반에 노동계급의 소득 수준이 나아졌을 때 우애조직체의 회원이 대폭 증가한 것은 당연한 현상이다. 자선의 필요도 그만큼 줄었고.

노동자들 역시 조직을 만들 때는 자체 규약부터 정했다. 이런 방식은 이미 문화였다. 보험제도 같은 것을 운영하려면 치밀하게 조항을 만들어야 하고 행정력도 만만찮게 요한다. 가령, 정말 아픈지, 얼마나 다쳤는지 직접 방문해서 정밀한 판단을 내려야 했고, 자체 의사를 두든지 협약을 맺든지 비용을 줄여야 했다. 실업수당, 의료비, 장례비, 노령 연금 등 연령과 지급금의 액수를 정하는 일을 비롯한 회계 업무가 예삿일이 아니었다. 1펜스도 허투루 쓰지 않기 위해 규칙을 꼼꼼히 제정했고 정확하게 적용했다. 정기 회의는 중간계급의 시민협회와 비슷하게 진행했다. 가입식과 친교는 나름의 절차와 의례를 갖추었으며 중간계급 시민협회보다 호기로운 면이 있었다. 오락과 스포츠를 따로 하기 어려웠으므로 우애단체에서 이를 겸했다고 보면되겠다. 확산할수록 시스템은 정교하게 다듬어졌다.

노동자 스스로 복지 조직체 운영

성격

노동자의 상부상조를 위한 협력 조직체
우애협회, 상조회, 직종 단체 등

보험 + 친교 형식

[정치 개혁을 추구하는 노동자 단체,
노동조건을 다루는 노동조합과 다르다.]

조직, 특징

시민협회의 조직 원리 그대로
자생, 자치, 자립
꼼꼼 규칙, 규칙 엄수
정규 모임 : 민주적 절차, 투명성, 토론

특징 : 가입식, 친교(오락, 스포츠)
정밀한 (무상환)보험제도

재정, 혜택

매주 일정액 납부
숙련 기술자 (노동 귀족) : 6펜스 이상
반*숙련 노동자 : 6펜스 미만, 여러 등급

[미숙련·임시직 노동자(차상위층)는
자선협회의 도움을 받았다.]

질병, 상해, 실업, 퇴직, 사망의 경우에
실업수당, 의료비, 노령연금, 장례비 지급

의미

노동계급 문화 형성
자조·자립 정신 함양과 실천
우애·협력심 고취
조직 운영의 훈련

[노동자들이 정직성과 철저한 준법정신을
지녔기에, 금전을 다루는 이 조직체들이
효율적으로 운영되고 발전했다.]

242 그들이 나라를 바꿨다

노동자 교육의 씨앗이 뿌려진 때도 1790년대였다. 글래스고 대학의 존 앤더슨 교수가 무학의 대중을 위해 자신의 유산을 기부한 것이 시초였다. 그 기부금으로 대학은 앤더슨 칼리지를 부설했고 버크벡 교수가 노동자 대상 강좌를 개설한 것이 1800년이었다. 의사이기도 했던 조지 버크벡이 처음으로 산업 근로자에게 기술과 산업 지식을 가르쳐 주기 위해 무료 강좌를 열었던 것이다. 그는 1823년에 런던에서 성인 교육기구인 기능공강습소 Mechanics' Institute를 창립하는 데도 관여했다. 이 창립식에는 2천 명이나 모였다. 리버풀에서도 같은 해에 기능공강습소가 열렸다. 기술과 지식이 필요한 시대였기에 무학의 노동자들은 기회를 찾고 있었다. 또 중간계급 남성은 이미 문예협회와 과학협회를 꾸리며 범람하는 신지식을 흡수하고 있었다. 기능공강습소는 문예와 과학, 그 두 성격을 결합한 것이었다.

이 강습소는 경험이 있는 중간계급이 비용과 커리큘럼을 공급하고 노동자는 저렴한 회비를 내고 참여한 일종의 준 자선기구요 야간 성인학교로서 1830년대와 40년대에 도시마다 다 있었다. 기능공강습소 비슷한 교양강습소는 더 많았다. 이들 강습소는 다양한 전문가의 강좌, 기초적 학습, 오락, 스포츠 등을 제공했고 독서실도 두었다. 1850년에 기능공강습소와 교양강습소를 포함한 성인 교육협회는 전국에 1,057개로 집계되었다.

기능공강습소는 원래 직공과 일반 노동자를 위한 것이었으나 소중간계급 petite bourgeoisie이 더 많이 등록하자 의미가 퇴색해 1850년대에 다수가 소멸했다. 대신 전문적인 노동자학교들이 설립되었다.

이들은 후원금으로 운영되면서도 공식적인 성인 교육기구로 인식되었다. 그중에 런던의 기능공강습소는 지금까지 이어진다. 1830년부터 여성 회원을 받아들였고 1866년에 문예과학교육원 Literary and Scientific Institution 으로 개칭할 만큼 성장하여 노동계급을 위한 대표적인 교육기관으로 자리매김 했다. 1860년대 말 수강생 중에는 페이비언 사회주의를 주도할 시드니 웹과 애니 베산트도 있었고, 나중에 노동당의 첫 총선 승리를 이끌 램지 맥도널드는 1880년대에 등록했다. 1907년에 버크벡 칼리지로 다시 이름이 바뀌었고 현재 런던 대학교에 속해 있다. 20세기 영국의 대표적 역사학자 에릭 홉스봄이 버크벡 칼리지의 학장을 지냈다. 리즈 시市의 메트로폴리탄 대학교도 기능공강습소에서 비롯됐다.

노동계 리더들은 중간계급이 주도하는 교육 협회를 달가워하지 않은 대신 상호향상회 Mutual Improvement Society를 조직해 노동자의 교육 결핍을 보충했다. 필요에 따라 3R 읽기·쓰기·셈하기부터 높은 수준의 지식까지 서로 배웠으며 강독과 토론을 필히 했다. 정치와 신앙 논쟁도 자유롭게 했다. 재정이 되면 독서실을 따로 마련해 정기 간행물과 필독서를 구비했다. 영리하고 학구적인 소수의 노동자들은 별도의 그룹을 만들거나 독학으로 전문 영역을 파고들어서 전문 지식인에 버금가는 지적 역량을 갖추었다. 좀 뒤에 시작된 협동조합도 학습 시설을 갖추었고, 기능공강습소가 문을 닫아도 기존 회원들은 어떤 형태로든 배움을 이어갔다. 주제 토론회와 독서실을 계속 운영하곤 했다. 현재 영국의 지역 도서관은 과거에 중간계급이나 노동자들이 자발적으로 만든 독서실을 이어받은 경우가 많다.

감리교와 침례교 등 비국교 교회들은 주중 모임을 꼭 했고 일찍이 웨슬리가 시작한 성인 야간학교를 대부분 개설했다. 웨슬리는 평신도의 영적 성장 못지않게 지적 함양을 강조하면서 신앙 및 교양 서적을 출판해 보급했다. 이같은 전통에 따라서 노동자 신자들 역시 매주 성경 공부, 신앙적 고백과 나눔, 독서와 토론으로 훈련되고 교육받았다. 성경 공부를 제대로 하기 위해 고전 그리스어를 배운 노동자가 드물지 않았다. 무엇보다 성경적 가치관과 신앙 덕목을 체득했다. 대부흥 이후 복음신앙인들은 성경을 많이 읽었고 또 즐겨 읽은 '잠언'으로 생활 원리를 정리했다. 그러니 정직, 근면, 절제, 약자 배려, 상호 존중, 자활이 어찌 중간계급만의 가치였겠나. 어린 시절에 자선 학교나 주일학교를 거쳤을 법한 노동자들은 힘써 배움은 물론 음주와 저급한 오락을 제어하고 노동계급의 새로운 풍토를 조성하는 데 기여했다. 독립적이고 자긍심 있으며 지적이며 온건한 노동자의 이미지는 그들에게서 가장 잘 발견할 수 있었다. 그들 가운데서 노동조합을 비롯한 노동운동의 지도자가 많이 나왔다.

19세기 중엽에 아직 노동 귀족의 이야기이긴 하지만, 그들은 자립 인생을 꾸리기 위해 근검 절약의 힘을 모아 어려운 때를 대비했으며 배움과 내면적 성숙을 위해 시간을 쪼개 공을 들였다. 도덕성과 명예를 중히 여겼다. 그렇지 않았다면 그 많은 조합과 상조회

노동자들의 자기 발전 노력

- 성인학교 신지식, 신기술
- 교회 주간 모임 도덕성 지성 훈련 토론의 기술 깊은 교제
- 토론, 연설 실습
- 하원의원 길러내다
- 도서실 마련
- 독학자들 전문 지식

에서 금전과 지도권 문제로 시비가 끊이지 않았을 것이다. 노동자들의 조직 운영이 일급수 맑음이었던 것이 얼마나 기이한 현상인지 정작 영국 역사가들은 그 가치를 충분히 알지 못하는 것 같다.

뿐만 아니라 그들은 협력적, 조직적 복지를 운용하면서 동료애를 나누고 협회 문화에도 익숙해 규칙 준수, 절차의 투명성과 민주성 등 사회적 지능이 매우 발달했다. 노동계급의 방향타인 그 상층부가 도덕성과 실력을 갖추었으니 선한 사회를 일으키는 데 단단히 한몫 할 수 있었다.

공산주의자들도 노동 상층부를 혁명의 추진체로 보고 중요하게 여긴 것은 주지의 사실이다. 《공산당 선언》이 나온 1848년에 유럽에는 다시 혁명의 열기가 들끓었고 국내에서는 차티스트운동이 재차 시도되었다. 그러나 혹자가 영국에서 프롤레타리아혁명의 가능성을 타진한 그 1840년대는 사실상 그런 혁명은 한가닥 희망조차 영구히 소멸되는 시기였다. 차티스트운동도 그때를 마지막으로 수면 아래 가라앉았고 운동의 대의는 합법적인 방식으로 꾸준히 실현되어 갔다. 세기 중엽에 노동 상층부는 이미 도덕성과 준법정신을 갖추고 민주적 절차를 익힌 내공이 탄탄했다. 그들은 스스로 노력하여 치우칠 일 없는 반듯한 시민The Respectable Working Class이 되었고 자신들의 이익을 현명하게 강구할 수 있는 기본기를 구비하고 있었다.

28
품격 있는 노동자들

　　남성 노동자 상당수가 1867년에 참정권을 얻었다. 늦은 감이 있는데, 그래도 그때까지 없던 획기적인 일이었다. 지도층과 중간계급은 이제 노동계급의 낮은 교육 수준과 급진성에 대한 우려를 접고 제도권의 문을 열어 주며 동급의 시민으로 받아들이기 시작했다. 노동자가 시민의 자격을 갖추어야 선진 사회가 된다는 논의가 여기저기서 들렸다. 온 국민의 문명화, 선진화를 본격적으로 추진하는 때였다.

　　그해에 마르크스의 《자본론》 1권이 출간되었고, 그것은 새 진로를 찾는 유럽의 지식인, 쁘띠 부르주아지, 노동자를 한층 자극했지만, 영국은 자기만의 궤도에 안착했다. 대립적 정당 정치가 첨예해지는 판국에도, 중간계급과 노동 상층부가 비슷한 가치관을 가졌으니 그만한 국가 통합의 기반이 달리 있었을까. 때는 또한 번영기였다. 거기에 이르기까지 많은 사람이 구태와 미개함을 제거하고 개선하려고 애썼다. 1830년대에 여러 방면에서 개혁의 기운이 분출했다.

이 무렵 유럽 대륙에서는 벨기에와 프랑스를 비롯한 소수의 나라가 산업화 대열에 합류했다. 하지만 영국에서는 그간 쌓인 산업화와 도시화의 문제들이 포화 상태에 이르렀다. 정부와 민간, 지도층과 노동자들 스스로가 제각각 나름의 대안을 모색했다. 빈곤층을 위한 자선활동이 폭증하던 이 시기에 다방면에서 개혁 작업이 개시되거나 완수되었다. 우선 노동계의 노력을 간략히 보자.

노동자의 연대, 개혁 노력

1780s

기능공, **최초의 조합** 결성

1800~24

로버트 오언, 라나크 **산업 공동체** 설립

1820s

기계·기술 부문, **지역 노동조합** 생성
영국**협동지식증진협회** 발족
(노동자 단체)

1830s

절주(금주)운동 시작 (도덕성 제고)
전국노동조합대연합 발족
런던**노동자협회** 발족
1838~48 **차티스트운동**
   (최초의 대규모 노동계급운동)

1차 선거법 개정	1832
노예제폐지법	1833
신구빈법	1834
1회(런던) 세계박람회	1851
철도 건설 붐	1840~60
2차 선거법 개정	1867

1840~60

소비자협동조합 시작
기술직 **직종 노동조합** 등장
절주운동 확산

노동자 활동 중에서 산업 정의와 정치적 평등을 철저하고 빠르게 실현하고자 하는 급진적 노동운동은 토머스 페인1731~1814과 로버트 오언1771~1851에 힘입은 바 컸다. 앞 시기의 페인은 저술을 통해, 후세대 오언은 나름의 이론 정립과 이론의 거의 완벽한 실행을 통해 폐단과 모순을 고쳐야 한다는 당위와 청사진을 근로 서민의 마음 한편에 새겼다.

오언은 가난한 노동자로 출발해 혁신적 기업가가 되었다. 당대 유럽의 유명인사가 되었다가 다시 노동자 속으로 들어가서 지도적 역할을 하며 사회 개량에 헌신했다. 그는 명민함, 행동력, 창의력, 도덕성을 겸비한 뛰어난 인물이었던 것 같다. 30살이 되기 전에 이상적인 산업 공동체를 자기 머릿속에 자세하게 그렸고 그것을 실현할 여건

로버트 오언의 산업(노동자 복지) 공동체
스코틀랜드 라나크

까지 갖추었다. 그의 구상이 얼마나 면밀하고 실제적이었던지 일단 시작하고는 막힘 없이 현실에 그대로 재현해 냈다. 그 이른 19세기 초기에, 경영 혁신, 근로 조건개선, 노동자 협동조합, 주택과 위생을 포함한 쾌적한 노동자의 생활 환경과 수준 높은 자녀 교육 제공 등, 지금 들어도 선망이 되는 그의 근로 복지 공동체를 유럽 각지에서 견학하러 왔다.

오언의 뛰어난 자질, 근로 계층을 위한 위대한 개척, 또 한때 막강했던 영향력을 고려하면 그가 노동계급의 진로 설정에 결정적 역할을 했을 법하다. 1830년대에 분명 오언은 노동자 협동 조직을 만들고 성장시키는 데 기여했다. 하지만 오언은 오히려 비영국적 사회주의자로 인식되었다. 이미 소년 시절에 결론을 본 그의 신념은 종교 자체를 배척하는 것이었고 그것이 드러나자 토머스 페인처럼 사회에서 외면받았다. 단순하게 말하면, 페인과 오언은 신앙은 거부하나 기독교적 생활 규범은 벗지 않는, 결코 벗을 수 없는 사람들에 해당했다. 그들이 100여년 늦게 태어나 살았더라면 비슷한 생각을 가진 동포 지식인들을 곳곳에서 만나 환담을 나눴을 것이다.

19세기 전반에 영국 노동운동은 아무리 전투적 태세를 취했다 하더라도 당시 유럽에 비하면 과격함과는 거리가 멀었다. 폭력을 생각하는 노동지도자는 별로 없었다. 도덕성을 추구하는 온건 방책 moral-force policy 이 그들의 거의 일치된 방법론이었다. 숱한 사람이 서명한 인민헌장을 의회가 무시하므로 물리적 힘을 써야 한다는 소리가 나올 때도 반대는 명료했다.

"폭력 선동은 우리 운동에 해롭다.

필요한 것은 총이 아니라 근로 대중의 교육이다.

오코너 쪽은 운동을 쪼개고 있다.

과격한 말을 한다고 우리의 적들이 절멸되는 것은 아니다.

오코너는 무엇이든지 돌풍처럼 이루려 들고

인민헌장을 1년 안에 법으로 통과시키려 한다.

무력 저항하겠다고 위협하는 것은

단지 섣부른 폭동과 우리의 파멸을 초래할 뿐이다."

'인민헌장' **남성 보통선거권, 균등한 선거구 설정, 비밀투표, 매년 선거, 의원 보수 지급, 의원 후보자 재산 자격 폐지**의 초안 작성에 참여했던 윌리엄 러벳1800~77이 1845년에 한 말이다. 동지였던 오코너와 과격론자들을 견제한 발언이었는데, 오코너1796~1855는 차티스트운동을 전국 노동자운동으로 성장시킨 주역이었다. 러벳 역시 노동자들에게 급진 사상을 심어준 '협동지식증진협회'의 간사였으며 '런던노동자협회'의 창립 멤버로서 급진주의자였다. 그럼에도 러벳은 근로 서민의 내면적, 도덕적 힘을 키우는 것이 가장 중요하다고 역설했다. 러벳은 또한 1840년대 초에 차티스트운동에 대해 책을 쓰고 곧바로 서민 대중의 성숙을 위한 협회를 창설해 인민헌장의 실현을 위해 노력했다. 나이 60이 다 되어서는 근로 청소년을 위한 학습서를 여러 권 저술했다.

변호사로 하원의원을 지냈고 차티스트운동의 대표자로 인정받은 오코너보다 가구를 만들며 경제학 등을 독학한 러벳이 더 온건하고 실제적이었다. 폭력을 들먹이는 이들은 오코너의 몰락과 함께 사라진 반면, 서민의 계몽과 단합에 힘쓴 노동운동가들은 인민헌장을 결국, 그들이 사망한 뒤에라도, 성취케 했다.

러벳의 신앙에 관한 이야기는 잘 들리지 않는다. 그러나 유복자 러벳을 기른 그의 어머니는 하층민으로 신실한 감리교도였고 아들에게 신앙적 감화를 주었다. 그녀는 사려 깊고 온화했던 것 같다. 러벳이 사상은 철저하게 개혁적이나 방법론은 온건하고 합리적인 것이 그런 배경과 무관해 보이지 않는다. 러벳의 교육론이 특히 그렇다. 교육론 중에는 어머니가 모범을 보여야 한다는 부분이 있다. 어머니는 청결, 바른 언동, 검소, 정직, 부지런함 등에다 지적 수련까지 애써야 한다고 한 것이 잠언에 나오는 현숙한 여인을 연상시킨다. 이러한 인성은 또 자선학교 교사들이 서민 자녀들에게 가르치고 훈육한 핵심부였다. 러벳은 독립성, 지성, 진실함을 스스로에게 요구했고 다른 근로자들에게서도 그 같은 문명인의 품성을 발견하고 싶어했다. 이러한 내적 자질 때문에 노동지도자들은 견고한 계급사회에서도 주눅 들지 않고 성숙한 당당함을 나타냈다.

1830년대의 전국노동조합대연합은 여러 직종의 연합체로 엉성한 면이 있었고, 노동조합들은 실험하듯 신설, 분립, 소멸의 과정을 거쳤다. 그러면서 연대 활동과 조직력은 발전되었는데 한 세대가 지나기 전에 마침내 지속가능한 모범 노동조합이 탄생했다. 가장 일찍 1780년대부터 노동조합을 꾸려봤던 기계 분야가 선두주자였다. 첫 만국박람회가 열린 1851년에 '기능공통합협회'가 선진적 노동조합의 모델로 나섰다. 기능공통합협회는 엔지니어, 기계공, 조립공, 금속세공인, 모형 제작자들의 조합으로, 차분하고 실용적인 노선을 표방하는 노동 귀족의 전국 단체였다. 우애조합 회원의 주당 납부금이 보통 6펜스인데 비해 이 통합협회의 회원은 두 배인 1실링12펜스을 냈으니 당시 최고 산업국의 고급 기술자들이었다.

기능공통합협회의 정신은 '연합과 충실'이라는 표어로 나타냈다. 포스터를 보면, 협회는 왼쪽 '전쟁의 신' 마르스의 요청은 거절하는 대신 오른쪽 '평화의 여신'으로부터는 받아마땅한 명예를 접수한다. 하단의 이미지들은 조합의 단결력, 발명가들, 여러 분야의 기술자를 나타낸다.

1860년대는 목공가구공, 벽돌공, 여성화 제작공, 주물공 통합협회들이 연이어 구성되었다. 사실 이들은 이전부터 있던 협회들이 규모와 조직을 새롭게 정비한 경우가 대부분이었다. 자체 행정 인력과 전국적 네트워크를 갖춘 이 단체들은 우애조합의 기능을 하면서 필요하면 집단적 의사 표시도 했다. 나중에 목공가구공협회는 미국과 호주에 지부를 두었다. 이 무렵 노동조합의 회원수는 노동 인구의 10퍼센트 정도였다. 적어 보이지만 그들이 노동계급의 경향을 대변하고 이끌기 때문에 그들의 온건 노선은 사회적 의미가 컸다.

소비자협동조합도 민주적이고 배려하는 정신으로 운영하니 호응을 받아 빠르게 확산됐다. 1867년에 역사상 처음으로 노동계급에게 주어진 참정권은 노동 상층부가 사회로부터 인정받게끔 스스로의 길을 잘 닦은 결과이기도 했다. 220여년 전 수평파가 원했던 '단체 활동의 자유, 성인 남성의 보통 선거권'이 거의 실현되었다. 노동자에게 정치적 권리가 주어지는 이 획기적인 일이 있고 난 다음에 마르크스는 좀 온건해졌다. 그는 영국이 평화로운 방식으로 공산주의 사회로 나아갈 수 있고 또 그 방식은 미국 같은 나라에서도 가능하리라는 헛헛한 상상을 했다.

29
'두 국민' 숙제 풀기

1850년대부터는 '휘그당, 토리당' 대신 '자유당, 보수당'이 널리 쓰였다. 자유당의 글래드스턴과 보수당의 디즈레일리가 명재상으로 기록된다. 두 거물은 여러 가지로 많이 달랐고 치열하게 경쟁한 맞수이면서도 국가의 이익과 진로에 대한 견해와 전망은 크게 다르지 않았다. 생산적인 경쟁 관계였다. 그것은 지도층과 지성계가 사회 문제를 진단하는 관점과 해결하려는 방식에서 공통 부분이 컸기 때문이다. 그 관점과 방식은 '영국적 상황의 문제' The condition of England question라는 상징적 용어로 집약된다.

'영국적 상황의 문제'라는 표현은 역사가요 문필가인 칼라일1795~1881이 1843년에 출판한 책《과거와 현재》에 처음 등장했다. 산업 시대의 빈곤이 문제였다. 20세기 세계에서는 예외가 아닌 것인데, 당시에 유일했던 이 산업국의 도시에는 빈민굴이 산재해 있었고 또 이것이 유별나 보였기 때문이다. 원래 산업화를 반기지 않은 사람이 많았다. 그들에게 산업화는 괴물 같았고 공장 지대는 흉물스러웠다. 계관시인 워즈워스가 1800년경에 가장 아름다운 시를 쓰며 낭만주의를 둥실 띄운 데에는 산업화에 대한 반동의 감수성이 다분히 작용했다. 칼라일을 비롯한 적잖은 지식인과 예술인들이 중세와 농경 시대에는 빈민이 이토록 곤궁하지 않았다고 하면서 그 시절을 미화했다. 그때는 가난한 사람에게도 가족과 공동체 생활이 있었다. 땔감을 줍고 토끼 꽁무니라도 쫓을 수 있는 공동 목초지는 자유의 공간이었다. 자연이 가까웠고 축일을 즐길 수 있었다. 그래서 칼라일은 산업 도시 빈민의 한없이 삭막하고 결핍된 삶을 문학적으로 강렬하게 묘사하면서 깊고 넓은 빈곤이 심대한 사회 문제임을 각성시켰다. 영국이 부유하다고 하는데 이 지극히 가난한 이들을 두고 부유하다고 할 수 있느냐고 통탄하는 신앙 지성의 소리였다.

칼라일이 빈곤 문제를 '영국적 … 문제'로 개념을 명확히 했는데, 이 문제의식은 이미 퍼지고 있었다. 디킨스도 몇 년 전에 사회 고발 소설 《올리버 트위스트》를 발표했을 뿐 아니라 1843년에 출판한 《크리스마스 캐럴》을 통해 가진 사람이 박애와 온정을 행하도록 설득 내지 강박했다. 그리고 재능 있는 작가이기도 했던 디즈레일리는 소장 정치인 시절인 1845년에 소설 《시빌》을 발표했다. 그 내용 영국 안의 '두 국민' Two Nations 즉 영국이 부유한 국민과 가난한 국민으로 갈라져 있다고 찌르는 이야기였다.

"두 국민 ─그 둘 사이에는 교류도 동정심도 없다."

그들은 마치 지구의 다른 지역에, 다른 행성에 사는 듯이
서로의 습성, 생각, 감정을 모른다 -
그들은 다른 방식으로 길러지고 다른 음식을 먹고
다른 매너를 습득하며 같은 법으로 다스림받지 않는다."
그러자 에그리몬트는 머뭇머뭇 말했다.
"당신은 그 부유층과 빈곤층에 대해 말하는 거군요."

부르주아지는 여력만 되면 교외와 시 외곽으로 빠져나갔다. 그들 역시 산업 도시에 구토하듯, 앞뜰과 넓은 뒷마당을 세트로 갖춘 전원 주택에서 쉬어야 살 것 같았다. 도심과 공장 주변은 다닥다닥 붙은 근로자 거주지, 슬럼이 됐다. 정말 경계선이 있는 듯했다.

《시빌》에서 작가는 등장인물들을 통해 빈민의 비참한 형편을 드러냈다. 노르만정복1066 이래 (영국 땅에서) 노예가 가장 많은 때라고 역설했다. 이 고발은 한 정치인의 개인적 관심사 이상의 의미를 담고 있다. 빅토리아 시대 보수주의의 특성을 보여 주기 때문이다. 보수주의의 리더인 디즈레일리는 군주제를 옹호함과 동시에 모든 국민의 권리 신장과 번영을 적극 추구했다. 그러려면 곤경에 처한 수백만의 국민, 즉 극빈층의 상황을 파악하고 개선해야 했다. 그래서 '토리 민주주의'라 불리는 '온정적 보수주의'를 표방했다. 1870년대에 수상으로서 디즈레일리는 노동조합법과 빈민의 생활환경개선법 등 서민을 위한 개혁을 상당 부분 진척시켰다. 바로 이런 점이 민주와 평등을 지향하는 자유당과 공통되는 부분이었다. 온정주의를 같이 품었기에 지도층의 머리, 수상들이 정파에 관계없이 빈곤층의 삶의

질을 높이는 데 꼭 기여하고 싶어했고 실제로 중요한 성과를 냈다.

실상 빈곤의 문제의식은 당파나 이념을 초월한 시대정신이었다. 노예제폐지안이 통과될 무렵인 1830년대 초에 빈민의 고통을 덜어 주려는 정부와 민간의 작업이 박차를 가했고 줄곧 추진되었다. 대표적으로 공장개혁법, 빈곤에 대한 체계적인 조사, 빈민의 생활 환경 개선책들을 들 수 있다. 그 큰 맥락은 다음에 보여진다.

사회 개혁의 노력 (사례)

정부		민간
공장개혁법 《새들러 보고서》	1833	
	1834	**전국노동조합대연합, 통계협회**
	1838	디킨스 《올리버 트위스트》
도시 빈민 생활 환경 조사	1840	
	1841	(빈민) **주택개선협회**
채드윅 《노동인구의 위생 상태에 관한 보고서》(유럽 최초)	1842	
	1843	디킨스 《크리스마스 캐럴》 칼라일 《과거와 현재》
	1844	**근로자생활개선협회** **도시보건협회**
	1845	디스레일리 《시빌: 두 국민》
도시개선법	1847	
공중위생법	1848	Cf. 마르크스, 엥겔스 《공산당 선언》
주택법, 노동자 숙박소법 대중숙박소법	1851	헨리 메이휴 《런던의 노동계급과 빈민》3권 **모범 노동조합**
상하수도 설치 보급 런던 템스 강, 대형 하수도 설치	1850s	

III 개혁

'공장법'은 공장 노동자의 근로 조건을 개선하는 과정, 즉 노동법이었다. 산업 자본가 중에는 근로자를 착취하는 악덕 업주도 당연히 있었고 직공들에게 온정적 배려를 하는 공장주도 있었다. 웨지우드와 오언의 기업처럼 복지 체계가 빼어난 사례는 소수였겠으나, 온정주의를 의무로 여기고 근로자에게 작은 복지와 인정을 베푸는 기업가가 더 많았다. 그러나 산업화 초기에 공장 노동자는 전반적으로 저임금에 허덕였고 작업 여건이 몹시 열악한 데다 일정한 가이드라인이 없었다. 1833년 첫 공장법에서 노동 시간을 하루 12시간으로 못박았으니 얼마나 혹사당했는지 짐작할 수 있다.

공장개혁운동의 선봉장은 오스틀러1789~1861였다. 그의 부친은 감리교도였는데 웨슬리와 친밀해서 웨슬리가 북부 산업 지역에 오면 부친의 집에 묵곤 했다. 오스틀러는 장성해서 국교도가 되었음에도 어릴 적에 모라비아교도의 학교에 다닌 덕인지 부친의 영향인지 복음주의 개혁가의 성향이 다분했다. 18살에 노예제폐지운동에 뛰어든데다 젊어서부터 '토리 래디컬'Tory radical, 진보적 보수로 알려졌다. 그러니 그가 헐벗고 찌든 채 종일 공장에서 일하는 미성년자들을 봤을 때 가만 있을 수 없었다. 큰 농장의 경영자로서 그는 기업가를 많이 알고 지냈는데, 그들은 도리어 공장일이 빈민에게 축복이라고 응수할 뿐이었다. 이듬해에 그는 지역 간행물에 '웨스트라이딩요크셔의 한 지역의 노동자들에게'라는 제목의 편지 형식의 글을 게재했다.

"영국 본토에 노예가 없다는 것이 우리의 자랑이다…….

진실을 말하자……. 사실은 맞다. 그러나
수천 명의 동포, 남녀 신민, 요크셔의 한 도시의(요크셔는 지금
노예제폐지운동의 거인 윌버포스의 선거구인데) 비참한 주민들이
바로 이 순간에도 지옥 같은 식민지 노예제의 희생자들보다
더 끔찍한 노예 상태에 처해 있다…….
노예제반대협회의 유인물이 나돌던 바로 이 거리에
매일 아침 저주스런 탐욕의 성소에 바쳐진
선량한 희생자들의 눈물이 떨어지고 있다…….
수많은 부녀자와 7살부터 14살 사이의 소년 소녀가
단지 30분의 휴식 시간 이외에
아침 6시부터 저녁 7시까지 노역을 한다…….

그리고는 '하루 10시간 노동법안'이 추진되도록 유권자들이 지지해줄 것을 호소했다. 다른 신문에도 '요크셔의 노예제'라는 제목으로 비슷한 내용을 실었다. 공장주들은 원성을 쏟아냈지만, 오스틀러는 노동 시간을 줄이기 위해 노동자들의 협력을 이끌어 냈다. 그의 공장개혁운동의 모토는 '제단, 왕좌, 오두막'이었다. 서민의 보금자리인 오두막이 거룩한 제단이요 왕좌라는 뜻이었을까? 아니면 '하나님 앞에서, 군주세를 지키며, 서민의 보금자리를 위하여' 쯤으로 해석할 수 있을까?

오스틀러가 문제를 제기하기 전부터 뭔가를 하고 있는 사람이 또 있었다. 하원의원 새들러[1780~1835]였다. 그는 뼈대 있는 국교도 집안 사람이었으나 뒤에 오히려 감리교 옹호자가 되었다. 사업가가 되었

어도 빈민에 대한 깊은 관심을 떨치지 못하였고, 이미 1820년대 말에 산업 환경과 여건 개선을 공약으로 제시하여 토리당 의원이 됐다. 오스틀러와 연결된 후에 제출할 법안을 더 정교하게 다듬었다.

새들러와 오스틀러는 여러 회합을 열어 이 내용을 알렸고 노동자들도 적극 운동을 도왔다. 그러나 기업가가 많은 하원이 초기 법안을 거부했으며 그는 이어 낙선했다. 그럼에도 새들러는 노예제폐지운동의 차세대 리더인 포웰 벅스턴을 비롯한 의원들과 지지자 수십 명과 함께 공장개혁위원회를 조직했다. 그리고 노동자들의 체험담과 증언을 들으며 노동 현장을 조사하고 보고서를 작성했다. 이 〈새들러 보고서〉는 1833년 1월에 간행되었는데 엥겔스의 《영국 노동계급의 현실》보다 10여년 더 이른 것이었다. 1833년의 첫 공장법은 그간의 노력과 1826년부터 하원의원이 된 애슐리 경이 큰 힘을 보태 통과되었다.

- 14~18세 : 노동시간은 12시간 이하(점심 1시간 포함)이다.
- 9~13세 : 노동시간은 9시간 이하(점심 1시간 포함)이다.
  하루 2시간 학습 시간을 주어야 한다.
- 직물업에서 9세 이하 아동의 노동을 금지한다.
- 18세 이하 연소자의 철야 작업을 금지한다.
- 공장은 정기적으로 감찰받는다.

공장개혁법으로는 시작 단계이지만 의미 있는 것이었다. 새들러는 노동 시간 단축과 아동 노동 금지를 위해 문서 활동을 하며 끝까지 수고했다. 1835년에 그가 사망하자 애슐리 경이 그 대의를 이어받았다. 노예제폐지운동의 윌버포스와 벅스턴의 경우처럼.

애슐리 경 1801~85은 큰아버지가 샤프츠베리 백작이었는데 아버지가 물려받았다. 50세 되던 1851년에 부친의 작위를 이어받아 애슐리는 상원의원이 됐다. 국교도 보수당원이었다. 배경은 좋았으나 애슐리는 유년 시절을 무척 외롭게 보낸 바 있었다. 귀족의 가족 관계는 대체로 무미건조했기 때문이다. 아들의 경우는 대부분 일찍부터 부모 얼굴을 간혹 보거나 떨어져 지냈다. 어린 애슐리는 자신을 돌봐주는 보모에게서 위안을 찾았는데, 그녀는 그 도련님에게 성경 이야기를 들려주고 함께 기도하곤 했다. 뒤에 회심한 후로 애슐리는 박애 활동의 거인이 되었다. 그는 취약 계층이 더 나은 삶을 살도록 돕기 위해 자신의 직위를 송두리째 활용했다. '빈민의 백작'이라 불릴 만했다.

애슐리는 노동 현장과 사회의 그늘진 데를 많이 찾아보았다. 그래서 그가 개혁을 이끌고 법제화한 분야는 다양했다. 1828년부터 정신병 환자의 처우와 관리 문제를 꾸준히 다루어 1845년에 법안을 통과시켰다. 오스틀러와 새들러의 공장개혁운동에 참여해 1847년에 직물 공장의 10시간 노동법안을 통과시키는 데 크게 기여했다. 그 뒤로도 공장법은 거듭 개정되었다.

애슐리 의원은 또 부녀자들과 유치원생 또래의 아이들이 탄광에서 부려지는 처참한 광경을 보고는 부녀자와 10세 이하 소년의 탄광 노동을 금지시키는 법안을 관철시켰다. 청소년 교육 단체를 지원했으며, 약 40년간 야간 자선학교의 회장을 맡아 전국에 보급하며 극빈층 아이들 수십만 명이 글을 읽고 쓸 수 있도록 도왔다. 아동의 굴뚝 청소 금지법안을 1840년부터 상정해 1875년에야 완전한 금지법이 되는 것을 지켜보았다. 노동자 복지 문제를 다루는 민간 단체인 주택개선협회와 근로자생활개선협회를 적극 지원했으며, 빈민의 보건을 계몽하기 위해 일부 귀족과 함께 도시개선법안을 통과시켰다.

애슐리 경은 1851년부터 말년까지 해외선교회를 회장으로 섬겼다. 그는 선교회가 자신의 마음에 가장 가까이 있는 협회라고 했다. 애슐리 경은 윌버포스와 동급의 박애 활동가요 개혁가로 알려졌고, 윌버포스처럼 웨스트민스터 사원에 묻히도록 승인되었음에도, 그는 개인 매장지를 택했다.

빈민의 백작

19세기는 대대적인 개혁의 시대, 개척자들의 시대였다. 생각 있는 사람은 빈곤 문제를 해결하는 데 뭐든 하려 했다. 자발적이었기 때문에 창의력이 더 발휘되었다. 어떤 평범한 의사는 왜 빈민가에 콜레라가 자주 발생하는지 의문을 품었다. 자기 진료실에 지도를 붙이고 표시를 해가며 혼자서 현장 조사를 했다. 공기로 전염되는 줄 알던 시대에 불결한 우물물이 문제라는 사실을 발견했다. 그렇게 개인이든 단체든 사회의 병폐를 집어내고 고치는 데 혈안이 된 경우가 많았다. 무엇보다 문제를 제대로 파악해야 했다. 그래서 민간인이든 공무원이든 현장에 직접 가서 자세히 살피고 듣고 자료를 축적하여 정밀하게 분석하고 공론화하는 문화가 발달했다. 정부는 원래 조사 위원회를 잘 활용해왔고 민간 전문가들은 통계협회를 발족시켰다.

공리주의자들은 차가운 면이 있었고 신앙에는 별 관심이 없는 듯 보였다. 반면에 그들의 과학적 조사와 문제 접근 방식이 사회 발전에는 도움이 됐다. 벤담의 조수로 일하며 큰 영향을 받은 채드윅이 두드러진 인물이다. 신구빈법의 체계를 세우는 데 지도적 역할을 했던 채드윅은 법률가임에도 의료계의 인사들과 절친했다. 그는 공중보건개혁에 집중했다. 이를 위해 1840년에 도시 빈민의 생활 환경을 조사하는 작업을 지휘했고 2년 후에 〈영국 노동 인구의 위생 상태에 관한 보고서〉를 내놓았다. 유럽에서는 처음 나온 것이었다.

채드윅은 또한 참신하고 합리적인 대안을 제시했다. 보건위원회를 상설 기구로 만들어 급수와 대중 숙박 시설을 감시하고 규제하는 것, 공중 목욕탕 설치, 전염병과 질병 관리를 체계화 할 것, 공장의 노동환경을 정비하는 데 정부의 역할을 규정한 것 등이 있었다. 1848년에는 공중위생법을 통과시키며 위생 개혁을 주도했다. 빈민의 건강 상태를 조사하고는 질병 예방이 경제적이라는 결론을 내린 것은 공리주의자답다.

헨리 메이휴는 잡지 〈펀치〉의 창간[1841] 주축으로서 풍자와 해학으로 급진주의를 표현해 유명했다. 잡지에 연재한 내용을 손질해서 책으로 냈는데 런던 빈민에 대한 치밀한 묘사와 분석이 뛰어났다. 빈민의 삶에 대한 칼라일의 역사문학적 고발과, 뒤에 세기 말엽의 빈곤 실태에 대한 사회학적 조사 사이의 중간쯤에 해당하는 서술 형식이라 하겠다.

메이휴의 저술이 당장 큰 영향을 미치지는 못했으나 지방에서도 중간계급이 빈민의 처지를 좀 더 객관적으로 보도록 자극하기에는 충분했다. 급진주의, 자유주의, 보수주의, 공리주의가 '빈민 돕기'라는 큰 공통집합을 이루게 하는 기묘한 기운이 빅토리아 시대를 관통해 흘렀다. 가진 자의 죄의식과 빚진 심정은 빅토리안을 이해하는 하나의 중요한 코드다. 선한 사마리아인 강박증이라고 할까, 과민증이라고 할까.

IV
쇠락

30
신념의 약진

1850년대와 60년대에 영국은 반석에 올랐다. 문제 없는 시절이 있겠냐마는, 산업화의 암초들을 웬만큼 파악했고 대처할 수 있는 능력이 되었음을 스스로 확인하는 때였다고 할지, 아무도 가지 않은 바다로 나섰다가 만난 폭풍을 버티고 헤쳐나온 뒤 안전한 항로에 있음을 발견한 것 같았을지.

도시의 오물은 땅속길로 처리되었고, 기찻길은 사방으로 뻗어갔으며, 쇠로 만든 교량과 증기선이 시대의 풍물이 되었다. 토목 기계 분야의 발전을 앞당긴 브루넬은 20세기 영국 대중이 국가에 공헌한 인물을 뽑을 때 선두에 내세우는 독창적 공학자였다. 대형 기선이 생김으로 대서양을 오가는 사람이 급증했다. 연락도 신속해질 필요가 있었다. 1866년에 전신줄을 실은 배가 영국 해안에서 출발해 대서양에 줄을 빠뜨리며 미국에 닿음으로 전신이 연결되었다. 이쪽에서 모스 부호대로 두드리면 큰 바다 저편에서 금방 소식을 들었으니 진기했다.

사회 지도층을 길러내는 사립학교도 세기 중엽에 거듭났다. 토머스 아널드 1795~1842 가 1830년대에 럭비스쿨을 개혁함으로 사립학교의 존재 의미와 가치를 세웠다. 14세기에 연원을 둔 사립학교들이 18세기까지 상류층의 클럽 같아서 교육이나 효용이 하찮은 편이었다. 억압, 폭력, 성 문란이 다반사였다. 성공회 신자인 아널드는 그처럼 음침하고 있으나 마나 한 사립학교를 리버럴한 신앙 관점에 따라 탈바꿈시켜 새 모델을 제시했다. 중엽에 사립학교의 체제와 내용은 더욱 다듬어졌고 명실공히 사회 지도층을 길러내는 교육기관으로 성장했다. 덕성과 지성, 세련된 품격, 협동심, 사회적 책임 의식, 공익 우선 정신, 스포츠 능력을 겸비한 젠틀맨 이미지가 사립학교를 상징하게 되었다.

빅토리안 젠틀맨의 이상형은 고스란히 그 시대를 살았던 세실 로즈 1853~1902 가 세계화시키려 했던 것 같다. 로즈는 남아프리카를 영제국에 복속시킨 정치가였는데, 1902년에 그의 유언으로 설립된 로즈장학 재단이 유명하다. 세계의 인재들을 인종에 관계없이 뽑아 옥스퍼드에서 공부하게 했으니 진취적이기도 했고 제국주의적이기도 했다. 로즈가 유언한 장학생의 선발 기준은 이랬다.

"나는 … 책벌레가 아니라 … 이러한 학생을 선발하기를 바란다…….
- 학습 성취욕이 있다.
- 크리켓이나 축구와 같이 남자다운 스포츠를 좋아하고 잘한다.

- 남자다운 품성이 있다 - 진실함, 용기, 약자의 처지에 공감하고 보호하는 것을 의무로 알고 헌신함, 친절함, 이기적이지 않음, 동료애.
- 학창 시절 동안 급우들에게 관심을 가지며 그들을 리드하고자 하는 자질과 의욕을 보인다. 이 사항은 그 학생으로 하여금 나중에 공공을 위해 봉사하는 것을 생의 최고 목적으로 삼도록 이끌어 줄 것이다.

로즈가 제시한 조건은 아널드의 생각 거의 그대로였고 빅토리안 상류층이면 다 공감하는 바였다. 로즈 자신이 그 교육관으로 길러졌던 것이다. 그렇게 교육받은 상류층 학생들은 1, 2차 세계 대전 때 자원하여 참전했고 또 장교로서 기꺼이 앞섰으니 많이 전사했다.

1860년대에 의료, 법률, 금융 분야 전문직 종사자가 대폭 늘었다. 중간계급을 위한 보험 종류가 다양해지고 여가 문화 상품도 연이어 등장했다. 마침내 1871년에 공휴일 Bank Holiday, 은행도 쉬는 날 제도가 정착됐다. 연 4일에 불과했으나 원래 일요일은 노동하지 않았던 전통을 고려할 일이다. 기차 덕분에 풍광 좋은 데로 휴가 가는 중산층이 늘었고 극소수의 노동자 가족도 장거리 여행 대열에 끼었다.

자전거가 보급되면서 더욱 자유로움을 느꼈을 테고, 진기한 발명품이 앞다퉈 선보이며 현대 문명의 막을 슬슬 올렸다. 과학과 기술 발전에 힘입어 세기 말에 서구인은 처음으로 대중적 풍요와 안락을 예감할 수 있었다. 유럽 주요 나라들이 제국주의와 무역의 세계적 확장을 위해 불꽃 튀는 경쟁을 하는 통에 전운이 무르익고 있었음에도 말이다.

모순에도 불구하고 자본주의가 뿌리를 내려서, 유럽 대륙의 사회주의 노동운동 지도자들도 자본주의, 민주주의, 자유의 상승세를 비껴갈 재간이 없었다. 마르크스와 엥겔스가 길러낸 그 유능한 프롤레타리아혁명 이론가들은 혁명 노선을 수정하는 궁리를 제각각 하기 시작했다. 결국 혁명은, 그 이론의 허약성을 입증하듯, 정치와 경제가 가장 후진적인 러시아를 임자로 만났다.

볼셰비키혁명이 발발한 이듬해에 1차 대전이 종결1918되었는데, 대략 1850년부터 그때까지를 대영제국의 시대로 볼 수 있다. 그 사이 영국 교회는 좋은 편이었다. 1860년대에 다시 한번 부흥의 때를 맞은 교회는 국교, 비국교 가릴 것 없이 선교 열기가 대단했다. 똑똑한 웨일스 청년 토머스 목사가 런던선교회의 파송 선교사로 우리 대동강까지 와서 한자 성경을 전달하며 순교한 때가 바로 이 무렵이었다.

대영제국 18~20세기 중반

조선 선교

예배당도 그때부터 새로 많이 지어졌다. 주일날 깔끔하게 차려입은 노동자 가족이 예배당에 가는 모습도 낯익어 갔다. 19세기 말에 교회들은 북적였고, 인구 자체가 증가했으니 교인 수는 역사상 최대였다. 그러나 1900년에 세계에서 가장 부강했던 이 나라는 1차 대전 이후에 더 이상 큰 계단을 오르지 못했다. 질주해온 미국이 바통을 넘겨받으려 팔을 뻗쳤다. 더욱 절묘한 것은, 아니면 당연한 일인지, 그후로는 국민의 신앙심과 국가의 기력이 마치 비례하듯이 같이 하향선을 그려갔다는 것이다.

기독교 국가 영국도 등록 신자의 비율은 상상만큼 높지 않았다. 한창 때에도 전체 인구의 절반 가량이었다. 1850년 잉글랜드와 웨일스의 종교 센서스 조사 당일 주일에 신·구교를 합한 예배 참여자가 인구의 절반이었기에 대략 그 정도를 당시의 기독교 신자 비율로 보고 있다. 스코틀랜드를 합하면 올라갈 것이나 그 지역의 인구는 많지 않았다. 그 절반이 계속 줄어서 1930년경에는 인구의 4분의1이 신자로 등록되었으니 80년 사이에 비율상 50퍼센트가 감소했다.

겉으로 보기에 1930년대에도 영국은 영락없는 기독교 사회였다. 개신교인이 800만 명 이상이고 가톨릭을 합쳐서 신자 수는 1천만 명 가량으로 많았다. 교회에 등록하지 않은 사람 다수도 자신이 기독교인이 아니라고 단정하지는 않았다. 선교 사역과 지역 봉사도 활발했고, 주로 신자가 담당한 자선도 세계로 활동 범위를 넓히고 있었다. 하지만 길게 보면, 1930년대의 영국 교회는 황혼 녘의 흐드러진 꽃노을, 스러지기 직전의 마지막 불꽃, 그런 것에 가까웠다.

시인 엘리엇 T. S. Eliot이 그 시대의 비관을 표현한 적이 있었다. 미국 태생의 이 시인은 40세가 다 된 1927년에 영국 시민이 되었고 20년 후에 노벨문학상을 수상했다. 성공회 신자인 엘리엇은 1930년대 언제쯤인가 이런 비슷한 내용을 썼다. "하나님을 알지도, 알려고도 하지 않는, 신 관념 자체가 없는, 괴이한 시대가 오고 있다"고. 의미가 어떻거나, 전 세기말 화가 뭉크의 작품 〈절규〉가 연상된다. 영국에서 문명사적 대전환이 일렁이는 것을 시인은 온몸으로 느낀 모양이다.

종교를 비판하고 기독교를 거부하는 사람은 늘 있었지만, 영혼이 증발한 듯 종교 자체에 무관심하고 관념조차 없는 것은 종류가 달랐다. 대부흥이 점화되고 나서 200년이 지날 무렵에 종교 개념이 박제된 현상이 감지된 것이다. 지식인 부류가 먼저 무시했고 시간이 지나자 관습으로 교회 다니던 사람들이 슬금슬금 그 뒤를 따랐다. 2차 대전 이후 예배당에 빈자리가 듬성듬성 보이더니 1960년대 후반부터 썰물 빠지듯 했고 문 닫는 교회가 생기기 시작했다. 예배 처소가 모자라 열심히 짓던 때로부터 꼭 100년이 지난 시점이었다.

영국의 "19세기는 신앙으로 시작해서 신념으로 끝났다"고 어떤 학자가 말한 바 있다. 타당한 분석이다. 세기 후반에 대중적, 지적 신념이 신앙의 자리를 넘보기 시작했다. 믿음과 행함이 분리되는 경향이 뚜렷해지면서 신앙고백과 기독교적 덕성이 서로 상관없는 것으로 되어 갔다. 이는 기독교 덕목이 확고하게 사회 윤리로 뿌리내렸다는 뜻임과 동시에 표면적 신자가 늘었다는 뜻도 되는 아이러니였다.

신앙이 신념으로 변질되는 과정을 가장 잘 보여 준 사례로는 새뮤얼 스마일스 1812~1904의 《자조론》 Self-help 1859을 꼽고 싶다. 이 책은 그가 십수 년 전에 조그만 노동자 상호향상회에서 강연한 내용을 모은 것이었다. 그는 의사 일을 관두고 정치 개혁운동에 동분서주 하다가 마침내 '정치 개혁만으로 사회의 병폐를 다 치유할 수 없음'을 깨닫고 '개인의 자기 개혁'이 무엇보다 중요하다고 역설하게 되었다. '스스로 돕기', 즉 '자조 정신'을 주창했다. 자조 정신이란 '근면, 절제, 자기 향상 노력'의 결합체이다. 그는 이 정신과 실천으로 성공 인생을 성취한 사람들을 소개했다. 그가 말한 성공 인생은, 불굴의 의지와 노력으로 인생을 개척하고 자신의 잠재력을 꽃피움으로 자수성가하고 공익에 기여한 사람을 뜻했다.

스마일스는 스코틀랜드 사람으로 엄격한 장로교 가풍에서 자랐다. 그 자신은 신앙에 큰 관심이 없었던 듯하나, 많은 자식을 당차게 건사해내는 자기 홀어머니의 신앙과 생활에서 삶의 모본을 보았을 것이다. 그가 노동자들에게 한 말은 단순한 교훈 이상으로서 자기 정체성의 엑기스였다.

> "모든 사람은 각자 큰 사명이 있고, 자기를 발전시킬 수 있는 고상한 능력이 있으며, 뭔가를 이룰 수 있는 자기만의 길이 있다. 사람은 교육 받아야 하며, 자신이 가진 모든 성스런 자질과 능력을 자유롭게 연마할 수 있는 방법을 찾아야 한다."

'하늘은 스스로 돕는 자를 돕는다'라는 유명한 문구를 담고 있는 스마일스의 《자조론》은 성경의 시대적 변용이라 할 만하다. 잠언의 일부 내용을 골격으로 세워 놓고 자본주의 시대의 성취욕과 자기 계발 의지를 발라넣은 느낌이다. 도덕적 인격과 경제적 자립을 한묶음으로 열망하는 시대정신을 응축한 것이어서 중간계급과 노동계급 모두에게 어필했다. 그의 남은 반생 동안 그 책은 스테디셀러였다.

그러나 《자조론》이 많이 읽힌 것에는 또 다른 의미가 숨어 있다. 앞 인용문에서 보듯이, 스마일스의 아이디어의 원천은 성경이라고 할 수밖에 없음에도 책은 본질적으로 비기독교적인 것이었다. 믿음과 관계없이 건전하고도 열정적으로 살고픈 빅토리안에게 낙관적인 자아 실현의 철학을 선사했다. 점점 누릴 것이 많아지고 편익을 도모하기 바쁜 때에 수준 높은 지침과 이념을 쌈박하게 제시하면서 오직 자신의 의지와 능력을 믿고 성공 인생의 개척자가 되라고 북돋고 자극했다. 올바르게 자수성가하고 공공에 기여하는 삶을 살자는 취지였으니 얼핏 보면 성경적 삶으로 착각할 소지가 있어서, 예배당은 들락거리되 신앙의 성숙에 관심을 기울이지 않는 신자들을 유인하기 알맞았다. 실상은 신앙의 세속화요, 세속적 신념 체계였다. 신의 성품에 참예한다는 진정한 신앙의 풋대를 흐려놓는 철학이었다.

따라서 이 책이 명치유신 일본에서 번역되어 많이 읽혔고 새 시대의 방향을 찾는 그들에게 정신적 길잡이 역할로 일조했다 하니 그 연결이 야릇하면서도 모순이 느껴지지는 않는다. 하긴 인간 세상에서 《자조론》에 설복당하기만 해도 그 사회는 월등히 나아질 것이다. 일본은 유럽 여러 나라로부터 산업화, 제국주의와 군국주의, 근대 학문, 시민 윤리까지 세트로 입수했다.

《자조론》이 나온 1859년에는 존 스튜어트 밀1806~73의《자유론》과 찰스 다윈1809~82의《종의 기원》도 출판되었다. 기념비적 저술들이 종종 그렇듯이, 이들은 그전부터 여러 사람들이 비슷하게 생각해온 단편들을 독창적인 방식으로 종합하고 보완했다고 할 수 있다. 그리고 한편으로《자조론》과《자유론》은, 이전 세대들이 영적 각성으로 깨닫게 된 인간의 존엄과 능력과 자유의 과실을 따먹은 표시이기도 하다. 자신들 사상의 자양분이 된 신앙의 기원과 과정에는 관심을 두지 않고 그 산물만을 취한 것이다. 스마일스는 개인의 소명에 대한 성경적 원리를 자신의 생활 철학 속에, 존 밀은 당대에 유포된 인간의 심원한 자유에 대한 감성을 정치 이론 속에 버무려 넣어서 사회 전체의 진전과 자유의 추구를 보편적 이념으로 체계화하려 했던 것 같다. 번영과 안정의 때에, 긍정의 힘과 자유의 확대를 옹골차게 피력한 것이 자연스러워 보인다. 낙관적이고 탈 신앙적인 선명한 방향성이 시민 사회에 주입되었고 곧 도래할 대중 사회를 준비시켰다.

존 스튜어트 밀은 부친의 반反 종교 이론을 소개하면서 자신의 기독교에 대한 반감을 표시했다. 아버지 제임스 밀의 기독교 비판에는 공리주의자다운 논리가 있으나 내용은 새롭지 않았다. 오히려 초보적이고 단순하다. 차마 신학을 버리지 못하고 요상한 설을 섞어가던 독일 지식인들보다 정직하고 깔끔했다고 하면 나을까? 그럼에도 지적 욕심이 대단했던 아버지로부터 특수 훈련을 받은 아들답게 존은 계몽주의, 공리주의, 자유주의, 낭만주의, 사회주의를 두루 배합

했다. 다만 그 과정에서 그는 자기도 모르게 도처에 있는 부흥 신앙의 과실 주스를 찔끔 갖다 붓곤 했다. 존 밀은 '높은 교양과 지성과 도덕의식이 있는 사람'을 '시민'이라 했는데, 그저 시대의 아들이다.

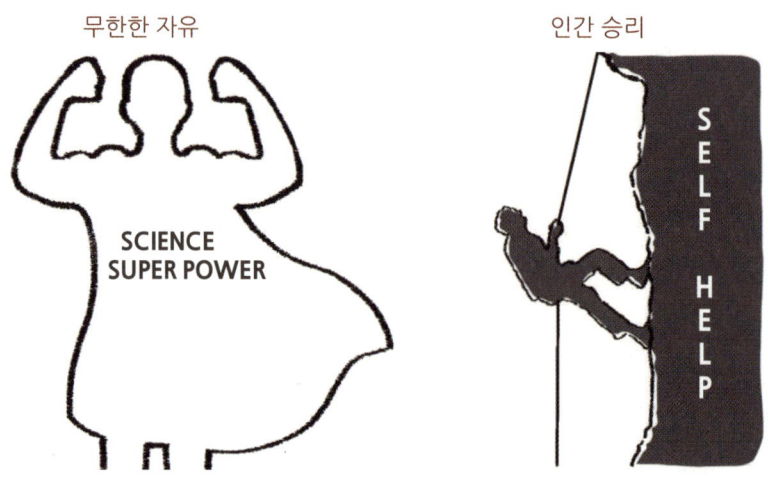

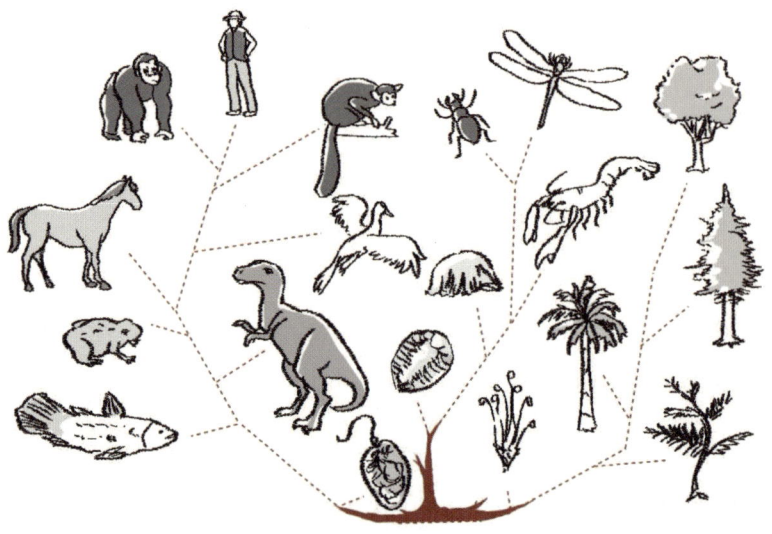

다윈은 딸의 죽음 이후 아내의 교회 생활은 그대로 두면서도 자신은 신앙에 등을 돌렸다. 그는 삼위일체를 부인하는 유니테리언 학자 집안의 배경을 가졌는데 이미 전문가들 사이에서 회자되던 진화설이 그의 성향에 맞았던 것 같다. 그는 진화설을 탄탄한 이론으로 만들어 자연계의 생명체에 대한 안목과 지식을 넓히는 데 일조한 면은 있다. 게다가 진보와 과학을 광명으로 신봉하는 사람들은 그의 저술이 과학적 증거 제시와 분석의 귀감일 뿐 아니라 인간의 기원을 해명한다고 믿고서 새로운 복음처럼 받들었다. 비판자도 많았지만 창과 방패가 되어줄 확고한 지지자들은 잘 준비되어 있었다.

하지만 진화론은 지식과 과학의 옷을 입었을 따름이지 하나의 세계관이요 신념 체계 같은 것이다. 십자가를 거추장스럽게 여기는 사람들에게는 세련되어 보이는 대안이었을지 모르나, 인간을 동물성에, 종국에는 우연성에 귀속시켰으니 그걸 받아들이는 것은 또 하나의 신조의 영역이지 과학과 논리 영역 밖의 일이다. 영국에서 마저 광활한 영적 세계로 가는 좁은 길에 큰 바위가 놓였다. 고귀한 '천로역정'의 탐방로가 다시금 봉쇄될 조짐이었다. 국운이 최고조로 치닫는 때, 대부흥의 열매가 농익은 바로 그 무렵에, 신앙을 굴려낼 지렛대와 받침이 그렇게 괴어지기 시작했다. 한겹씩 쌓이던 비 신앙의 층이 점점 두터워지더니 꼭 100년 후에, 신앙은 데굴데굴 먼 데로 굴러갔으며 국가의 운세도 같이 기울었다. 아니, 영성의 차원에서 본다면, 어쩌면 대부흥과 그 영향이 강했던 150년 어간은 인류 역사상 오히려 예외였지 않을까...

31
교묘한 세속화

'절대'라는 관념이 희박한 한국 사람들은 학문이나 과학도 그 효용성에 관심을 두지 추앙의 마음을 품지는 않는다. 그런데 신앙의 기조가 뚜렷했던 시절 영국에서 지식인들은 신학문과 과학을 종교적 숭상의 태도로 받들었다. 19세기 말에 진화론자들은 현대 세계에서 과학이 종교를 대체하는 권위를 갖게 될 것이며 진화론이 이를 상징한다고 보았다. 진화론은 시대의 낙관주의와 손을 잡았고, 문화 진화론도 등장했다. 헉슬리가 자신의 다윈주의 이론을, 스펜서가 자신의 사회 진화론 개념 나중의 '사회적 다윈주의'을 사회 개혁에 접목시켰으니 천생 빅토리안이었긴 하다. 뭐든지 개량하고 또 발전시킬 수 있을 것 같았던 빅토리아 시대, 제국의 절정기의 산물이었다.

상당수 기독교인이 진화론적 발전론을 개신교의 생활관과 비슷한 것으로 오인하고 받아들였다. 개인의 노력이 쌓여 현생과 내세에 보답받는다는 《자조론》에 가까운 신념과, 자연계와 사회가 꾸준히 진화하여 고등 단계에 이른다는 이론이 서로 섞였다. 그리고 이러한 경향은, 어정쩡한 교회 출석자나 스스로 현명한 현대인이라 여기는 이들이 어렵잖게 신앙을 저버리는 것을 도왔다. 20세기 초두에 기독교에서 발을 빼려는 이들 앞에 과학은 레드카펫을 깔아주었다.

자세히 들여다봐야 할 사안이지만, 당시의 교회 지도자들은 그 심각성에 비해 진화론을 비롯한 과학의 도전에 대한 인식이나 대응이 부족했던 것으로 보인다. 초기에 상당한 비판을 쏟아냈지만, 당시로는 황당한 가설이어서 한쪽 구석으로 밀려날 것으로 봤을 수도 있다. 자신의 저술로 인해 무신론자로 낙인 찍혀 자기 나라에서 버림받았던 토머스 페인처럼… 또 한편으로 신자들이 쏟아지는 신지식과 정보를 유통시키긴 했어도 과학으로 무장한 반反성경적 이론들을 다룰 만한 전문성을 갖추기는 어려웠을 게다. 이전에 비할 수 없는 물질적 풍요, 기술 발전, 전방위로 확장하는 인문, 사회, 자연 과학의 학설들이 서로 결합하여 유럽 사회를 어디론가 끌고가는 상황에서, 교회가 신지식의 영향을 예측할 만큼, 존 웨슬리가 물질과 자본의 힘을 내다보고 경고할 수 있었던 만큼, 영적인 힘이 있었을까?

19세기 말엽에는 두 현상이 겹쳐 있었다. 영성은 재충전되지 못하고 소진되기 시작한 측면과 아직은 영적 광채의 여운이 어려있는 또 한 면이 공존했다. 전후좌우를 봐도 신앙이 큰 위협에 직면했다거나 비기독교 사회를 상상할 단계는 아니었다. 비국교도가 왕성하게 활동하고 있었다. 비국교도에 대한 차별이 완전히 해제되자 그들은 사회 전면에 나섰다. 청교도의 계승자는 앵글리칸이 아니라 바로 자신들이라 여겼으며 무엇보다 국민정신을 형성하는 데 크게 기여했다. 그들의 시민적 자유 정신, 역사적 소명 의식, 정직성, 건실함, 사려 깊음의 정신문화는 영국 사회 곳곳에 스며들었다. 과거에 퓨리턴 중간층은 비주류였지만 이제 그들은 국가의 양심이며 사회 정화의 원동력이었다. 중간계급 전체는 비국교도의 세계관을 통해 정체성을 확립했고, 자신들 뿐 아니라 산업 현장과 물질계에까지 가능한 모든면에서 청교도 에토스 Puritan ethos를 발산했다.

중간계급 문화는 1880~1910년 사이에 절정에 이르렀다. 중간계급은 교육, 예술, 여가와 오락을 향유하면서 고품격 문화의 소비자와 창출자로서 부르주아 문화를 발전시켰다. 문화적, 오락적, 사업상의 시민 기구나 단체를 이전보다 더 많이 만들었으며 건축, 도시 미관, 의상과 에티켓, 사교 클럽, 예술, 시민적 기념식 등 다방면에 관심을 기울였다. 도시들은 때를 벗고 세련되어 갔다. 자산가들은 자기 도시가 편리한 기능과 시설을 고루 갖추도록 장치하고 지역민의 문화적 품격을 높이는 데 시간과 재물을 희사했다.

그들은 시정에 봉사하면서 기부해 시청 건물, 공연장, 미술관, 박물관, 도서관 등을 아름답게 새로 지었고, 병원과 교육 기관을 증설했으며 길과 공원을 손질하고 넓혔다. 서민에게 공중 목욕탕과 스포츠 환경을 마련해 주었다. 지역의 역사와 풍습을 특유의 문화로 개발하여 주민의 유대감과 자긍심을 고취시키고 나아가 지역을 선전하는 문화 상품으로 만들었다. 이는 공동체를 위해 자기 것을 쓰며 봉사하는 관습, 즉 파터날리즘의 시대적 변용이었다. 그리고 그 모든 것에는 절제와 세련됨과 안온의 분위기Gentleness가 흘렀다. 21세기 초두에 TV에서 한 젊은 건축가가 하는 말을 들었다. 자기 나라 건물들에는 청교도적 분위기가 많이 남아 있다고.

  19세기 말에 지방 정부는 여전히 자치와 자발적 봉사로 운영된 한편으로 전문화 경향 또한 스며들었다. 급료를 받는 풀타임 공무원이 지방에도 생겼다. 알다시피 민간인의 자율과 자치 전통이 확고한 영국에서 민간 활동은 정부의 간섭을 거의 반사적으로 꺼리거나 경계하고 정부도 민간의 자발성을 손상시키지 않으려 조심한다. 그러므로 알아보고 사안을 조율하고 정리하는 것이 정부가 하던 일의 핵심이었다. 하지만 이제 국민의 덩치가 커지고 사회가 복잡해지니 중앙 정부가 지방에 개입하고 통솔할 일이 많아졌다. 노동, 보건 위생, 주택, 수감제도 등에 관한 수많은 개혁법을 실행하면서 정부 차원의 조사와 관리가 증가하기 시작했다.

  초등교육에서 정부의 개입 폭이 넓어졌다. 1870년 무렵에도 아동 노동이 상당했고, 교실에 있는 아이가 동생 보라고, 집안일 거들라고 불려가곤 했다. 그럼에도 이때에 비로소 초등교육이 의무로 되었고 공립학교도 생겼다. 자선학교들은 조금씩 정부 지원을 받다가 점차 세금에 의존하는 공립학교로 변모해 갔다. 자선학교 지도자들은 민간이 대중 교육을 담당해야 한다는 자원주의Voluntarism 전통을 계속 지키고자 정부의 방침에 저항했지만 헛수고였다. 그들이 자유롭게 신앙과 도덕 교육을 하는 옛 방식을 원했던 것에는 신앙 수호는 물론이고 그렇게 할 때 사회가 나빠지지 않는다고 믿었기 때문이다. 하지만 국가 간 경쟁이 격해지고 사회 시스템의 현대화가 요구되는 상황에서 무엇보다 중요한 교육을 확대하는 일에 정부가 나서지 않을 수 없었다. 자선학교의 기부자들도 교육의 세속화 추세를 종교의 영향을 벗어나므로 어찌할 수 없어 대부분 후원을 중단했다.

초등교육이 신자들의 손을 떠나 공공 세금에 의존하게 되니 종교와 교육의 분리 현상이 나타나기 시작했다. 원래 유일한 서민 학교였던 자선학교는 그 목적이 글을 가르쳐 성경을 읽게 하려는 것이었음을 상기하면 큰 변화임을 알 수 있다. 정부가 자선학교에 보조금을 주면서 종교적 관습을 축소하도록 요구했던 것이다. 20세기 초부터 서민 아동들이 학교에서 들을 수 있는 성경 이야기와 교훈은 조금씩 줄었을 것이다. 사회 지도자를 양성하는 사립학교에서는 진작부터 커리큘럼의 무게 중심이 그리스와 로마의 고전들로 옮아갔는데, 이것은 범 유럽적 현상이기도 했다.

보편적 가치가 약화되고 다양한 이념이 공존하는 현상을, 또 거의 100퍼센트 기독교 영향 아래 행해지던 지역 사회 활동이 정부 소관으로 넘어가는 현상을 '다원주의, 세속화, 집산주의' 등으로 설명한다. 개인의 자발적 참여로 이루어지던 일들이 정부가 관여하고 실행하므로 집산주의, 민관 합동 스타일이라고도 한다. 영국적 개념이다. 어쨌거나 19세기 말부터 시민이 자발성을 발휘할 영역이 줄어들면서 자선과 봉사 활동도 이전 만큼 광범위하지 못했다.

자선은 1870년대부터 좀 바뀌었다. 노동계급의 실질소득이 오르니 물질로 돕는 자선협회는 점차 소멸했다. 자선병원은 여전히 후원자를 가장 많이 확보하고 있었음에도 의료 현대화에 따른 비용을 감당하기 어려웠다. 복지국가의 보건 체제에 편입되기 전부터 정부 보조를 받곤 했다. 대신 자선은 전문화, 규모화 되는 추세였다. 고아, 미혼모, 청소년, 노인, 노숙인, 정신 지체, 장애인, 특정 질병자 등을 선택과 집중식으로 돌보는 자선협회들이 전국적 단체로 발전했다. 20세기 NGO의 원조들이다.

지역이 아닌 전국에서 기부를 받는 대형 자선단체는 사회사업 단체라고 해도 괜찮았다. 이러한 변화는 '자선조직협회'가 출범한 이후 뚜렷해졌다. 이 협회는 기존의 자선협회가 너무 많아 문제가 되자 자선의 효율성과 조직성을 높이기 위해 1869년에 설립되었다. 분배가 중복되거나 고루되지 못한 면이 있었고, 돌아다니며 자선금을 챙기는 꾼들도 있었다. 자선 활동의 교통 정리와 조직화가 필요했다. 기독 신자가 운영한 자선조직협회는 20년 후에 런던 본부 이외에 80여곳에 지부를 둔 전국 단체로 성장했다. 무임의 봉사자들 이외에 최초로 풀타임 유급 요원을 둔 자선 조직이었다. 20세기형 사회복지사는 1870년대부터 있었던 셈이다.

자선조직협회는 수혜자를 아주 깐깐하게 선발하는 바람에 냉정하다고 빈축을 샀고 활동의 성과에 대해 비판하는 사람도 많았다.

그러나 이 협회는 빈곤층을 자세히 조사하고 체계적으로 분석함과 아울러 빈곤층의 자활 능력을 높이고자 정밀한 프로그램을 적용하여 자선 활동을 진일보시켰다. 나아가서 맹인, 농인, 정신질환자 등 장애인의 실태를 파악하여 전문적인 자료를 제시했다. 숨겨진 문제들의 심각성을 알려 사회적으로 각성하게 한 점에서, 또 특정인의 복지 필요성에 대한 인식을 확산시킨 점에서 큰 기여를 했다. 세계 여러 나라에도 영향을 미쳐 유사 단체를 태동케 했다.

자선조직협회의 창립 멤버였던 옥타비아 힐은 그전부터 빈민의 거처를 개량하는 자선사업을 개척했다. 그녀가 자선조직협회의 창립에 관여한 것도 그 일을 더 잘하기 위해서였다. 그녀는 빈민의 주거 환경을 개선하기 위해 공영주택운영법을 제안했으며 자선봉사자와 빈민 여성들에게 이 법의 정신과 목표를 교육시켰다. 삶의 질의 추구라는 진취적인 사회사상을 퍼뜨렸다. '오픈스페이스'Open-space, 하늘이 보이는 공동의 여유 공간 만들기로 알려진 주택개량운동 역시 유럽과 미국에 파급되었다. 옥타비아 힐의 이름은 내셔널트러스트 National Trust로 더 알려졌다. 그녀와 뜻이 맞는 상류층 인사들이 1895년에 설립한 이 문화 자선단체는 훌륭한 건축물과 피조 세계의 경관을 누구나 보고 즐길 수 있는 길을 열었다. 서민 대중을 염두에 둔 벤처 자선이었다.

런던 빈민가를 상징하는 이스트엔드East End에서 구세군이 출범한 때는 1860년대 후반이었다. 감리교 배경의 부흥 설교자답게 윌리엄 부스1829~1912는 복음 전파와 자선의 앙상블을 엄격한 조직의 틀에 잘 담아냈다. 곧 국제적인 선교단체와 복지단체가 됐다. 설교에서도 지식과 논설이 풍미하던 때에, 부스는 복음의 핵심을 바로 들이대며 설교했다. 십자가와 은혜와 회개를 집중적으로 전하여 1900년 전후에 시들해지는 영국의 영성을 추슬렀다.

사회 문제와 관련해서도 열정적으로 활동하며 저술을 통해 구체적인 대안을 제시했는데, 국가가 가장 강성한 시기인 1890년에 나온 그의 책 제목은 《영국의 가장 어두운 곳, 그리고 탈출구》In Darkest England, and the Way Out이었다. 실업자, 가정 파탄, 매춘부, 알코올 중독자, 재소자를 구제하는 기구를 설치하는 일, 서민 소액은행과 빈민을 위한 무료 변호제도를 만드는 일, 해안가에 근로자의 거처를 짓는 일 등 사회적 약자와 소외자를 돕는 방안들을 적시했고 또 많은 기부자를 끌어모아 대부분 실행해냈다.

복지 단체와 구세군이 활발하게 봉사하던 이 시기에 또 하나의

19세기 후기 런던의 슬럼

새로운 차원의 자선 활동이 이루어지고 있었다. '인보관 이웃의 상부 상조운동'이 그것이다. 원래는 1850년대에 데니슨 목사가 빈곤 퇴치를 위해 옥스브리지 학생들과 빈민가의 노동자들을 연결한 것이 시초였다. 뒤에 바넷 목사가 그 일을 계승하여 이스트엔드의 자기 교구에 '토인비홀' Toynbee Hall, 1884을 세움으로 인보관운동은 본격화되었다.

바넷 목사는 자선조직협회의 창립 멤버이기도 했는데 빈민 지역에서 살다보니 협회의 접근법이 한계가 있음을 깨닫고 인보관운동에 적극 나섰다. 이 운동은 빈민 스스로가 자립 의지와 능력을 갖도록 따뜻하고 효율적인 방식으로 지원하는 것이었다. 옥스브리지 학생들은 주말마다, 또 봉사자들은 일정 기간, 빈민 지역에 거주하면서 생활의 모든 것을 상담하고 교육과 문화의 방편을 공급했다. 빈곤과 그 파생 문제들을 체계적으로 조사하고 주민의 다양한 필요에 대해 맞춤형 원조와 해결책을 제공하고자 했다.

토인비홀은 경제학자인 아널드 토인비를 기념하는 건물이다. 옥스퍼드의 튜터로서 '산업혁명'을 학술 용어로 등장시킨 토인비는 노동계급을 물심양면으로 돕고 교육하고자 했다. 그는 그들과 함께 살면서 주택과 도서관을 짓다가 과로로 30세에 단명했다.

토인비홀

그를 기리는 토인비홀은 세계 최초의 지역 사회복지관으로서 이듬해 1884년에 완공됐고 토인비의 강의 모음집 《산업혁명》도 발간되었다. 그의 이름은 그의 사후에 태어난 조카에게 그대로 전수되었다. 그 조카가 바로 역사가 아널드 토인비[1889~1975]였다. 《역사의 연구》[1934~61]라는 방대한 저술을 통해 선보인 조카 토인비의 '문명의 생성과 쇠락, 도전과 응전, 소수의 창조적 지도자' 같은 개념은 세계적으로 회자되었다. 마르크스주의 세계관이 웅비하던 20세기 유럽에서, 토인비가 역사는 물질의 힘이 아니라 정신의 힘에 의해 결정된다고 피력하니 기독교 도덕론을 학문에 끼워 넣었다고 사방팔방에서 툴툴거렸다. 하긴 자기 나라 스토리를 너무 널리 적용한 거 아닌가 하는 생각은 든다.

토인비 가족처럼 좋은 배경에 부유한 집안에서 자라 인보관운동에 참여했던 엘리트 청년들은 나중에 보편적 복지제도를 실현하는 데 지도적 역할을 했다. 대표적으로 비버리지와 애틀리를 들자.

윌리엄 비버리지[1879~1963]는 1903년 24살에 토인비홀의 부관장으로 봉사하면서 빈곤과 실업 문제를 파고들기 시작하여 평생의 연구 주제로 삼았다. 그 열매는 그가 정부 요청으로 복지국가의 설계도 제작에 참여하고서 1942년에 제출한 〈비버리지 보고서〉로 나타났다.

비버리지의 4년 후배로 역시 청년 시절 인보관에서 살았던 클레멘트 애틀리[1883~1967]는 이스트엔드의 지역구를 발판으로 정치 인생을 시작했다. 그는 2차 대전 직후에 노동당 당수이며 수상으로서 비버리지의 포괄적 복지 정책을 실행에 옮기는 데 앞장섰다.

인보관운동은 급속히 확장되어 1차 대전 직전에는 런던만 27곳, 기타 지역에는 17곳에 인보관이 설립되었다. 해외에는 미국에 먼저 이식되었고, 20세기 전반기에는 유럽 각국에 전파되었으며, 국제 인보관 연합조직도 발족되었다. 현재도 인보관운동은 시민 상담, 무료 법률 상담, 아동 보호, 알코올 중독자 구제, 노인 복지사업과 같은 전문화된 봉사 활동을 하고 있다. 뿐만 아니라 이주민 교육과 인종 차별 반대운동 등 당면 과제를 다루며 진취적인 활동을 개척하고 있다.

19세기 말에 자선은 현대적인 사회사업으로 전문화되고 전국 단체로 변모했다. 이 단체들을 통해 복지 전문인들이 길러지고 노하우가 쌓여 장차 보편적 복지제도가 순항할 수 있는 밑거름이 되었다. 동시에 국제적 자선단체로 발전하여 세계의 기부 문화를 선도하는 기초가 닦였다. NGO의 싹이 텄다. 그리고, 어쩔 수 없게도, 신앙 행위였던 자선 활동이 전문화되니 신앙과 자선이 분리되는 현상이 촉진되었다. 자선은 신앙과 무관한 시민 문화가 되고 있었다. 따라서 지갑을 여는 자선은 지속되었으되 시간과 땀을 들여 봉사하는 이는 줄었다. 신앙에서 비롯되는 자발성의 동력과 인간의 전체성에 대한 감각은 조금씩 새나갔다. 가장 순수한 청년 지성들도 영성과 본질적 추구보다는 빈민의 시민적 결핍을 메워주는 쪽에 몸과 마음을 들였다. 제국의 영광이 빛나는 시점에, 지도자가 될 젊은이들이 그렇게 잘 하고 있는 그때에, 스펄전 목사는 이 국민의 암울한 영적 미래를 예감했던 것 같다.

32
시대정신의 교체

 종바위 등대를 건설한 스티븐슨의 창의력과 용기를 다 물려받았던 것일까. 손자인 로버트 스티븐슨1850~94은 《보물섬》1881과 《지킬 박사와 하이드씨》1886 등 소설을 썼고 또 부모의 신앙 울타리를 뛰쳐나가 자유롭게 살았다. 조부가 세운 신앙의 가계에서 이 손자는 보모 곁에서 성경과 천로역정을 들으며 컸고 성장기에 열심을 내보이기도 했다. 그러나 철이 들면서 그는 부르주아 계급에게서 오히려 액세서리 같은 종교성, 위선과 냉랭함을 더 발견했다. '지킬·하이드' 같은 극적인 분열증의 인간을 통해 그 혐오감을 그려낸 것으로 해석하고 싶다. 도덕적 습관은 있으나 도덕의 뿌리인 믿음을 상실함으로 진실하지 못한 모습을 감추기 어려운, 숨죽이고 있던 악한 본성이 불쑥 솟을 것같은 아찔함이 스치는, 그 시대의 뒤안길이었을까. 스코틀랜드 사람이지만, 스티븐슨 가족 3대의 내면의 변천은 영국 중간계급이 나타내는 신앙의 세대적 변화를 상징한다고 할 수 있다.

그 시대를 보는 또 하나의 창으로 잉글랜드의 아널드 부자를 들자. 아버지 토머스 아널드는 럭비스쿨을 꿈의 학교로 만든 교육 개혁가였고, 아들은 시인이요 비평가로 지적 영향력이 상당했던 매슈 아널드 1822~88이다. 이 총명한 부자는 시대에 특별한 기여를 했는데 그것이 또 단순하지 않다. 교육가 토머스는 자신의 자유주의적 종교관과 가치관에 따라 사립학교를 수선해서 빅토리안 선망 인간형을 조립하는 데 큰 역할을 했다. 그런데 부친의 정신세계를 소담스러워 하듯 그대로 품에 안은 아들 매슈는 자국인을 품평한 것으로 유명했다. 그의 대표 저서 《교양과 무질서》 1869에는 이런 내용이 있다.

"귀족은 고귀한 정신과 총명함, 뛰어난 예법을 가졌으나
사상을 알지 못하는 미개인 Barbarians 이다.
중간계급은 비국교파의 요새로서 열정과 도덕성은 풍부하나
'달콤함과 빛'은 부족한 속물 Philistines 이다.
민중은 아직도 거칠고 맹목적이다."

매슈 아널드는 중간계급을 상업성과 실용성에 치우친 속물이라고 하면서도 의욕과 도덕성은 나무라지 않았다. 그는 그들을 국력의 중추로 여기고 높은 수준으로 끌어올리기를 희망했다. 그 시민들이 금전에 물들어가는 것을 교정하고 싶어했던 것 같다.

매슈는 고매한 교양을 추구했는데, 그 교양이란 종교와 문화가

융합된 상태를 말하는 것으로 보인다. 당시에 얄팍한 종교성을 가진 사람들에 대해 로버트 스티븐슨은 거부 반응을 보이고 외면한 타입인 데 비해, 종교의 인기가 떨어질 것을 직감한 매슈 아널드는 종교가 필수불가결하다는 점을 입증하려던 유형이었다. 고도의 교양이 있는 사회가 되려면 종교가 꼭 필요하다고 했는데, 종교에 문화와 과학의 옷을 입히면 완성된다고 보았다. 개혁가 유전인자에 진지함과 고상함을 천성처럼 가졌던 매슈는 그런 발상 자체가 반신앙적임을 몰랐을까. 더욱이 종교의 기능을 강조하면서도 종교를 하위 개념화했으니 매슈 자신이야말로 실용적인 빅토리안 중간계급임을 드러냈다. 아널드 부자는 종교의 효용성에 큰 관심을 두면서도 정작 신앙의 정수에 대해서는 덤덤한 에라스무스 계통이었다. 그래서 에라스무스처럼 그들 자신 역시 종교를 떠난다는 것은 상상하지도 못했으나, 그들의 접근법은 신앙을 이탈하는 또 하나의 수순을 제공한 것으로 보이기도 한다. 말기적 증상은 이렇게 집적되고 있었다.

신념이 신앙을 대체하는 현상은 세기말에 뚜렷해졌다. 1880년대부터 1차 대전 사이는 20세기 시대정신이 형성되기 시작하는 일종의 분수령이었다. '기독교 사회주의'라는 용어가 그 변화와 전환을 상징한다. 토인비 홀, 페이비언협회, 사회 조사, 노동당, 자유당의 복지 개혁 등, 이 시기에 나타난 굵직한 조직체와 개혁의 진전은 기독교와 사회주의의 복합적 영향 아래 추진된 것이었다. 물론 영국 사회주의는, 용어가 사회주의일 뿐이지, 마르크스주의나 유럽 대륙의 사회주의와 달랐다. 저명한 역사 저널에는 "(유럽 대륙에서 사회주의는 마르크스주의와 친했는데 말이지) 왜 영국에서는 잘 안 됐을까?" 이런 비슷한 제목의 논문 "Why no Marxism in Great Britain?"도 있다. 역사가들은 19세기 영국에서 마르크스주의 영향은 '전혀'라고까지 말한다.

원래 영국 '사회주의'는 '사회공동체주의'로 부를 수 있다고 보는데, 마르크스주의와 무관하게, 훨씬 이전부터 진도가 나갔었다. 멀리는 청교도혁명 때의 수평파나 디거파를 들 수 있고, 산업화가 시작된 이후로는 토머스 페인, 로버트 오언, 노동조합 운동가들, 차티스트를 비롯한 민중 운동의 일부 지도자들로 이어졌는데, 이 모두를 사회주의자로 분류할 수도 있다. 사회주의자들은 개신교 국가의 그늘 아래서 윤리와 도덕 면에서, 또 정의와 공평을 추구한 면에서 성 으로부터 영향을 받지 않을 수 없었으나, 신앙과 무관한 이들도 적지 않았다. 인간적으로 보면, 소수자인 그들의 사상과 삶은 고달팠던 한편 순교자적 순수함과 열정은 평가할 가치가 있다.

그러다가 기독교 사회주의도 나타났다. 기독교 사회주의는 케임브리지 출신의 성공회 성직자인 프레더릭 모리스와 찰스 킹슬리가 장시간 마음먹고 있다가 1848년에 들먹이면서 등장했다. 디킨스와 칼라일의 사회 고발 글들이 널리 읽히고, 디즈레일리의 '두 국민' 용어가 나돌며, 공장개혁법이 연이어 개정되던 무렵이었으니 알 만하다. 소수의 사람들이 모리스와 킹슬리의 기독교 사회주의운동을 시대적 대안으로 여기고 따랐다.

모리스1805~72와 킹슬리1819~75는 역시 산업화의 폐해를 기독교 윤리로 극복하고자 했다. 그들은 노동자학교Working Men's College, 1854를 창립해 노동자 교육에 힘쓰며 노동자 연대 활동을 도왔다. 이 학교는 영국 최초의 정규적인 성인학교로, 또 지금까지 계승된 평생교육기구로는 유럽에서 가장 오래된 학교로 알려져 있다. 그 두 사람은 기독교 윤리에 관한 책들과 애틋한 사회 소설을 썼고 빈민과 노동계층을 위해 자신들의 재능을 다 쓰려 했다. 노동자들이 문제 해결을 위해 정치 운동에 의존하기보다는 협동과 자조의 힘을 기르도록 북돋고 물질 획득보다는 영적이고 고상한 것을 찾도록 권고한 것은 성직자다웠다. 이것은 또한 세기 말엽에 비해 영성이 좀 더 살아있던 중엽의 분위기를 반영하는 것이기도 했다. 그러면서도 중년의 킹슬리는 다윈의 진화론을 달갑게 여기고 깊이 소화함으로써 리버럴한 지식인의 면모를 거침없이 내보였다. 21세기 버전으로는 동성애 옹호론자에 속할 것이다.

좀 더 나간다면, 모리스와 킹슬리가 말하는 '기독교 사회주의'와 '기독교 윤리'에서는 야릇하게도 신앙적 분열, 혹은 신앙 쇠락의 그림자가 어른거린다. 대부흥의 1세대는 말할 것도 없고 클래팜 섹터 세대와는 다른 면이 포착된다. 이 복음주의 선조들에게는 집요하고 민감하게 성결을 추구함, 선교 노력, 이웃 사랑을 위해 사회악에 대항함, 이 모든 것이 따로 놀지 않았었다. 개인이 할 수 있는 분량에는 한계가 있겠지만 그 모두를 포함하는 복음적 삶을 살고자 있는 힘을 다했다. 굳이 '사회주의'나 '윤리' 같은 보조 개념이 필요치 않았다. 그러므로 진지하기로는 더할 나위 없었던 모리스와 킹슬리의 사상은 그전 세대만큼 복음의 총체성과 완전성을 맛보지 못하는 사람들이 더 많아지리라는 예고편 같았다.

1860년대에 누군가는 '사람이 빵만으로 사는 것은 아니지만 빵 없이는 못 산다'고 하면서 빵 문제 해결에 매진하겠노라고, 아니 기독교는 그래야 한다고 선언했다! 다수가 근근이 연명하던 농경 시절에는 사람이 빵 만으로 사는 존재가 아니라는 말씀이 쉬이 수긍되었을 법한데, 대부분이 옛 영주들에 비할 수 없는 풍요와 편리를 누리는 산업 시대에 오히려 먹는 문제가 클로즈업 됐다. 물론 불공평의 문제를 지적한 것이다. 점점 부요해지는 사회에서 기본적인 의식주가 결핍된 이들이 아직 많다는 사실이 가시처럼 마음에 걸렸기 때문이겠다.

1880년대 초, 스코틀랜드인 로스 목사가 동아시아 만주에서 조선 의주 청년들과 함께 성경을 한글로 번역하고 있을 때, 영국에서는 마르크스주의적 사회주의운동을 꾀하는 지식인 몇이 나타나서 더러 노동조합에 영향을 미쳐 과격함을 부추기기도 했다. 그러나 실제로 마르크스주의자는 손꼽을 정도였고 그마저 이래저래 부대끼다가 2차 대전 직전에 사라졌다. 영국에서 이 운동의 세계관과 이상 실현의 방법론은 무척 생경스런 것이었다. 마르크스와 엥겔스가 자본주의를 분석하고 비판한 것은 자못 가치가 있었으나, 성경을 익히 아는 영국인에게 자본주의의 모순과 탐욕의 패악을 지적하고 경고

하고 교정하기 위해서라면 그 두 사람의 이론은 성경에 비할 바가 아니었던 것이다.

세기말에 '기독교 사회주의'는 공공연히 쓰이기 시작했고 기독교인으로서 개혁 활동을 한다면 얼추 사회주의자였다. 이웃 사랑에 대한 성경적 문제 의식과 접근법이 깔려있었으므로 반종교적 성향의 유럽 사회주의와는 뚜렷이 구별됐다. 다만 성경적 내용 중에서도 정의와 공평의 문제, 사회적 약자의 처우 문제에 집중하였으므로 사회주의 이슈와 포개졌다. 이런 점에서 기독교는 언제나 사회주의적이라고 할 수도 있고 그것이 영국에서는 교회와 지도층이 주도하는 온정주의와 공동체주의로 표출되어 왔었다.

따라서, 자선의 전문화 현상처럼, 그 시기의 영국 사회주의를 온정주의의 전문화로 보면 적절하겠다. 지역 범위를 뛰어넘어 국가적 차원에서, 또 고도의 전문성으로 빈곤과 불평등의 문제를 다루었기 때문이다. 중간계급 지식인 그룹, 노동자 활동가들, 특정 개인들, 정부 요원들이 제각각 또는 협력해서 그 문제에 달려들었다. 견해 차는 큰 문제가 되지 않았고, 정의와 공평을 향한 목적 의식과 그 추진 과정을 뭉뚱그려 사회주의적 지향으로 이해할 수 있다. 그들 가운데 무신론자와 복음주의자는 각각 소수였고, 다수는 신앙에 중심축을 두고 사회주의적 강조점을 흡수했거나 아니면 사회주의적 추구에 신앙의 잔상을 투영시켰거나 둘 중 하나였다. 한결같이 매우 도덕적이면서 대의를 위해 전폭적으로 헌신한 면에서 그들은 맹렬한 개혁 거인들의 계보를 이었다고 할 만하다.

시대정신의 결정체는 페이비언협회 Fabian Society에서 찾을 수 있다. 이 협회는 기독교인 지식인과 예술인들이 1883년에 조직한 '새 생활친교회' Fellowship of the New Life에서 비롯되었다. 친교회는 점점 복잡해지는 세상에서 소박하고 평온한 생활 방식과 개인과 사회의 도덕성을 추구했는데, 그들 가운데 정치와 사회의 개혁에 관심이 많은 몇 사람이 소그룹을 만든 것이 곧 '페이비언'이었다. 회원들은 양쪽 회합에 다 참여할 수 있었으나 페이비언이 급성장함에 따라 친교회는 1898년에 해체되었다.

어릴 적 신앙을 기억하는 사회주의자 부부와 퀘이커교도 한 명이 뜻이 맞아 토론 모임으로 시작한 페이비언은 이듬해 1884년에 회원이 30명으로 불었다. 램지 맥도널드 1866~1937 스코틀랜드인, 독학자, 하원의원, 1931 노동당 최초 총리 같은 노동자 회원도 소수 있었다. 수년 내에 회원은 조지 버나드 쇼 아일랜드인, 1925 노벨문학상, 애니 베산트 1847~1933 국제적 인도주의 활동가, 1880 하원 의원, 팽크허스트 부부 여권, 인권 운동가를 비롯한 당대의 개혁 활동가를 망라했다. 마르크스의 막내딸 엘리노어도 드나들었고, 페이비언의 대명사가 되는 웹 Webb 부부 중 시드니는 1884년에, 베아트리스는 1891년에 합류했다. 마르크스주의 계통의 사회민주연맹과도 서로 왕래했으나 연맹 측의 과격성과 감정적이고 시끌벅적한 언설은 페이비언에게 외면받았다. 페이비언은 사실에 근거한 합리적인 토론과 집산주의적 대안을 지향한다는 노선을 확실히 했다. 당대 최고의 사회주의 지식인의 집합소였던 이 협회는 지금은 노동당의 여러 싱크탱크 중 하나이나, 20세기 영국은 페이비언이 정비한 이념을 의식적으로든 무의식적으로든 실현하는 경로에 있었다. 페이비언은 자기 국민의 지성 수준을 끌어올린 지성 자선협회라 명명하고 싶다.

페이비언은 '자본주의가 불의하고 불공평한 사회를 만들었다'고 진단하고 '최상의 도덕성에 준하는 사회 건설'을 최종 목적으로 삼았다. 소위 '점진적 개혁론'인데 새삼스러운 것은 아니다. 영국인은 사상의 급진성 면에서는 어디에 견주어도 뒤지지 않았으나, 방법 면에서 급진론자는 소수였고 혁명을 부추긴 사람은 잘 찾아봐야 할 정도였다. 그래서 페이비언협회가 더 강한 적을 장기간 야금야금 무너뜨려 승리한 로마 장군 파비우스의 이름을 딴 것 역시 영국적 관성이라 하겠다.

"누구나 부, 권리, 기회를 자유롭게 추구할 수 있는 평등한 사회는 선택의 여지가 없는 미래의 진로다. 그 성취를 위해서는 개인이 아니라 정부가 나서야 한다는 인식, 공공 서비스가 뒷받침되어야 한다는 인식이 공유되어야 한다. 민주주의, 즉 책임질 줄 알고 아량 있으며 능동성 있는 민주적 태도가 그 방법론이므로 이를 실천하도록 고취시켜야 한다. 시민권, 자유, 인권을 동시에 향상시켜야 하며 이들의 지속가능한 발전과 이를 위한 국제적 협력을 모색해야 한다."

페이비언협회는 적은 수였으나 강연과 회합, 중요한 사회 문제에 관한 조사와 연구, 문헌 활동을 통해 국가의 진로에 대한 집산주의적 전망을 대중 사이에 유포시켰다. 그들은 '사실을 추적하고 사실을 전달하고 알리는 집단'으로서 기여하고자 했다. 사회적 진실을 보급함으로 인식의 변화를 유도하는 것이 관건이었다. 그렇게 하여 그때까지 다양한 사람들이 추진한 개혁적 도모들이 같은 방향으로 갈 수 있음을 깨닫게 했고 또 그 방향을 선명하게 인식시켰다.

무엇보다 페이비언은 개혁의 방법론을 명료하게 정리해 주었다. 평등하고 정의로운 사회를 실현하기 위해서 이제는 정부가 역할을 확대해야 한다는 의견이 없지는 않았으나 페이비언은 이를 구체화하고 분명히 했다. 자본주의의 폐단과 불공정을 고치기 위해서 정부가 주도적으로 또 민주적 방식으로 복지를 비롯한 공공 서비스의 양과 질을 높이고 관리해야 한다는 것이었다. 개인들의 협력으로써가 아니라 공공의 힘으로, 즉 중앙 정부가 행정력과 조직력을 동원해 자유와 평등의 부족분을 메우고 분배의 효율성을 높여야 한다는 바로 이것이 영국 사회주의, 영국 집산주의의 기본 개념이다. 한마디로, 선한 사회를 이루기 위해서는 정부가 온정주의의 사령탑이 되어야 한다는 필요이자 요구였다. 사회주의자들은 이 아이디어가 사회적 합의가 되게 하는 데 견인 역할을 한 것이다.

영국 사회주의는, 거꾸로 보면, 영국이 지역 자치 전통이 얼마나 강한 사회였는지를 잘 보여 준다. 중앙 정부가 국민 생활의 많은 부분을 챙기고 다루어야 한다는 발상이 그들에게는 그만큼 획기적인 것이었다. 앞서 얘기했듯이, 이 사회는 전통적으로 민간인의 자발성과 자율로 운영해 온 영역이 매우 넓었다. 자치와 자원봉사 정신이 뿌리 깊은 만큼이나 공공 기관이 민간 생활에 개입하는 것을 꺼렸다. 민간의 자율과 자유를 침해할까봐 경계해 마지않았다. 로크의 《통치론》은 어찌 보면, 국민은 언제든 필요하면 '자유'를 가운데 놓고 중앙 권력과 맞장뜰 준비가 됐다고 가슴을 팡팡 치는 모습을 연상시킨다. 그게 17세기 후기였지 않은가!

그리고 이제는 정부가 더 많은 책임을 져야 한다고 생각하는 사람들이 늘어났다. 무엇보다 빈곤층의 복지에 있어서 민간의 노력만으로는 한계가 분명하다는 사실을 분별하기 시작했다. 그래서 국민의 평균적 삶의 질을 높이려면 정부가 더 나서야 한다는 것인데, 이는 개인의 자유와 자율의 범위를 더 줄일 수도 있다는 뜻이었다. 공동체의 복리를 향상시키기 위해 금전과 시간과 몸으로 봉사했던 시민들은 그것으로 빈곤 문제가 해결되지 않음을 인지하면서 이제 **자유의 기부**라는, 장구한 세월 다진 최고 가치를 조금씩 떼어 정부에 몰아줄 마음을 먹어볼 참이었다. 다원화되고 거대해지는 사회에서 정부의 지도력을 강화하는 것이 불평등을 다루는 시대적 대안임을 인정하는 것이므로 방법론적 대전환이었다. 이러한 인식의 변화는 또한 역시 민간인이 자발적으로 행한 사회 조사 덕분에 더욱 촉진되었다.

33
노동당의 등장

1900년 무렵에는, 덮개가 걷히듯 최대 부국의 넓고 짙은 그늘이 빤히 드러났다. 찰스 부스와 벤자민 시봄 라운트리가 도시민, 특히 빈곤층의 실상을 샅샅이 조사하여 공개했기 때문이었다.

한 세대의 차이가 있음에도, 부스와 라운트리는 서로 비슷한 점이 많았다. 두 사람은 모두 유복한 사업가 집안에서 태어나 일찍부터 경영 일선에 투입됐다. 비국교도로서 빈민과 약자에 깊은 관심을 가지고 자선과 공익 활동에 열심이었던 부친을 모신 점에서도 두 사람은 같았다. 이 아들들 또한 선대처럼 기업 경영과 자선 사업 중 주업이 뭔지 헛갈릴 정도였다. 도덕적 열정, 개혁 성향, 학자적 진지함까지 똑같이 갖춘 부스와 라운트리는 재물을 실증적 조사와 통계 분석적 연구에 투입해 사회에 공헌했고 사회학의 지경도 한층 넓혔다. 직접 연구재단을 만들고 스스로가 발로 뛰는 조사원이요 창의적인 분석가가 된 특별한 케이스로서 사회학자요 자선가로 명망이 높았다. 정부의 빈민 구제 정책과 복지 개혁안 수립 과정에 실제로 참여한 것까지 두 사람의 행적은 쌍둥이 같다.

찰스 부스[1840~1916]는 청년기에 프랑스 사회사상가 콩트가 제시한 미래 사회의 전망에 큰 감흥을 느끼면서 물려받은 유니테리언 신조 조차 슬그머니 뒤로 밀쳤다. 장차는 종교와 성직자의 지도적 역할이 쇠하고 과학적 지성과 산업가가 사회를 주도할 것이라는 콩트의 예견을 부스는 달콤하게 받아들였다. 잘되는 해운업도 성이 차지 않을 신념과 재능에다 뭔가를 해볼 수 있는 재물이 있었다. 하인드먼이라는 마르크스주의자가 현실을 잘못 전달하는 것에 분개한 40대 중반의 부스는 자신이 직접 사회 조사를 하고자 팀을 꾸렸다. 그 결과물인 《런던 사람들의 생활과 노동》 1권을 시작으로[1889] 1903년까지 모두 17권을 출판했다. 돌아보면, 구세군 윌리엄 부스의 《영국의 가장 어두운 곳, 그리고 탈출구》도 그즈음[1890]에 나왔다. 더 앞서 1883년에는 한 회중교회 목사가 쓴 소책자 《런던의 버림받은 사람들의 비통한 외침》이 많은 양심을 흔들었다.

유명한 초콜릿 회사를 일으킨 라운트리 가계는 퀘이커였는데, 이 가족 기업을 번창시킨 주역은 벤자민 라운트리[1871~1954]의 아버지 조셉이었다. 조셉은 5살때부터 부모의 식료잡화점 일을 거들며 자랐고 자수성가 했다. 30대 초의 나이에 조셉은 '범죄와 빈곤의 관계'에 관한 연구서와 《잉글랜드와 웨일스의 극빈층》을 펴냈다. 이런 아버지라면 아들 벤자민이 어려운 사람을 돕는 것을 자신의 의무요 소명으로 여긴 것에 흡족해 했을 것 같다. 벤자민은 경영 훈련을 받던 20대 시절부터 부친과 함께 주일날 성인학교 교사로 봉사하면서 그 청장년 학생들의 가정을 방문해 빈민의 애환을 직접 듣고 보았다.

부친의 연구물을 잘 알고 있었던 벤자민은 찰스 부스의 보고서에 더욱 고무되어 대도시 요크의 노동계급의 생활상을 심층적으로 조사했다. 이 대형 프로젝트에 2년을 소요한 다음 분석과 정리를 거쳐 나이 30에 《빈곤 : 도시(빈민의) 생활에 관한 연구》1901 를 출판했다. 개인적으로 라운트리는 현장 조사와 분석에서 얻은 현실 감각 때문에 자기 기업의 근로자를 위해서 가장 혁신적이고 따뜻한 복지 방안을 창출하고 실행할 수 있었다. 그러고도 이 한결같은 사람은 수십 년 후 요크를 두 번 더 조사하여 멋진 제목의 책들 《빈곤과 진보》1941, 헨리 조지의 저서는 《진보와 빈곤》와 《빈곤과 복지국가》1951로 조사 결과를 알렸다. 그 사이에 그는 사회적 악덕과 실업 문제를 사례별로 조사하고 정리한 연구물을 몇 가지 더 산출했다. 복지국가의 건설 과정에 참여하고 또 지켜본 라운트리는 보편적 복지제도가 절대 빈곤을 잘 쫓아내고 있는지 손수 확인해보기까지 장수했다.

부스와 라운트리 두 팀은 노동계급의 생활상을 관찰하고 조사하는 데 초점을 두었다. 그 자료를 가지고 빈곤 카테고리를 만들었고 빈곤의 원인을 다각도로 분석했다. 중요한 것은 상식보다, 또 하이드먼이 주장한 25퍼센트보다, 도시 빈곤층이 더 두텁다는 증거였다. 당시에 구빈세 수혜자는 전 국민의 2퍼센트쯤 되었는데, 그 외에 외부 원조가 없으면 거의 굶는 경우부터 기초생활이 안 되는 인구가 35퍼센트 가량 되는 것으로 밝혀졌다. 런던과 요크의 형편이 흡사했다. 더 중요한 것은, 비자발적 실업이 상당할 뿐더러 빈곤의 굴레에서 헤어날 수 없는 구조가 있다는 사실의 재발견이었다. 질병, 가장의 사망, 저임금, 실업, 노령, 교육 미달 등은 빈곤의 원인도 되고 결과도 되는, 새로울 것이 없는 빈민의 현실이 더 분명하게 전달되었다. 아이들이 어릴 때는 어렵고, 커서 안팎에서 일해 보탬이 되면 끼니 때우기가 좀 수월하고, 자식이 장성해 분가하고 나면 늙은 부모는 궁색하게 지내는 빈민의 생애 사이클이 자전거 바퀴보다 단단하다는 케케묵은 상식이 새 뉴스인 양 전파되었다.

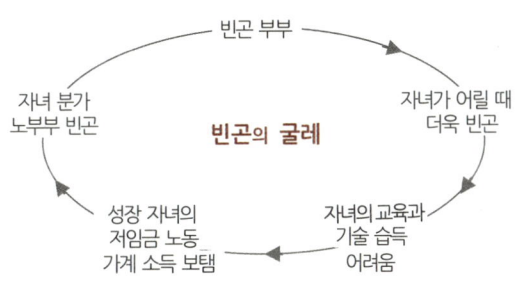

그때까지 중간계급은 빈민이 노력하고 자립하려는 뜻이 없고 부도덕하거나 게을러 터져서, 즉 정신 상태가 그르기 때문에 가난하다고 생각했다. 그러므로 부스와 라운트리의 작업은 이들로 하여금 빈곤층의 규모를 직면케 하고 빈곤의 태생적 족쇄를 실감케 하는 데 큰 도움이 됐다. 자선으로 빈곤 문제의 근원을 제거할 수 없다는 인식이 싹텄고 빈민에 대한 인정어린 접근법이 모색되기 시작했다.

부스와 라운트리가 빈곤 조사 결과를 책으로 찍어내던 그 무렵은 바로 노동당의 발아기이기도 했다. '노동당' Labour Party 이라는 이름을 붙인 때는 1906년이지만 그 존재는 1890년대에 불쑥 나타났다. 더군다나 노동계급의 목소리를 대변하는 정치적 기구에 대한 희망은 진작부터 움트고 있었다.

노동자들의 정치적 연대와 노동당 설립 과정

1850s
숙련 노동자 **직종별 노동조합** 증가

1867
2차 선거법 개정
노동계급 유권자 수가 중간계급을 추월
노동자 연대 기구 속속 조직

1872
비밀투표제 시작

1874
자유당 · 노동자대표연맹 협약 [립·랩 협약, 립·랩 의원]
두 광부(감리교인) 후보자가 당선되어 **첫 노동자 의원** 탄생
노동자 단체가 정기 기부금으로 립·랩 의원 활동비 지원
두 의원은 자유당과 함께 노동법 개혁에 기여

1884~86
3차 선거법 개정
남성 노동자 다수 선거권 획득
립·랩 의원 12명
'**의회(진출을 위한 노동자) 위원회**' 구성
[1884 Fabian Society, Toynbee Hall]

립·랩의원 : Liberal · Labour MP
자유당과 노동자대표연맹이 협약을 맺다. 자유당은 후보를 내지 않고 노동자 후보를 지원하기로 하다. 이에 당선된 노동자 출신 하원의원이 립·랩의원이다.

1890	노동조합원 수 급속히 **증가**
	(1880년대 75만 명, 1900년 20만 명, **1914년 400만 명**)
	우애조합, 공제조합, 협동조합 등에 회원 **수백만 명**

1892~95	노동자 **키어 하디**가 무소속(자력)으로 하원의원 당선
	하디, '**독립노동당**' Independent Labour Party ᴵᴸᴾ 창설, 리더로 추대
	램지 맥도널드, 독립노동당 가입 (등록 회원 3만5천명)

1900	'**노동자대표위원회**' 구성하고, **하디**를 의장으로 선출
	페이비언협회는 버나드 쇼가 대표자로 노동자대표위원회에 참석
	사회민주연맹(마르크스주의)의 대표자도 노동자대표위원회에 참여

1906	'노동자대표위원회'의 **노동자 후보 29명 하원의원 당선**
	'**노동당**' Labour Party 조직
	하디, 노동당 초대 당수로 선출

1918	남녀 성인 보통선거권 (남 21세, 여 30세)	1914~18 1차 대전
1922	**노동당**, 총선에서 **최대 의석** 차지	
1928~31	연립 내각, **램지 맥도널드 (노동당 최초 총리)**	1929~39 대공황
1942	〈비버리지 보고서〉	1939~45 2차 대전
1945	**노동당 집권, 복지국가 출항**	

1872년에야 비밀투표를 하게 되었다. 호주 쪽에서 먼저 시도된 것을 본국에서 법으로 통과시켰다. 유럽에서 처음이었던 것 같다. 미국은 10여 년 뒤에, 프랑스는 40년 뒤에 시작했다고 한다. 그전까지는 지방 선거든 총선이든 누가 누구를 찍었는지 선거 후에 책자로 인쇄되어 나왔으니, 후발국으로서 처음부터 비밀투표를 한 우리로서는 생소한 서구 문화다.

1832년 전에는 성인 남성의 11퍼센트만, 1867년 전에는 18퍼센트만 투표권이 있었다. 그때까지 선거명부는 우대 시민권자 명단이나 마찬가지였다. 1867년부터 노동자도 투표하게 된 후로는 숫자가 너무 많아졌으니 선거명부가 나온들 그 많은 유권자를 누가 다 알겠나. 이제 통계적 수치로 다루어야 했을 뿐 아니라 자유의 심층적 확대에 따라 비밀투표제가 요구되었던 것이다. 익명의 사회로 가고 있었다.

20세기 초엽에 와서야 하원의원의 세비가 지급되었는데, 의회 민주주의의 긴 역사에도 불구하고 그간 정치는 유산 계급과 귀족의 독점물이었음을 새삼스레 환기시켜 주었다. 앞에서 보듯이, 노동자의 연대 노력에 자유당과 지식인의 지원이 합해져서 의회 진입의 계급 장벽이 무너지고 있었고 거스를 수 없었다.

34
노동당의 바탕

19세기 말에 개혁 활동가들은 두루 연결되었고 서로 도움을 주고받았다. 페이비언협회가 그들이 왕래하는 교차로 한가운데 있었던 것으로 보인다. 그 가운데에서도 웹 부부가 중심이었다.

베아트리스 웹1858~1943은 유니테리언 대 부르주아 집안에서 자랐다. 영리한 베아트리스는 일찍 사회주의 사상에 눈떴고 공공선public good을 위해 헌신하는 것이 가장 가치 있는 삶이라는 각성을 했다. 자선조직협회에서 봉사하면서 옥타비아 힐과 (토인비홀도 설립한) 바넷 목사 부부와 교제하고 배우면서 자기만의 길을 구상했다. 이어서 삼촌뻘인 사촌, 찰스 부스의 사회 조사와 자료 분석에 뛰어들어 집필을 돕고 노동자에 관한 자신의 논문을 산출했다. 저널을 통해 이 논문을 읽은 상원의원들이 그녀를 의회로 초청해 직접 들었다. 베아트리스는 협동조합운동에 관해 연구하던 중인 1891년에 시드니 웹과 조우했고 페이비언협회에 가입했다. 이로써 사회주의 지식인 정예팀에 끼었고 최상의 직관력을 가진 그녀는 곧 두각을 나타냈다.

쁘띠 부르주아지의 배경을 가진 시드니 웹 1859~1947은 런던노동자학교를 통해 학습하고 변호사가 되었다. 그는 기독교 사회주의자 그룹에 관여했으며 노동자학교에서 강의했다. 베아트리스를 만났을 때 공무원 시드니는 이미 페이비언의 핵심이었다. 이 협회가 사회 문제의 사실과 증거를 수집하고 전달하는 일에 탁월했던 데에는 시드니의 공이 컸다. 그는 사실과 지식의 보물창고요 열람실이었고 협회의 주요 문서는 대부분 그의 손을 거쳤다.

시드니와 베아트리스는 사회와 제도의 개혁을 위해 연구와 활동으로 평생 협업했다. 그들은 손대기 어려운 당면 주제를 역사적으로, 실증적으로 철저하게 연구해 기념비적인 저작물을 여럿 내놓았다. 대중 교육과 구빈법에 관한 정부의 새로운 정책 수립 과정에도 참여해 고도의 전문성을 발휘하며 주도적인 역할을 했다. 사실 1942년에 비버리지 팀이 완성한 복지국가 설계도는 웹 부부가 진작 머릿속에 그렸던 밑그림의 완성판이었다. 웹 부부는 한 자산가가 협회에 기부한 돈으로 런던정경대학 LSE 을 창립했으며 1895 새로운 정당이 필요하다고 판단하여 노동자들의 정당 활동을 지원했고 또 거기 몸담았다. 나중에 노동당 의원이 된 시드니는 램지 맥도널드가 수상으로 있을 때 상무부 장관으로 일했다. 실업 문제에 관한 이론과 실무에서 그만한 전문가가 없었다. 시드니는 남작 작위를 받기는 했고 60세에 상원의원이 되어 해외영토 담당 국장으로 봉사했다.

웹 부부는 연구와 활동의 근면성과 열정 면에서는 퀴리 부부 같고 사상의 영향력 면에서는 사르트르와 보봐르에 비할 수 있다. 하지만 웹 부부는 1930년대 노년에 소련을 방문한 후에 그 허상을 붙듦으로써 탁월한 식견과 헌신과 겸양이 어우러진 광채의 삶에 짙은 얼룩을 남겼다. 두 사람은 언제나 계급혁명론을 거부했고 로버트 오언 식의 합리적이고 점진적인 개혁을 옹호하고 또 그렇게 살았다. 그럼에도 그들은 평생을 투신해도 기대치에 미치지 못하는 자기 나라의 공평성에 비해 보건, 교육, 여성의 권리를 단시일에 뚝딱 평평하게 만든 것 같은 소련의 그 신속성에 호감이 갔던 모양이다. 전체주의적 계획 경제를 역사적 대안이 될만한 흥미진진한 실험처럼 여기고 치켜세웠다. 여러 사람이 소련의 참혹한 면을 도외시했듯이, 웹 부부는 생산을 지혜롭게 계획적으로 한다면 공평한 분배도 가능하리라는 자신들의 선한 희망사항을 허탄한 소련 방식에 포갠 것 같다. 바로 그 1930년대, 40년대에 지식인 중에는 공산당을 표방하는 그룹이 나타났고 소련에 정보를 넘기는 자발적 스파이도 있었다. 웹 부부는 신앙은 아련한 채 이념에 매진하다 종내는 이념의 방향마저 혼미하게 되는, 신앙 쇠락기 영국 지식인의 표상이기도 하다.

웹 부부는 처음에는 노동당 창립에 동의하지 않았다. 그들은 초창기에 페이비언이 순수한 학술적 성격의 협회이지 정당 활동과는 무관하다고 선을 그었다. 1895년에 부부는 버나드 쇼와 함께 키어 하디를 비롯한 독립노동당[ILP] 지도자들과 식사 모임을 한 적이 있었다. 그때 웹 부인은 기록을 남겼는데, 하디 개인에 대해서 또 ILP

에 대해 부정적인 인상을 받은 것으로 보인다. 그녀는 그 사람들이 '동일한 신조를 고백하고 공동의 목표를 위해 행동을 통일'하는 마치 '교회' 같은 조직을 염두에 두고 있으며 하디는 보스가 되고 싶어한다고 썼다. 그 노동지도자들에게서 교회 취향을 발견한 것은 그럴 듯하지만 하디를 권력욕의 관점으로 본 것은 옳지 않았다. 뒤에 1906년에 하디는 노동당의 초대 당수로 선출되었지만 1년여 만에 사퇴했다. 여성 참정권 사안에 대해 자신과 노동당 전체의 견해가 달랐기 때문이었고 또 실상 그는 권력을 행사할 수 있는 업무와 관리를 따분해 했다. 어쨌거나 웹 부부는 ILP에 대해 관심을 가졌던 것이고 그후 수년 사이에 생각도 바뀌었다.

노동자 후보자를 밀어주고 '립·랩 의원'을 지속적으로 늘릴 만큼 진보적인 자유당이 있었음에도 순수한 노동자 정당이 출현한 것은 영국의 특이함이라 하겠다. 상상하건대 키어 하디가 없었다면 노동당이 그렇게 빨리, 순탄하게 등장하지는 못했을 것이다. 최하층 빈민 태생인 하디는 이 세상에 없던 것을 창출했을 뿐 아니라 그 스스로 고귀한 가치를 견지하여 많은 사람들에게서 깊이 존경받았다.

제임스 키어 하디1856~1915는 스코틀랜드 사람이다. 그는 하녀의 사생아로 태어났는데, 키어는 엄마의 성이고 하디는 계부의 성이었다. 새 가족이 생겼지만, 아버지는 실업에 엄마는 동생을 가져 그는 8살에 빵집 배달부로 가장 노릇을 했다. 새벽에 가서 12시간반을 일하고 겨우 몇 푼 받았다. 10살 때, 병으로 죽어가는 동생 곁에서

밤을 새다가 조금 지각하는 바람에 벌금까지 물고 쫓겨났다. 그가 약한 사람들에게, 심지어 동물들에게도 쏟아질 듯한 연민을 늘 품으면서도 위선적인 부자 기독교인을 정면으로 비판하게 된 사연은 한두 가지가 아니었을 게다. 10대에 하디는 글래스고 탄광에서 12시간씩 일했고 17살이 되어서야 글을 쓸 수 있었다. 그제야 노동조합의 가치를 알고서 탄광촌의 노조를 만들고 첫 파업을 주도하다가 해고되었다. 조그만 신문사에서 저널리스트로 일하기 시작한 때가 20대 중반이었다. 절주禁酒운동에 열심인 처자와 결혼한 다음에는 탄광노조연맹 일과 언론을 통한 광부 교육에 매진하면서 전국적인 활동에 연계되었다.

하디는 30대를 맞았을 때 기독교 신자가 되었다. 평신도 전도자로 순회 설교를 다니기까지 했다. 신앙은 아내의 영향인지, 기독교인이 많았던 노동조합원 때문인지 모르겠으나, 인생의 전환점임에는 틀림없었다. 이전의 곤한 삶과 열정이 성경 안에서 위로받고 생의 목표와 방향이 잡혔다. 그는 엥겔스와 여권운동가를 비롯한 국내외의 사회주의자들을 두루 만나 친분을 나눴고 누구보다 진보적이었지만 마르크스의 교설은 눈에 차지 않았다. 그가 뼛속 깊이 체험하고 부대낀 절대 빈곤에 예수의 말씀이 있으면 완벽 이상으로 충분했다. 무엇보다 거기에는 사랑과 평화의 처방이 있었다. 그래서 다양한 사회주의 강조점을 흡수하면서도 자기 고유의 가치를 수립하고 고난 가운데서도 일관되게 또 담대하게 지킬 수 있었다. 자유당에 실망하고 노동자 정당을 만들기로 마음먹고 고독한 헌신을 지속한 그 힘 역시 은혜와 사랑의 절대자를 의존한 덕분이다. 보통 사람의 잠재력을 신뢰한 지혜도, 그리고 노동당을 창설한 영웅으로 칭송받았을 때 금방 자기를 점검하고 마음을 깨끗케한 것도 마찬가지였다. 하디의 분신인 독립노동당에 대한 증언을 보면 하디 개인의 영향력과 영국 노동계급의 독특성을 마주하게 된다.

의원 정장 대신 노동자 복장으로 웨스트민스터 의회에 출석했다.

"독립노동당 ILP은 스스로 밝혔듯이 확고한 사회주의 노선에 서 있었다. 당을 옹호하는 우리들은 기회가 있을 때마다 자본주의의 허점을 - 물욕과 금전욕이 팽배해 인간의 존엄성이 손상되는 것을 - 공격했다.

ILP의 주일 모임은 천 개의 홀에서 열렸는데 정치 집회라기보다는 신앙 부흥회를 연상케 했다. 글래스고, 브래드퍼드, 버밍엄, 브리스톨과 같은 대도시에 모인 청중의 열기는 영국 정치사에서 유례가 없는 것이었다. 머리가 희끗한 남자들은 활기와 온기가 넘치는 이 새로운 친교의 장에서 젊은 시절의 열정을 되찾았다. 그들은 새로 태어났다. - 좋아하는 키어 하디의 연설을 들으려고 그들은 수십 리 길을 신나게 걸어왔다. 그들은 노동 찬송가를 불렀다 - 그리고 그들은 새로운 사회적 믿음이 당대의 낡은 정치 조직체를 훨씬 뛰어넘도록 그 믿음에 철저히 헌신하겠노라 다짐했다."

ILP는 참으로 독특하고 참으로 영국적이다. 우리가 기억한다면, ILP의 수만 명의 노동자 회원은 상조협회와 단체 활동을 통해 우애를 다졌고 정직하고 투명하게 조직을 관리하는 기술을 익혔다. 배움과 토론에 능숙했다. 게다가 하디를 혈육처럼 따른 한 여성 노동자는 ILP의 '사회적 믿음'을 '자유, 사랑, 생명 그리고 노동에 대한 믿음'이라고 설명했으니, 성경은 그 노동자들을 위대한 사상을 품은 사람들로 만들었다. 직설적으로 말해서, 합리와 협력의 단체 문화와 노동지도자들 사이의 신앙적 교감과 형제애가 있었기 때문에 하디와 같은 영도자가 나타났을 때 ILP와 같은 조직이 빠르게 성장할 수 있었다. 무엇보다 이제 인구의 다수를 차지하는 노동자들에게 참정권이라는 무기가 있었다. 하디에 대한 평가를 들어보자.

"하원에서 하디는 토머스 페인이 《인간의 권리》에서 처음 제시한 정책들을 개진했다. 소득이 많은 요새 우리 시세로 대략 연 10억 원 이상 되는 사람은 높은 소득세를 내야 한다고 주장했다. 그는 이 돈이 노령 연금과 빈민 아동의 무상 교육에 큰 도움이 되리라 생각했다. 하원의원의 세비 지급과 상원제 폐지 등 의회 개혁안을 역설했으며 여성의 참정권운동을 강력히 지지했다. 이 때문에 하디는 1895년 총선에서 의식을 잃었고 다음 5년 동안은 독립노동당을 키우는 데 집중했다. 정책을 개발해 문서로 알렸고, 회합의 운영 방식 및 교회의 사회주의 그룹과 성인 주일학교 같은 조직을 규합하는 방법을 지도했다.

독립노동당 당원인 에멀라인 팽크허스트가 맨체스터의 공원에서 주일 야외 모임을 열자 당국의 제재가 가해졌다. 1896년에 팽크허스트는 하디를 연사로 초빙했는데 5만 명의 군중이 그의 연설을 듣기 위해 모여들었다. 하디는 다양한 노동조합과 사회주의 그룹이 연대하여 규모 있는 정당을 형성해야 한다는 신념을 진작부터 갖고 있었다. 1899년에 협상이 시작돼서 이듬해 런던 모임에서 '노동자대표위원회'가 조직되었다. 결국 이 조직이 '노동당'으로 발전했다."

"키어 하디는 보통 사람에 대한 나름의 믿음이 있었고 이것이 그의 활동의 바탕이었다. 그들의 잠재력을 잘 알았고 그들이 부당하게 고통받는 것에 깊이 분노했다. 그는 연설에서 결코 사회주의 경제이론을 들먹이지 않았다. 하디의 사회주의는 모든 남성과 여성이 세상의 부와 생의 충만한 즐거움을 똑같이 누릴 권리가 있다는 인간애였다."

"하디는 크리스천이었고 인간적, 도덕적, 윤리적 동기로 사회주의에 접근했다. 그는 또한 절주운동가로 술을 마시지 않았다. 새로 등장한 노동당은... 빈민 아동의 무상 급식, 노인 수당, 실업자 부양을 제안했다. 자유당 정부가 과감한 사회입법을 도입하도록 압력을 불어넣는 주체였다."

또 옥스퍼드의 역사학자로서 작위를 받은 케네스 모건이 노동당 창당 100주년 무렵에 쓴 하디에 대한 추모와 추앙의 글을 보자.

"키어 하디는 노동당의 가장 위대한 개척자이며 영웅이다. 그가 없었다면 노동당도 없었을 것이다. 그가 없었다면, 애틀리^{2차 대전 후 총리}도, 베번^{1897~1960, 광부의 아들, 2차 대전 후 보건 장관으로 국민의료제도의 실행에 기여했다}도,

캐슬 1910~2002, 1960년대 윌슨 내각의 여성 장관도 각료가 되지 못했을 것이다. 이 비범한 사람은 에일셔의 구덩이에서 나와 세상을 변화시켰다.

그는 첫 번째 노동자의원 독자적 힘으로 선출된 진정한 노동자 의원이요, ILP의 창건자요, 노동당의 첫 지도자요, 〈노동 지도자〉 Labour Leader, 광부 교육을 위해 하디가 펴낸 신문, 'The Miner'의 나중 이름를 창간한 편집자로서 사회주의 운동의 세계적 거인에 속했다. 그는 기적처럼, '노동계급이 벌떡 일어선 것' 같은, 새 정당을 만들었다.

하디는 가장 위대한 전략가요 가장 위대한 선지자이며 복음주의자였다. 그의 꿈은 노동자 대연합이었다. 그는 대중 정당이 노동자 대중의 기반을, 즉 그 자신의 기반이기도 한 노동조합을 필요로 하는 것을 알았다. 그러나 그의 ILP는 중간계급 사회주의자들에게도 문을 열었다. 노동계급은 '여러 계급의 사람들을 한 가족이 되게 해야 한다,' 그러면서 언제나 그리고 독자적으로 '자신의 해방을 실현해야 한다.' 그는 누구와도 구별되는 대중운동가였다. 1907년 케임브리지에서 청년 휴 돌턴 나중 애틀리 내각의 재무 장관이 하디의 연설에서 '한점의 두려움이나 분노가 없는 것'에 깊이 감명받아 바로 사회주의자가 되었다.

누구도 하디 만큼 정직하게 자본가의 잔혹성을 폭로한 이도 없었다. 기독교 신자요 자선가로 지도층 행세를 하면서 정작 자신의 화공공장에서는 근로자를 해로운 공기 속에서 하루 12시간씩 일을 시키고 주일 휴일도 주지 않는 오버턴 경의 작태를 하디는 책자를 통해 공개했다. 그는 여기서 근로자를 '백인 노예'로 묘사했다. 그후에 오버턴 경은 임금과 작업 여건을 개선했다. 그렇지만 하디는, 사회주의는 '계급이 아닌 시스템과 투쟁한다'고 역설했다. 노동자는 '권력을 파괴하지 말고 사로잡아야' 했던 것이다.

하디는 자신의 정당을 오늘날에도 유효한 이슈와 가치에 붙박았다. 그는 역사상 가장 위대한 남성 여권주의자였다. 여성운동가가 고문받는 것에 비통해 하면서 의회에서 고문을 고발하고 유일하게 여성운동을 끝까지 변호했다. 실비아 팽크허스트 **팽크허스트의 셋째 딸**와의 돈독한 교제에서도, 그는 여성 해방은 참정권자로서의 여성만이 아니라 어머니요 노동자요 인간으로서의 여성을 포함해야 한다고 힘주어 말했다.

그는 열정적으로 빈곤에 대항했다. '실업자를 위한 의원'이라는 칭호를 자랑스럽게 여겼으며 최저 임금제와 아동 빈곤 제거 운동을 벌였다. 그는 사회복지에서도 개척자였는데 인두세가 아닌 누진세 재정으로 부담하는 국가 의료 서비스를 주장했다. 그는 민주주의 원칙론자였다. 그가 생각하는 사회주의는 정부 관료체계가 아니라 존 밀턴**17세기 청교도**이 말한 진정한 공화정 민주주의로서 웨일스와 스코틀랜드의 자치권을 지지했다.

그의 지구적 꿈은 노동자와 식민지의 자유를 연결짓는 것이었다. 1907년 벵골에서 하디는 인도가 실제로 인도 사람들에 의해서 통치받아야 한다고 직언해서 총독을 격노케 했다. 마하트마 간디는 하디를 진정으로 존경해서 그에게 자신의 지팡이를 선물했다. 하디가 남아프리카에 갔을 때, 자치 정부가 백인만을 위하고 있어서 토착민의 지위가 심각하게 잠식될 거라고 말하는 사람은 그 뿐이었다. - 하디가 연설에서 인종간의 평등을 주장하는 바람에 폭동이 일어났고 그는 문제아로 취급받았다.-

종국에 하디는 본국에서 국제사회주의운동에 힘썼다. 시인 워즈워스처럼 그는 세계 시민이었다. 전운이 감도는 가운데, 프랑스인 동료와 함께 유럽 평화운동을 벌였다. 보어전쟁 **1899~1902, 남아프리카에서 벌어진 영국판 베트남 전쟁** 때 하디는 본국 지도자를 향해 '야만적'이라며 비판했다. 1914년에 그는 제국주의 전쟁의 피범벅에 소름끼쳐 했다. 하디의 평화를 위한 불굴의 신념은 꿋꿋할 것이라고 버나드 쇼가 감동적으로 썼음에도.

하디의 위대함은 그의 단순한 생활에서 나타난다. 자기 내각에 이튼 출신이 몇 명인가 세어보는 애틀리 같은, 또 갑부 옆에서 비싼 술을 들이키는 베번 같은 하디는 상상할 수 없다. 하디를 이어 ILP의 리더가 된 브루스 글래시어는 '하디 자신과 복음은 분리할 수 없는 것이었다' 고 썼다. 이 단순한 영웅이 우리 노동당과 우리의 세계를 만들었다."
(2차 대전 후 영국은 비교적 빨리 큰 마찰 없이 제3세계 식민지들에서 철수했다. 이는 노동당의 주요한 업적으로 일찍이 하디가 주창한 바였다.)

반전운동에 앞장서면서도 하디의 영혼은 전쟁 때문에 치명타를 입었고, 대규모 살상이 벌어지던 1915년에 임종했다. 의회는 별 말이 없었으나 글래스고의 남녀 노동자들은 그의 장례 행렬을 아주 길게 만들었다.

키어 하디는 큰 강 같다. 수백 년간 정의롭고 공평한 사회를 열망한 사람들의 꿈들이 지하수처럼 흘러와 하디의 품에 모였다. 그는 예수의 세례를 통과하면서 평민을 위하고자 했던 역사 속의 도전과 비약을 다 끌어안은 듯하다. 그 모든 희구를 정당으로 승화시켰다. 하디는 말년에 세상사에 절망하면서도 새 길을 떠나는 설렘으로 주변 정리를 했다. 그리고 "나는 나를 그 운동 **노동자를 위한 정당 운동**으로 이끌고 지금까지 그 운동을 지속하게 한 영감을 그리스도 안에서 얻었다"고 고백함으로써 자신의 생과 생의 근원을 찬미했다.

35
문명의 매듭, 복지국가로 가는 길

영국의 보편적 복지제도는 장구한 세월동안 수많은 사람의 집념과 다양한 노력이 응축된 결과물이다. 그러므로 1942년의 '비버리지 보고서'는 새로운 시작이라기보다는 마무리 작업이요 완결판이었다. 그간 공감대가 이루어진 바대로, 정부가 복지제도를 총괄해야 한다는 합의서에 국새를 누른 뒤 들어보이는 것과 같았다. 헨리8세가 자신이 국가와 교회의 통솔권자라면서 수장령을 선포하고[1534] 이어서 빈민 정책을 다루기 시작한 때로부터 400년이 지나는 중에, 국왕의 권력은 의회 정부로 넘겨져 서민 정당을 품기에 이르렀고, 교구의 돌봄과 자선은 복지제도로 대체되었다. 한 문명의 굵은 한 매듭이었다.

포괄적 복지제도로 가는 속도가 빨라진 때는 20세기 초엽이었다. 1906~14년에 자유당이 주도한 정책 개혁을 말한다. 이것은 또

한 그전부터 자유당과 보수당 정부 모두가 부단히 빈민 복지와 공공 서비스 부문을 개선해온 과정에 잇닿은 것이었다. 예를 들면,

- 1870년 이후로 의무 교육과 의료 설비는 확대, 확충되었다.
- 자선금이 아닌, 지방세로 서민 병원을 지을 수 있게 함으로써 저가의 의료 서비스가 널리 보급되었다.
- 1894년에는 지방정부법을 개정해 빈민 구제의 질을 높였다.
- 구빈법 세금으로 실업자의 일자리를 마련해 주도록 했는데, 1905년의 실업구제법이었다.

실업률이 높은 1904년에 보수당 정부는 '구빈법과 빈민 구제에 관한 특별 조사위원회'를 설치했고, 그 자료 분석과 대안은 1909년에 유명한 두 보고서로 나뉘어 제출되었다. 18명의 위원 중 14명은 '다수자 보고서'를, 4명은 '소수자 보고서'를 제시했는데, 소수자 보고서의 작성에는 베아트리스 웹 위원의 역할이 컸다. 두 보고서는 차이점보다 공통점이 더 많았고, 좀 더 혁신적인 소수자 보고서는 당장에는 실행하기 어려운 것이었으나 보편적 복지제도를 예고하는 내용이었다.

1906년부터 자유당이 내놓은 복지 정책들은 접근법이 이전과 달랐다. 민간의 노력을 보완하거나 당면 과제를 다루기에 급급했던 옛 방식은 물러가고 정부가 적극적이고 진취적으로 복지 정책을 입안하고 주머니를 풀었으니 새로운 방향성이었다. 부스와 라운트리가 자세히 보여준 빈곤의 원인을 제대로 겨냥하고자 했다. 예를 보자.

20세기 초 자유당 복지 정책

1906~07

무상급식법	부모 부담 + 자선 기부금 + 지방세로 비용 충당
산업재해법	고임금자 외에 모든 산재 근로자에게 보상 (직업병으로 불구, 사망의 경우 포함)
보건법	학교 보건 서비스, 학생 건강 체크 의무화

1908

아동법	청소년 법정 설립 [1889 아동학대방지법 : 부모에게 아동 간섭 권한 부여]
노인원조법	70세 이상, 빈곤 노인에게 매주 5실링 60펜스 연금 지급 첫 수혜자 49만 명, 다수가 여성 12펜스 = 1실링 20실링 = 1파운드 행정 비용과 함께 연 800만 파운드 소요 (정부 예산, 예상 초과)

노인들은 매주 우편국에 가서 '조지 총리의 돈'(연금)을 받았다.

1909

조산법	신생아 돌봄의 기준 -조산사의 훈련과 등록 의무- 규정
노동법	저임금 산업체의 임금을 관리하는 기구 설치
직업소개소법	직업소개소 전국적으로 네트워크화

1911

국민보험법 질병, 장애, 출산 대비 보험

모든 피고용인 가입 의무화

피고용인 매주 납부금 **12펜스(p)**
=
피고용인 당사자 4p + 고용주 3p + 정부 5p 부담

질병과 상해의 경우, 쉬는 동안 매주 10실링 보조

실업 대비 보험 건축, 기계, 조선 등 업종, 225만 비정규직 근로자

근로자 매주 납부금 **6펜스**
=
근로자 당사자 2.5p + 고용주 2.5p + 정부 1p 부담

실업 시, 15주간 매주 7실링 보조

보험 수당 지급 등록된 민간 상조협회 전담

자유당의 복지 정책은 새로운 발판을 만든 것은 분명했다. 물론 전통의 기초 위에서다.

1. 빈민의 처지를 좀 더 따뜻한 시선으로 보고 배려하는 자세를 보인점, 그리고 공공 복지의 공급 범위를 차상위층까지 확대한 점은 크게 발전된 것이었다. 그러나 아직 복지 정책의 목표는 빈민이 빈곤층으로 떨어지지 않게 한다는, 소극적이며 제한적인 선에 머물렀다.

2. 따라서 정부는 개인의 자립 의지를 부추기는 수준에서 빈민 복지를 다루어야 한다는 전통적 기조를 유지했다. 국민보험에서 피고용인 당사자가 납부금 일부를 내게 한 것은 자조 정신과 자립 의지를 절대로 훼손하지 말아야 한다는 빅토리안 정신이었다.

정부가 행정 체계를 확대하기보다는 민간과 지방의 협조를 먼저 구하는 관습은 유지됐다. 보험제와 복지 업무에서 정직성과 풍부한 노하우를 갖춘 수많은 우애협회와 상조단체들이 있었기에 정책 수립이 용이했다. 그들을 믿고 실무를 맡길 수 있었으므로 행정 비용과 시간을 크게 들이지 않고, 준비 없이, 바로 시행할 수 있었다.

3. 고용주가 사원 복지 비용을 분담한 것은 파터날리즘 전통 덕분이었다. 더불어서 해당 사항을 겪지 않는 피고용인은 피 같은 자신의 납부금을 돌려받는 것은 아니었으니 동료들을 위해 자선한 것이나 마찬가지였다. 이것은 대부분의 상조 우애협회가 해온 방식이어서 노동자들이 익숙했으므로 당연지사로 받아들였다. 물론 보통

노동자로서 평생 동안 한번이라도 보험 혜택을 받지 않아도 되는 경우는 드물었다.

우애 단체나 조합에 가입하기 어려웠던 하급 노동자들이 최소한의 사회안전망을 확보하게 된 것, 그리고 사회복지를 위해 중앙 정부가 곳간을 연 것은 역사적이라 할 만했다. 생활의 불안을 적잖이 제거했고 노후에 대한 근심을 다소 덜어줬을 뿐 아니라 달갑잖은 자선금에 덜 기대게 했다. 노인들은 재무 장관 로이드 조지 **총리 재직 1916~22**를 아들 이름처럼 불렀다. 수당 받으러 우편국에 가는 날이면 '조지의 돈'을 챙기러 간다면서, 세상 오래 살고 볼 일이라면서, 부담 없는 짭짤한 용돈에 흡족한 마음이었다. 그들에겐 날 때부터 무료 병원도 있었고.

36
결론, 땅의 복지

　서민 복지를 늘려야 하며 정부가 이를 책임져야 한다는 인식은 1차 대전 전에 이미 상당히 퍼졌다. 노동계급은 자유당 정부가 복지 공급을 확대하는 것을 보고 마음이 좀 누그러졌고 노동조합이 정부를 경계하는 수위도 조절되었다. 자유당은 노동당이 부상함에 따라 위기 의식을 느꼈기에 노동계급의 필요에 더욱 부응하는 측면도 있었다. 또한 자유당 지도자들이 꾸준히 사회 제도를 개선해온 것처럼 로이드 조지와 상무 장관 윈스턴 처칠을 비롯한 각료들이 복지제도를 개혁하려는 의지와 추진 능력도 큰몫을 했다.
　자유당 개혁안 이후 비버리지 보고서까지 약 40년간 복지 정책은 끊임없이 개선, 보완되었고 지금도 계속 손보고 있다. 다만 1945년 이전과 이후에는 결정적인 차이가 있다. 공급 대상을 저소득층과 극빈층으로 제한했던 것을 전국민으로 확대 적용한 것이 달랐다. 바로 보편적 복지제도다. 1928년에 성인 남녀의 투표권이 보장됨으로 참정권이 보편적, 일반적 권리가 된 것과 같은 이치다. 1, 2차 세계대전과 대공황을 겪으면서 상부상조의 국가적 제도화가 필요하다는 공감대가 확고해졌고, 2차 대전 직후 명실상부한 집권당이 된 노동당 내각이 복지국가 체제를 발동시켰다. 기초생활을 영위하지 못하는 사람이 없도록 국민 공동체가 부담을 나눠 지고 정부가 컨트롤 타워가 되었다. 모두가 시민의 자격을 행사하는 대중 사회에서 2등 시민 표시를 내는 구빈법은 벌써 존재 의의를 잃은 상태였고 1948년에 마침내 역사에서 사라졌다.

이제 분배의 노선들이 많이 정리됐다. 그간 상류층과 중간계급은 개인 보험을 여러 개씩 들고 자녀교육과 의료는 여유가 닿는 대로 사립학교와 개인 병원을 이용했다. 그러면서 저소득층을 위해 항상 얼마를 썼는데 그것이 구빈세와 자선금이었다. 많은 노동자 가족도 상조회와 서민 보험에 가입해 나름의 안전망을 가지고 있었다. 그러니까 이전의 구빈세, 자선금, 보험금의 대부분이 누진세로 흡수되어 정부 금고로 갔고 복지 창구를 통해 전국민에게 재분배되었다.

기초생활 수급자는 적잖이 있지만, 이제 구빈원이 없으므로 마치 공중에 달린 전선을 땅속에 파묻은 것처럼 겉으로 봐서는 누가 수급자인지 알 수 없게 되었다. 그들은 세금을 거의 내지 않고 또 조금 내더라도 기초생활을 할 수 있는 다양한 보장을 받았다. 의료와 교육에서 무상 혜택을 받았고 실업수당도 있고 저가의 주택 보조금으로 주거의 평준화도 추진되었다. 최소한, 끼니를 거르거나 누울 데가 없거나 까막눈인 국민은 없어야 했다. 빅토리안이 그렇게 원했던 문명사회의 기초 공사가 마감되었다. 장구한 세월 동안 수많은 사람들이 들인 땀, 금전, 도전, 의지, 협력의 결과물이었다.

- 빈자와 약자를 도와야 한다는 유구한 자선 정신과 전통
- 교회의 빈민 복지 기능
- 구빈법, 지역 자치 문화
- 정의롭고 공평한 사회에 대한 소망들
- 자본주의의 탐욕을 제어하고 나눔, 섬김을 이끈 신앙 정신
- 개혁가와 지식인 집단의 빈곤 문제에 대한 도전과 해결 노력
- 무수한 자선협회와 자원봉사, 자조 정신의 확산
- 노동자의 자가 복지 시스템
- 민간인의 복지 업무 경험과 정직, 투명하게 재정을 관리하는 도덕성
- 조직을 통한 나눔과 협력의 훈련
- 정부의 복지 업무 확대

이 모든 조류가 합해져서 복지국가의 대해를 이루었다. 사회적 약자를 위해, 정의와 자유와 평등의 선한 사회로 나아가기 위해, 높은 세금에 동의한다는 정신, 바로 이것이 서유럽 문명의 강점이었다.

복지국가로 진전하는 20세기 전반기에 교회가 무엇을 어떻게 했는지는 또 하나의 큰 연구 주제가 되겠다. 다만 질적, 양적으로 하향 길에 있었음은 분명하다. 사회 발전의 후발 동력이었던 비국교 중간계급도 1차 대전 전에 창의력을 거의 소진했다. 부르주아지 다수는 더 이상 신앙을 마음의 중심에 두지 못했다. 자아실현의 방편은

다양해 보였다. 생활 윤리는 습관이 되었고, 지식과 예술, 문화는 풍부하고 깊이 있고 세련되어졌다. 중간계급의 생활양식에 합류하는 노동자 가족도 늘었다. 문명 기구와 오락과 여가 활동이 계급의 벽을 허물고 있었고, 의무 교육이 확대되는 가운데 대중 사회가 성큼 걸음을 떼고 있었다.

20세기 초반에 교회는 늘 하던 대로, 할 수 있는 만큼, 사회적 약자를 돌보고 섬겼다. 중앙과 지방 정부가 시민 생활의 편익과 서비스를 더 많이 담당하고 개선해도 구멍은 여전히 컸기 때문이다. 전체적으로 교회는 구원과 자유의 좋은 소식을 전하는 구세군의 열정에 자극받기 보다는 점차 보급되고 상업화되는 오락과 레저의 유혹에 더 큰 도전을 받았다.

그래서 초등교육을 정부 손에 넘긴 교회는 여가 활동을 위한 다양한 자선 클럽을 조직하여 교회 안팎으로부터 후원을 받고 운영했다. 스포츠, 예능, 취미 활동을 지원하는 부속 기구를 설치했으며 도서실을 꾸며 개방하고 토론 클럽을 열었다. 도시의 교회들은 보통 여러 개의 서민 클럽을 갖추었다. 셀틱처럼 현존하는 축구팀 몇은 그때 교회 클럽에서 비롯됐다. 서민을 교회와 접목시키고 전도하려 했고, 그들의 오락과 여가 활동을 관리하여 규칙 준수, 협력, 양보, 자기 계발의 정신 등 시민적 품성과 자질을 배양하도록 도왔다. 선한 시민 문화를 보급해 대중 사회의 기반을 차곡차곡 쌓은 점에서는 공헌했다고 하겠다. 공동체 의식이 아직 견고한 시절이었다.

1차 대전 후에도 교회는 복음을 전하고 신앙을 전수하는 쪽보다는 복지 활동에 더 열심이었다. 아직 기독교 국가가 분명했고 계속 그럴 줄 알았을까. 신앙을 허무는 지적, 문화적 도전들을 감별하고 대항하는 영적 능력은 이미 많이 상실했다. 근대의 가장 훌륭한 대주교라고 하는 윌리엄 템플의 《기독인의 사회적 책임》1942 이 비버리지 보고서가 나온 그해에 출판된 것이 얼마 상징적인가.

전면적 복지와 봉사의 손길이 절절이 필요한 전쟁의 한가운데서 템플 주교의 말은 구구절절 옳았으나, 협소해진 교회의 영향력과 쇠락하는 신앙을 어쩔 수 없이 드러내고 말았다. 교회와 신자가 사회를 섬겨야 하는 이유와 정당성과 권면이라니! 19세기 신자들에게는 당연했던 것을 이제 외쳐야 하는 상황이 되었으니, 한 세대 사이에 변화가 완연해졌다. 그리고, 정작 그런 현실이라면, 나눔과 도움과 봉사를 독려하기 보다 복음을 더 분명히 환기시켜야 하지 않았을까. 신자가 자발적이고 창의적인 섬김을 잘 하지 못하는 것은 복음을 향유하지 못해 사랑의 능력이 부족하기 때문이므로, 적어도 영국에서 '사회적 책임, 기독인의 사회적 책무'가 역설된 것은 신앙의 본질이 희미해졌다는 고백과도 같은 것으로 보인다.

보편적 복지제도가 정착되면서 교회가 하던 복지 활동 대부분이 중앙 행정과 시정에 넘어가게 되었다. 과거에 섬김과 돌봄의 주역이었던 여성들이 전후에 직업 현장으로 대거 빠져나가면서 교회는 손발까지 잃었다. 여성들은 2차 대전 동안 남자들의 빈자리를 감당하면서 산업의 역군이요 경제적 주체가 될 수 있음을 체득했던 것이다. 과거에 강고한 이성주의와 자본주의를 견제할 힘이 있었던 영국의 신앙은 이제 '복지국가'라는 시대정신에 조용히 머리 숙였다.

2차 대전 종료와 함께 출범한 복지국가는 기독교 문화의 최종 열매임과 동시에 신앙을 본격적으로 떠나는 신호이기도 했다. 한편으로 그것은 이 국민의 욕심과 이기심의 평균치가 낮음을 자랑하고 자축하는 퍼레이드였다. 일반은총의 관점에서 보자면, 인류 역사에서 가장 선한 제도요 클라이맥스다. 그러나 그것은 또한 영혼의 복지에 대한 관심과 추구라는 영국 역사의 그 질기고 강인한 닻을 끊으려는 찰나가 아니었나 싶다. 복음이라는 완전한 해결사요 가장 크고 따뜻하고 지속가능한 복지를 이미 잃었기에 땅의 보장에 시선을 고정하게 되는 수순이 이후 미끄러지듯 진행되었기 때문이다.

복음의 빛이 사그라져가니 자발성도 자립심도 위축되어 갔다. 복지는 증가했으나 불만은 더 늘었다. 원래 복지국가 체제는 개인의 자립 열망이라는 빅토리안 관성을 타고 출발했다. 복지국가의 건설자들은 자조 정신과 절제와 근면의 추구를 당연시했고 이 생활 철학을 전제로 복지 정책을 입안했었다. 그런데 신앙이 쇠락하니 그 정신과 도덕성이 같이 약화되었고 따라서 복지국가의 밑천도 달렸다. 마거릿 대처가 열심히 일하라고 귀를 당겨올리는 신자유주의를 구사한 배경이었다. 대처 수상은 복지 혜택을 줄이고 스마일스의 자조 정신을 다시 끌어대려 애썼다. 그러나 성경적 가치가 그득해 있던 스마일스 시대와는 한참 다른 대처 시대에 자조 정신의 강조는 경쟁과 이기심을 부추기는 것으로 해석되곤 했다.

그렇다고 그것을 한국적 개념으로 볼 일은 아니다. 우리에 비하면 그건 경쟁도 이기심도 아니다. 세계적으로 비교한다면, 물려받은 개인적 정직성과 사회적 투명성과 타인 배려의 습관에다 정의와 공평의 감각이 발달해서 복지제도는 아직 괜찮은 편이다. 국민이 자신의 잠재력과 창의력을 발휘하게끔 기회의 창을 열어주고 있다. 싱글맘 조앤 롤링이 글을 쓸 수 있게 한 복지 혜택이 없었다면《해리 포터》1권이 제대로 나왔겠나. 거의 무료로 집을 쓸 수 있고 병원비 걱정이 없고 보육비에 신경 쓰지 않는 상황이 아니었다면, 해리 포터는 세상 빛을 보기는커녕 롤링의 가슴 속에서 이리저리 뜀박질하다가 피멍이 들어 벌써 뻗어버렸을지 모른다. 그녀가 국가와 국민에게 돌려준 세금과 자선금이 또 얼마인가.

아무리 보편적 복지제도라 해도 충분하거나 만족스럽기는 어렵고 그래서 자선이 다시 활력을 얻고 있다. 2차 대전 전부터 영국 자선 단체는 범지구적 복지와 구호 활동을 주도했고, 전후에 국내에서 자선은 오히려 대중화되고 일반화되었다. 자선은 더 이상 상류층과 부르주아지만 하는 것이 아니며, 소득이 있으면 누구나 정기 후원자가 되고 있다. 시민됨의 자격으로 여기고 있으니 문화 인자와 전통이 그만큼 강하다. 자원주의와 봉사 활동이 세기 전에 비해 못 미칠 뿐이지 시민됨의 필수라는 의식은 깊다.

영국 전역에서 1979~95년 사이에 등록된 자선 기구의 수는 3만 8천 개에서 17만 개 이상으로 증가했다. 1995년에 가구당 1년 기부액이 평균 60파운드로 산정되었는데, 10년 전에 비해 물가 상승률보다 두 배로 증가한 액수였다. 1인 가구가 우리보다 많은 점을 고려할 일이다. 비버리지가 민간의 자발성, 즉 자선을 위축시켜서는 안 된다고 했듯이, 정부도 행정적 업무보다 자선 기구가 행하는 복지 서비스가 더 전문적이고 효과적인 면이 있음을 인정하고 있다. 오늘날 NGO로 알려진 자선 단체는 전통적인 사회복지 기능과 몫을 상당하게 수행하고 있다.

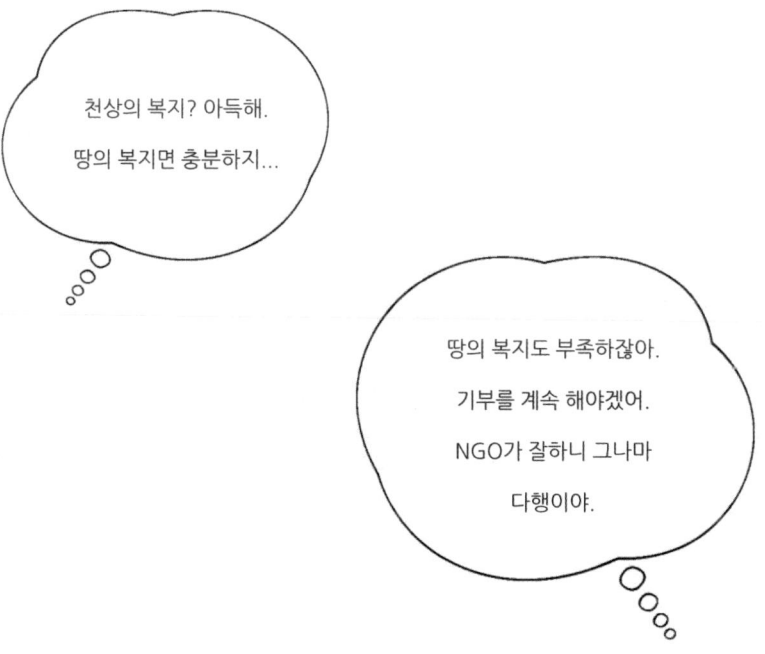

37
요즘 이야기, 참담한 리버풀 사건

　10여 년 전에 본 뉴스다. 18세기에 노예무역과 대서양 교역의 주축 도시로 이름을 날렸던 항구 리버풀에 비틀즈의 자취를 더듬는 여행객이 줄을 잇고 있단다. 존 레논이, 비틀즈가 예수보다 인기있다고 했다던가, 더 유명하다고 했다던가. 영국의 장년층이 비틀즈를 얼마나 좋아하는지, 리버풀은 21세기 판 성지순례 코스가 된 듯이 보였다. 이렇게 비틀즈 향수를 상품화하는 리버풀 시민들은 그때도 뉴스에 등장하곤 하던 그 사건의 악몽에서 자유로워진 것일까?

　사건은 1993년, 기나긴 영국 겨울의 중간을 넘긴 2월 14일에, 만 세 살을 앞 둔 사내아이가 리버풀의 한적한 철로에서 몸이 동강난 채로 발견되었다. 이틀 전만 해도 이 두살배기는 엄마와 함께 쇼핑 몰에 있었다. 엄마가 잠시 아이 손을 놓고 값을 치르는 사이에 일이 시작됐다. 초등학생 소년 두 명이 어린 아이들을 유심히 보면서

타깃을 찾는 듯한 모습, 그리고 마침내 상점문 언저리를 맴도는 그 꼬마에게 말을 붙인 뒤 양쪽에서 손을 잡고 건물 밖으로 데리고 나가는 뒷모습이 자동카메라에 잡혔고 TV에 공개된 것을 본 적이 있다. 거기서 딱 10리 떨어진 철로변까지 가는 동안, 아기 얼굴의 상처와 우는 것을 보고 참견한 어른이 둘 있었지만, 소년들은 동생이라거나 길 잃은 아기를 경찰서로 데리고 간다고 대답했다고 한다. 이 세 아이를 본 기억이 있다고 밝힌 38명을 언론이 문제 삼았지만, 사람들은 당연하게도 형아 같은 그 아이들이 동생을 데리고 가는 줄 알았다. 초등학생이 유괴한다고 상상이나 할 수 있었을까.

이동 경로에는 경찰서가 두 곳이나 있었다고 나중에 사람들이 떠들어댔는데, 4킬로미터를 가면서도 소년들은 돌이키지 않고 극악한 짓을 저지르고 말았다. 그 아기가 개천가 철로변에서 어떤 참혹한 고문과 구타를 당했는지 옮겨쓸려면 마음을 단단히 먹어야 한다… 훔친 페인트와 배터리를 아기 눈에 붓고 입에 물리고 차가운 물속에 집어넣고 아랫도리를 벗기고… 무거운 철로 이음판 쇳덩어리로 내리치고, 종내는 이미 숨이 끊어진 아기를 철로 위에 가로놓고 가버렸다.

그 아기가 어떤 죽음을 당했는지 그리고 일주일 이내에 잡힌 범인이 10살 소년들이라는 사실이 알려지자 온 나라가 대지진에 뒤집힌 듯 격노와 비통함에 사로잡혔다. 지도층 인사들은 도덕적 쇠락을 염려하고 고뇌했다. 당시 야당의 내무부서 리더였던 토니 블레어는 분노와 불신을 조장하는 사건이며 사회의 추악한 면이

드러났다고 논평했다. 리버풀 시민은 국민적 분노에 사건 발생지라는 치욕이 겹쳐 몸서리쳤고, 두 소년의 호송차를 기다린 사람들은 뜯을 듯이 차에 달라붙었다. 20년이 지난 지금도 그 둘을 찾아내 보복하겠다고 벼르는 리버풀 사람들이 있는지 모르겠다. 보호수감되었다가 성년이 돼 풀려난 그들의 변한 얼굴을 추정해 몽타주까지 만들어 갖고 있는 사람들이 10년 전에는 있었다. 사건 후 이혼하고 재혼하여 아들 둘을 낳고 키우는 그 아기의 엄마를 중심으로 무슨 결사단처럼 복수의 기회를 기다리는 듯했다.

최종 판결을 받을 때 11살이 된 두 소년은 20세기를 통틀어 최연소 강력 범죄자로 기록되었다. 처음에는 '아이 A'와 '아이 B'로 불렸던 그들의 가족은 임대료가 아주 저렴한 공공주택에 살고 있었다. 자녀들이 기탁 가정에 맡겨지지 않은 것을 보면 가정이 와해된 정도는 아니었으나 성장 환경은 최악에 속했다. 두 아이의 상황을 합하면 미혼모, 이혼, 가난, 가출, 알코올 중독, 자살 시도, 일상적 싸움과 폭행, 우울증, 학습 장애가 줄줄이 엮인다.

아이 A는 막내였는데, 병을 깨서 들고 싸우는 형들 사이에서 많이 맞고 자랐다. 아이 B는 상대적으로 나은 편이었다고 하나, 그들이 태어나서 그때까지 산 세상은 비슷했다. 학교에서도 옷이 더럽고 냄새난다고 반 아이들에게서 따돌림 당했다. 같이 상점 물건을 슬쩍하곤 했고, 사건 당일은 한 명이 먼저 아기를 꾀자고 했고 아기를 데리고 나와서는 다른 한 명이 철로 쪽으로 이끌었다. 그리고는 머리 꼭대기까지 켜켜이 쌓여 있던 아픔과 슬픔과 공포와 좌절과 분노를 그 가여운 희생 제물에게 쏟아부었다. 악행을 저지른 후에 한 아이는 외상 후 스트레스 증후군이 나타났지만 다른 한 명은 죄책감을 별로 못 느꼈다고 한다. 부모들은 살해 위협을 받았기에 당국이 신원 변경을 해주고 거처도 옮겨주었다.

최고 재판관은 최소한 10년 동안 보호 감호 조치 후 20살에 방면한다고 판결했다. 그것으로 충분치 않은 듯, 둘을 더 오래 묶어두어야 한다는 청원서에 28만 명이 서명하여 당시 보수당 내무부 장관에게 제출했다. 얼마 후 내무부 장관은 최소 감호 시한을 15년으로 발표했으나, 18세 이하에 대해서는 내무부 장관이 결정을 내릴 권한이 없었기 때문에 상원이 원래대로 바로잡았다. 지도적 법조인은 "아첨하는 정치인이… 제도의 무기로 복수"하려 했다고 비판했다.

1999년에 두 아이의 변호사는 첫 재판이 공정하지 못했다면서 유럽 인권재판소에 의뢰하여 8년으로 단축받았다. 워낙 충격적인 사건이었기에 1993년 가을 재판 때에 아이들은 충분한 법적 보호를 받지 못했었다. 변호인 측이 지적한 바는, 그때 사회복지사 두 명이 곁에 있기 했지만, 성인 법정에서 높은 의자에 앉혀 재판 과정을 이해하지 못한 채 아무 말이 없자 조사와 면접 때의 녹음에 의존하여 결론이 내려졌다는 것이었다.

두 소년은 보호 시설에서 학업 지도를 받아 대학 입학자격시험 A-levels 을 치렀고, 갱생 성공률이 높고 문제를 일으키지 않을 거라는 가석방위원회의 판단에 따라 2001년 6월에 사회로 나오게 되었다. 집권 노동당의 내무부 장관은 두 청년이 새 이름을 가지고 비밀 장소에 살면서 보호 관찰받을 것이라고 발표했다. 따라서 그들은 엄격하게 규제받았다. 그 아기의 가족과 접촉하지 않아야 함은 물론 옛 범죄 현장에 가지 말아야 했다. 또 보호 경관에게 출입을 보고하고 통행 금지 시간을 지켜야 했다. 이미 훈련시켜 리버풀 사투리를 지웠지만 사회에 내놓았을 때 그들의 목숨이 위태로웠으므로, 장관은 미디어에 그들의 신상에 대해 언급하지 말라고 명령했다. 뒤에 이를 어긴 매체에게는 벌금을 물렸다. 두 청년을 찾아내 요절을 내려는 사람들이 있어서 성형 수술을 고려하는 등, 정부는 그 둘을 석방할 때 보통 사람처럼 살도록 정착시키는 비용을 400만 파운드로 2000년경 약 80억 원 예상한다고 했다. 2007년에 내무부는 두 청년의 새 신원을 폭로하려는 외국 잡지사를 제재하기 위해 법원의 금지명령을 받아내는 데 1만3천 파운드를 쓰기도 했다.

  석방 후에도 두 사람은 뉴스에서 사라지지 않았다. 그 아기의 엄마에게 그 둘의 비밀 거주지를 알려주겠다는 제보가 있었다는, 아일랜드 수호성자의 이름도 가졌던 그 아기 - 제임스 패트릭 불저 - 의 기념비가 세워졌다는, 범죄 책임 연령을 10살에서 12살로 올렸다는, 그리고 둘 중 한 명이 불법 포르노그래피 관련으로 재수감되었다는 것들 말고도 적지 않았다.

  그게 어느 시점이었는지 누구였는지 기억할 수 없지만, 그 사건과 관련해서 BBC에서는 "아이를 용서하지 않는 나라를 하나님이 용서하지 않으실 것"이라는 한 지도층 인사의 말을 인용해 주었다. 몸서리치게 참담한 사건이었기 때문에, 그 범인들을 보호하고 사람 대접하기 위해 21세기 영국에서 좀처럼 듣기 어려운 하나님까지 공중파에 실었다. 민주주의 모범국인 이 나라에서 그 두 사람에게 거액의 세금을 쓰는 것에 대해서 비판하거나 반대하는 목소리는 있으나 마나 한 정도였다. 1966년의 월드컵 우승을 '영광'이라고 공개적으로 회고하는 한심한 영국이 됐지만, 아이들을 극악하게 만든 것이 어른 모두의 잘못이라 여기고 공동으로 책임지겠다는 자세는 역력하다. 만약 그 아이들이 백인이 아니었거나 이민자 2세였다면 좀 달랐을 것이다. 그러나 토종 국민이라고 다 그렇게 하지도 않는다. 인간 세상에서 그 이상을 바랄 수 있을까.

사람을 배려하는 데 섬세하고 집요한 그들의 장기는 수백 년의 시간이 걸린 내공이기에 쉽게 녹슬지 않는다. 다만 영성이 강성하던 나라가 그 힘을 거의 상실하고 땅의 복지만 관리하다가 어디까지 오게 됐는지, 너무도 쓰라린 상처다.

지금 서유럽에서 주일 예배에 비교적 정기적으로 참석하는 인구 비율이 영국이 가장 높다고 하는데 5퍼센트 되는지. C. S. 루이스, 로이드 존스, 존 스토트, 제임스 패커와 같은 20세기의 탁월한 신앙 지도자를 이을 인물이 등장할 만한 시간이 됐는데 아직 잘 들리시 않는다. 잠시 공백인가? 마지막 불꽃들이었나?

Keywords

01
엘리자베스1세
제임스1세
가이 폭스(데이)
화약음모사건

02
헨리8세   수장령
앤 불린   캐서린
롤라드파   위클리프
영어 성경 틴데일

03
국교
에드워드6세   개신교
메리1세   로마가톨릭
존 녹스   청교도

04
엘리자베스1세
아르마다(스페인)침공
윌리엄 세실   국교 정립
앵글리칸   성공회

05
천명의청원서
킹제임스 흠정성경
청교도 성장   국교 불만
메이플라워호 필그림단

06
찰스1세   로드 대주교
가톨릭 회복 추진
마그나카르타
권리청원

07
청교도혁명   내전
스코틀랜드
왕당파   의회군
찰스1세 처형

08
웨스트민스터신앙고백서
수평파   디거파
롤라드파
농민반란   존 볼

09
찰스2세   아일랜드
공화정   호국경
올리버 크롬웰
영란전쟁   네덜란드

10
왕정복고   제임스2세
성공회 회복   비국교도
명예혁명   권리장전
윌리엄3세   메리2세

11	토머스 홉스 아이작 뉴턴 존 밀턴 존 버니언	존 로크 《실낙원》 《천로역정》	12	비국교도와 청교도 시대 무역 경쟁 남해거품사건 블렌하임전투	동인도회사 주식 폭락
13	국교 봉인 정치 당파 이신론 《걸리버 여행기》	관용법 도덕 문란	14	영국, 프랑스, 독일 다른 방향 국교회 갱신 노력 신앙장려협회 주간토론회	선교회 자선학교
15	성결클럽 존 웨슬리 존 휫필드 대부흥	감리교 찰스 웨슬리 복음 전파 가치 체계	16	복음주의 공동체주의 개신교 문화권 자유	개인주의 단독자 복지제도 인권
17	산업화 수력방적기 제임스 와트 특허	아크라이트 증기기관 웨지우드 《국부론》	18	애덤 스미스 복음주의 복지 활동 막스 베버	존 웨슬리 재물 기업가 나눔
19	미국 독립전쟁 노예 무역 퀘이커교도 서머싯사건	《상식》 삼각무역 노예제폐지 그랜빌 샤프	20	노예제폐지운동 대중 운동 존 웨슬리 제임스 램지	시민 운동 존 뉴턴 윌버포스

21	노예제폐지협회	박애 활동	22	종바위 등대		
	클래팜 섹터	벤 부자父子		로버트 스티븐슨		
	윌버포스	선교회		노동자들		
	해나 모어	제레미 벤담		스코틀랜드	장로교	
23	엘리자베스 프라이		24	《올리버 트위스트》		
	수감제도 개혁	뉴게이트		엘리자베스 구빈법		
	퀘이커교	여성 협회		중세 교회	배려 의식	
	사회개혁가	유럽 순방		온정적 교구 책임제		
25	찰스 디킨스		26	시민 협회	토크빌	
	대개혁 시대	속죄의 시대		온정주의	자원주의	
	자선협회	자선병원		시민 결사체	비국교도	
	자선학교	여성 활동		사회적 자본		
27	중간계급	노동계급		도시 빈민가	아동 노동	
	마르크스	엥겔스		《공산당 선언》	노동 귀족	
	노동계급 문화	기능공강습소		노동자 복지 조직체		
	성인 교육협회	노동자학교		성경적 가치관	신앙 덕목	
28	로버트 오언	라나크	29	영국적 상황의 문제		
	근로 복지 공동체			디즈레일리	칼라일	
	윌리엄 러벳	온건 방책		토리 래디컬	애슐리 경	
	노동자 통합 협회			공리주의자	노동법	

30	빅토리안 젠틀맨	사립학교	현대 문명
	볼셰비키혁명	종교 센서스	신앙에서 신념으로
	《자조론》	《자유론》	《종의 기원》
	반反종교이론	진화론	
31	과학, 신지식	낙관주의	도시 문화
	비국교도 중간계급	정부 기능 확대	자선조직협회
	내셔널트러스트	오픈스페이스	구세군
	인보관운동 토인비홀	비버리지	애틀리
32	《보물섬》《지킬 박사와 하이드씨》	33	사회 조사 자선가
	아널드 부자		베자민 라운트리 찰스 부스
	기독교 사회주의 페이비언		빈곤의 굴레 자유당
	영국 집산주의 자유의 기부		립·랩의원 노동당
34	시드니, 베아트리스 - 웹 부부	35	비버리지 보고서
	영국 노동계급의 특성		자유당 복지 정책
	노동당 창건		민간과 지방의 협조
	키어 하디		파터날리즘 전통
36	보편적 복지제도 복지국가	37	최연소 강력 범죄자
	대중 사회 도시 교회		사람 배려의 집요함
	《기독인의 사회적 책임》		땅의 복지
	자선의 위축, 대중화		신앙 지도자

그들이 나라를 바꿨다 - 영국 복음신앙인과 선한 사회, 1530~1945 -
[영국 사회를 개조한 크리스천의 역사, 1530~1945 개정판(제목 변경, 첨삭)]

개정판 1쇄 발행   2024년 12월 14일
초   판 1쇄 발행   2014년 12월 22일 (주영사)

지은이   김헌숙
편 집   김헌숙
디자인·일러스트   조하늬

펴낸곳   도서출판 가치같이책
등 록   2022년 9월 22일   제 2022-000189 호
주 소   (06767) 서울시 서초구 양재대로2길 109
전 화   02-873-9171
팩 스   02-6305-2170
이메일   valuebooks22@gmail.com

ISBN   979-11-980328-2-9

ⓒ 2024 김헌숙

책값은 뒤표지에 있습니다.
잘못된 책은 바꾸어 드립니다.